● 二十一世纪“双一流”建设系列精品教材
● 四川省省级精品课程教材

四川省“十二五”普通高等教育本科规划教材　保险系列教材

保险学原理

（第五版）

BAOXIANXUE YUANLI

主　编　孙　蓉　兰　虹
副主编　荣　幸

西南财经大学出版社
中国·成都

图书在版编目(CIP)数据

保险学原理/孙蓉,兰虹主编.—5 版.—成都:西南财经大学出版社,2021.6(2022.12 重印)
ISBN 978-7-5504-4899-5

Ⅰ.①保… Ⅱ.①孙…②兰… Ⅲ.①保险学 Ⅳ.①F840

中国版本图书馆 CIP 数据核字(2021)第 098646 号

保险学原理(第五版)
主　编　孙蓉　兰虹
副主编　荣幸

责任编辑:冯雪
责任校对:王琳
封面设计:墨创文化
责任印制:朱曼丽

出版发行	西南财经大学出版社(四川省成都市光华村街 55 号)
网　　址	http://cbs.swufe.edu.cn
电子邮件	bookcj@swufe.edu.cn
邮政编码	610074
电　　话	028-87353785
照　　排	四川胜翔数码印务设计有限公司
印　　刷	郫县犀浦印刷厂
成品尺寸	185mm×260mm
印　　张	17
字　　数	374 千字
版　　次	2021 年 6 月第 5 版
印　　次	2022 年 12 月第 2 次印刷
印　　数	3001— 6000 册
书　　号	ISBN 978-7-5504-4899-5
定　　价	39.80 元

主编及副主编简介

孙蓉，女，经济学博士。西南财经大学保险学院教授，博士生导师，风险管理与保险研究所所长，校教学委员会委员；现为中国保险学会保险教育专业委员会副主任，《保险研究》编委及审稿人；中国农业风险管理研究会常务理事；四川省法学会保险法学研究会副会长、四川金融法学会常务理事等。1987年开始从事保险教学工作，主要承担“保险学原理”“保险合同法与保险监管制度”“保险政策与制度”等本科、硕士及博士课程，是省级精品课程“保险学原理”的负责人；曾获中国金融教育发展基金会金融教育先进工作者及“大学生暑期社会实践有奖征文优秀指导老师”、首届西南财大教学名师及第一至三届“我心目中的好老师”等称号。主要研究领域是保险政策与制度、保险法、农业保险等，学术成果170余项。出版《中国商业保险资源配置论》（独立专著）、《中国保险业风险管理战略研究——基于金融混业经营的视角》（领著）、《农业灾害管理制度演进与工具创新研究——基于农业保险视角》（领著）等专著10余部；在《财贸经济》《财经科学》《保险研究》《改革》《中国社会保障》等期刊发表论文90余篇（其中3篇被人大复印报刊资料全文转载）；主编、副主编、参编教材及工具书20余部（其中8项为全国统编或规划教材，1项为省级精品课程教材及规划教材）；主持国家社科基金课题、国家社科基金重大课题子课题，主研国家自然科学基金课题、国家社科基金课题等20余项。获省政府哲学社会科学优秀成果一等奖、二等奖和三等奖，省经济学会社科研究成果一等奖，中国保险学会优秀论文特等奖，刘诗白奖励基金优秀科研成果一等奖，西南财大优秀教师一等奖及二等奖等教学科研奖。曾任国家社科基金课题及教育部课题等通讯评审专家、省法制办《四川省消防条例》论证专家等。曾参加全国经济师、助理经济师职称考试及全国自考《保险学原理》等命题及阅卷工作；参加全国人大《保险法》（修正案草案）的立法调研座谈会、全国人大巨灾保险制度专题调研座谈会及《保险法》司法解释草案讨论会等。从1996年至今已指导硕士百余名，博士二十余名。指导学生论文获得四川省优秀博士论文，中国金融教育发展基金会大学生暑期社会实践有奖征文一等奖及二等奖、西南财经大学本科生科研奖、优秀硕士学位论文光华奖、优秀博士学位论文光华奖等30余个奖项。曾赴俄罗斯、美国等国研修、访学。

兰虹，女，经济学博士。西南财经大学保险学院副教授，硕士研究生导师。1985 年开始从事保险教学工作，担任了“保险学原理”“财产保险”“保险经营管理”“保险规划”等课程的教学工作。主要研究领域为保险理论与实务，学术成果近 50 项，在《保险研究》等学术期刊上发表学术论文 20 余篇，主持或参与各级课题（含国家级及部级课题）10 余项，主编或参编教材（含全国统编教材）10 余本。曾获得国家高等教育教学成果二等奖、四川省高等教育教学成果一等奖等奖项。

荣幸，男，经济学博士。西南财经大学保险学院副教授，硕士研究生导师。加拿大滑铁卢大学与南开大学保险精算与统计联合培养博士，比利时自由大学保险精算系访问学者。曾任职于太平洋保险集团总部。担任了“保险学原理”“保险经营管理”“风险管理”“互联网+保险创新与创业”等课程的教学工作。主要研究领域是养老保险、出口信用保险、保险公司经营管理、保险产品设计等。获得西南财经大学优秀教师一等奖、“我心目中的好老师”称号，获得四川省“名师导航”教学大赛一等奖。已公开发表学术论文 20 余篇；主持和主研国家级、省部级科研 10 余项，主持和主研各级教学改革项目 10 余项，参编多部保险学专著和教材。

第五版前言

从 1949 年 10 月中国人民保险公司成立至今，我国保险业风雨兼程，经历了开业、停业再到复业的 70 多年历程，砥砺前行，逐渐崛起。伴随着社会经济的不断发展及其对保险发展的新需要，2014 年 8 月国务院出台了《关于加快发展现代保险服务业的若干意见》，将加快发展保险业从行业意愿上升到国家意志；我国在 2017 年已经成为全球第二大保险市场，在从保险大国向保险强国奋进的历程中，保险业务在不断创新，保险市场在不断拓展，保险学科也需要随之创新和发展，新时代社会经济和法律环境的变化及保险发展对人才培养需求的变化，迫切需要重新修订出版《保险学原理》教材。

我校是最早开办保险专业及从事保险教学研究的全国高等院校之一，也是国内最早倡议并对保险专业学生开设"保险学原理"课程的高校之一。"保险学原理"作为保险专业的必修专业基础课程，教材内容是在 30 余年的课程教学中逐年积累、修改和完善的，已形成较为成熟的教学内容和教学体系，因而我们编写使用的《保险学原理》教材也逐渐趋于成熟完善。从教材使用情况来看，自 2004 年《保险学原理》教材出版以来，其先后修订四版及重印十余次，既是我们保险学院专业必修课教材，又是四川省精品课程教材及"十二五"规划普通高等教育首批本科规划教材，还是报考我校保险专业硕士研究生的指定参考书目。

本教材契合了高等院校保险本科教学的需要，将保险学理论与实务、中国国情与国际惯例相结合，使体例规范统一，适用性较强。本教材的主要特点有：第一，内容相对全面。本教材广泛吸收了已有的保险学研究成果，对保险基本知识、基础理论及基本技能进行了系统的梳理；内容涵盖风险与风险管理、保险概述、保险的起源与发展、保险类别、保险合同、保险基本原则、保险经营及其过程、保险基金与保险投资、保险市场与保险监管等。第二，结构相对完整。每章由内容提示、正文及脚注、复习思考题等组成，在教材的最后附录了现行的保险法及国内最大产寿险公司的保险单证，并列出了较为详细的参考文献，为教师授课和学生学习提供了较大的便利。第三，分析相对深入。本教材对问题的分析不是停留于“是什么”，而是进一步说明“为什么”和“怎么做”，对读者深入思考保险学问题有所裨益。第四，数据资料新。本教材力求反映保险理论及实践的最新动态，将社会经济发展及新时代对我国保险人才培养的需要相结合，将《中华人民共和国保险法》2015版和《民法典》（2021年实施）等相关法律法规，融入改版的教材，引用大量最新的资料数据，并在内容、结构、体系及视角上进一步创新。第五，作者有丰富的保险教学经验及成果。主编孙蓉和兰虹均有30余年的保险专业基础课教学经验，曾多年在系院从事保险教学管理，且有大量的保险教研成果；副主编荣幸本硕博均为保险专业，可谓真正意义上的保险“科班”出生；所有作者均有6~30年的保险教学经历，从而使本教材的保险专业基础十分扎实。担任该门课程的教师均为教授和副教授，长期任教于该门课程的课堂第一线，参与过不少国家级相关保险专业课教材的编写工作，取得大量教学、科研和教学改革成果。

本次教材修订主要表现为以下几方面：更新数据资料，以反映保险市场的最新状况；结合新法修改全书内容；调整书稿结构、增补书稿内容，部分内容进一步系统化、理论深化、合理化以及简化；修改调整教学过程中发现的教材问题；替换、补充最新的保险相关法律及单证条款附录；补充完善参考文献；新增副主编等。

具体而言，我们在保持原教材结构基本不变的基础上，对第四版《保险学原理》进行了较为全面的修订：一是新增荣幸为副主编。二是紧密结合2015版《中华人民共和国保险法》乃至2020年颁布的《民法典》等最新的相关法律法规，修改更新完善全书的相关内容。三是反映保险市场的最新发展状况及社会经济发展对保险业提出的新要求，更新了全书的相关数据资料，对世界保险业和中国保险业的发展现状尤其是趋势等做了大量的补充。四是对部分内容进行了进一步的系统化、理论深化以及简化。例如，将第四章“第二节人身保险”中的“人寿保险的常用条款”，从“人寿保险”中单列出来，改为“二、人身保险的常用条款”，使之更准确；并增加“一、人身保险概述”内容，以使读者对人身保险的概念、特征和分类等基本问题，有更基础而全面的认识，并与“第三节财产保险”保持体例上的一致性。五是参考文献及附录的更新完善。我们重新调整、增加了参考文献；将原第四版中附录1的《中华人民共和国保险法》2009年修订版调整为2015年修正版，附录4的中国人保的车险保单更新为2020年新版的保单，附录5的财产险保单调整为中国太平洋财险的保单，以更全面体现各大保险公司的单证特色。

本教材编写及修订的主要分工如下：

前言：孙蓉；

第一章：第一节，孙蓉；第二节至第三节，胡秋明；

第二章：孙蓉；

第三章：第一节，孙蓉；第二节至第三节，韦生琼、荣幸；

第四章：第一节，李虹；第二节，韦生琼；第三节，兰虹；

第五章：孙蓉；

第六章：兰虹；

第七章：彭雪梅；

第八章：彭雪梅；

第九章：第一节至第二节，王晓全；第三节，杨馥。

在上述作者中，除主编孙蓉教授和兰虹副教授、副主编荣幸副教授外，胡秋明为西南财经大学保险学院副院长、教授、博士生导师；彭雪梅为西南财经大学保险学院教授、博士生导师，中国保险会计中心主任；韦生琼、李虹和王晓全为西南财经大学保险学院副教授、硕士生导师；杨馥为西安财经学院经济学院副教授（西南财经大学博士）。

在此次修订中，孙蓉教授重新撰写了第五版前言；对全书各章的内容提示、正文、复习思考题进行了调整、修改和完善；依据教学过程中反映出的问题，对全书内容进行了微调；收集、整理并增补了参考文献；更新、替换了附录 1、附录 4（2020 年车险改革后的新条款）和附录 5；补充修改了第三章的部分内容；对第四章第二节（韦生琼老师撰写部分）进行了结构调整并新增组合补充了“一、人身保险概述”的内容，调整了部分格式，修改了部分内容；采用在教材上直接修改和电子版修改等方式，修订完成第五版教材全书各章各部分内容的总纂和定稿工作。荣幸副教授进行了全书部分章节内容的修改，更新了第三章的数据，并对第三章第 2~3 节的内容做了大量的撰写、补充和修改工作；增加了 CFR 等脚注；修改了各章涉及 2015 年《保险法》及相关法规的部分内容；将附录 1 的《中华人民共和国保险法》2009 年版更新为 2015 年版；并增补了部分参考文献。2018 级硕士生陈吉良参与了第 2~5、7、9 章《保险法》及相关法规内容的部分修改。2019 级博士生郭苏媚参与了参考文献的梳理及重新排序等工作，也参与了第 2~6 章《保险法》《民法典》及相关法规内容的部分修改。2021 级博士生蒋佳融对超额赔付率再保险提出了修改建议。

本教材在编写及每一版修订过程中，受到了国内外不少作者的思想及观点、内容等方面的启示，在此一并致谢！在编写和修订出版的过程中，得到了西南财经大学出版社的高度重视和大力支持，责任编辑冯雪也付出了艰辛的努力，在此深表谢意！感谢四川省银保监局、中国人民财产保险股份有限公司、中国人寿保险股份有限公司和中国太平洋财产保险股份有限公司及湖北省分公司周厚钦总经理对本书提供的保险单证及条款支持！感谢叶小兰老师对第四章第二节增补人身保险相关内容的建议。最后，衷心感谢长期使用我们编写《保险学原理》教材的国内二十余所高校老师们的认同！感谢广大读者的长期厚爱！

作为全国高校首个保险学院及首批国家级一流本科专业建设点的保险学的教师，我们需砥砺前行，让教材日趋完善，为我国保险高等教育事业及保险业发展贡献自己的绵薄之力。

限于编写者的学识水平，本书错漏之处在所难免，恳请各位同仁及读者指正。

孙　蓉

2020 年冬于光华园

第四版前言

保险业的发展日新月异，自《保险学原理》2010年第三版出版以来，保险业及其外部环境都发生了很大变化，新“国十条”的出台及一系列法律法规的颁布实施，为保险业的发展带来了更多的机遇和挑战。为顺应这些变化，应西南财经大学出版社之邀，我们决定重新修订了这本教材。特别值得一提的是，2012年10月，《保险学原理》教材被列为四川省“十二五”规划普通高等教育首批本科规划教材，这无疑是对我们的鼓励和鞭策。

本次教材修订主要是基于以下几方面：反映保险市场的最新发展状况；部分内容进一步系统化、理论深化以及简化；修改调整教学过程中发现的教材问题等。

此次修订我们从结构和内容上对第三版《保险学原理》进行了较为全面的修订：为体现以人为本的精神，将第四章第二节和第三节的内容做了调换。我们新增了荣幸博士为作者，荣幸撰写了第三章第二节和第三节的内容并对本章做了大量的补充和修改；同时，补充了第一章第二节和第八章第三节的部分内容，并对全书其他章节内容做了部分修改。兰虹对第四章第二节（现为第三节）、第六章第一节至第四节的内容做了较大的增补和修改，调整了部分参考文献。孙蓉修改了第二章和第五章的部分内容。彭雪梅对第八章第三节和第四节的内容做了较大的增补和修改。王晓全对第九章第二节的内容做了微调，并增补了参考文献。此外，我们重新调整、增加了参考文献及附录的内容。

孙蓉教授对全书各章的内容提示、正文、复习思考题进行了调整、修改和补充完善，收集整理了参考文献和附录，完成总纂和定稿工作。

本书编写及修订的主要分工如下：

前言：孙蓉；

第一章：第一节，孙蓉；第二节至第三节，胡秋明；

第二章：孙蓉；

第三章：第一节，孙蓉；第二节至第三节，韦生琼、荣幸；

第四章：第一节，李虹；第二节，韦生琼；第三节，兰虹；

第五章：孙蓉；

第六章：兰虹；

第七章：彭雪梅；

第八章：彭雪梅；

第九章：第一节至第二节，王晓全；第三节，杨馥。

在上述作者中，除主编外，胡秋明为西南财经大学保险学院副院长、教授、博士生导师；彭雪梅为西南财经大学保险学院教授、博士生导师，中国保险会计中心主任；韦生琼和李虹为西南财经大学保险学院副教授、硕士生导师；王晓全为西南财经大学保险学院副教授、硕士生导师，北京大学博士；杨馥为西安财经学院经济学院教师（西南财经大学博士）；荣幸为西南财经大学保险学院教师，南开大学博士。

本书在编写及修改过程中受到了不少作者思想及观点、内容的启示，在此一并致谢！在编写和修订出版的过程中，得到了西南财经大学出版社及责任编辑汪涌波的重视和大力支持，在此深表谢意！感谢四川省保监局、中国人民财产保险股份有限公司、中国人寿保险股份有限公司及中国平安财产保险公司对本书提供的条款支持！最后，我们还要感谢广大读者的厚爱！

本书是四川省精品课程保险学原理的指定教材，可以作为报考我校保险硕士研究生的参考书目。

限于编写者的学识水平，本书错漏之处在所难免，恳请各位同仁及读者指正。

编者

2015 年夏于光华园

第三版前言

该书自2004年出版及2006年初再版以来，得到了广大读者的认同。此书是四川省精品课程“保险学原理”的指定教材，并被列为报考我校保险专业硕士及博士研究生的指定参考书目。正是由于社会各界的关爱，《保险学原理》第二版在三年内四次印刷均售罄。应西南财经大学出版社之邀，我们再次修订了这本教材。

本次教材的修改主要基于以下几方面：根据2009年新修订的《中华人民共和国保险法》的条款及相关内容进行了修改；反映了保险市场的最新发展状况；部分内容进一步系统化、理论深化以及简化；修改、调整了教学过程中发现的教材问题等。此次我们新增了我院博士（西安财经学院经济学院教师）杨馥为作者，重新撰写了第九章第三节，并从结构和内容上对第二版《保险学原理》进行了较为全面的修订。胡秋明、韦生琼、兰虹、彭雪梅和孙蓉对各自负责的章节从内容提示、正文及脚注到复习思考题等都不同程度地进行了调整、修改和补充完善；彭雪梅老师根据最新的动态对第八章第三节做了较大的增补和修改；根据本科教学的特点，我们对第九章的结构和内容做了调整，修改幅度较大，将原来“第九章保险市场”改为“第九章保险市场与保险监管”，将原来“第九章第三节保险市场均衡及其影响因素”删除，新增了“第三节保险监管”的内容；将原书各章分散的参考文献归并统一列在正文后，并根据新的内容新增了参考文献；重新编辑了附录的内容。

孙蓉教授对修订书稿进行了总纂和定稿工作；兰虹、胡秋明老师对书稿修改提出了一些有益的建议；博士生李炎杰为书稿的修改做了一些基础工作。

本书修订的编写主要分工如下：

孙蓉：前言，第一章第一节，第二章，第三章第一节，第五章；

兰虹：第四章第二节，第六章，第七章；

胡秋明：第一章第二节至第三节；

韦生琼：第三章第二节至第三节，第四章第三节；

李虹：第四章第一节；

彭雪梅：第八章；

王晓全：第九章第一节、第二节；

杨馥：第九章第三节。

本书在编写及修改过程中受到了不少作者思想及观点、内容的启示，在此一并致谢！本书在编写和修订出版的过程中，得到了西南财经大学出版社副总编辑曾召友先生的重视和大力支持，连续三版的责任编辑也付出了艰辛的努力，在此深表谢意！感谢四川省保监局、中国人民财产保险股份有限公司和中国人寿保险股份有限公司对本书提供的支持！最后，我们还要感谢广大读者的厚爱！

限于编写者的学识水平，本书错漏之处在所难免，恳请各位同仁及读者指正。

编者

2010 年春于光华园

第二版前言

2004 年春，为了满足高等院校保险专业教学和四川省精品课程建设的需要，我和同事们编写了《保险学原理》教材。该书出版以来，得到了广大读者的认同。此书是四川省精品课程“保险学原理”的指定教材，并被列为报考我校保险专业硕士研究生的指定参考书目。正是由于社会各界的关爱，《保险学原理》第一版告罄。应西南财经大学出版社之邀，我们重新修订了这本教材。

本次教材的修改主要基于以下三方面：保险市场的最新发展状况；需要理论深化及进一步系统化的内容；我们在这一年的教学过程发现的教材中存在的问题等。此次修订我们对第一版《保险学原理》进行了较为全面的修订，每一章的内容都有不同程度的调整、修改和完善，第七章和第八章的结构做了调整，修改幅度较大的是第九章、第三章、第八章、第一章等，并根据新的内容新增了一些参考文献。

本书在修订过程中的修改程序是：在由各章的作者各自对自己撰写的内容进行相应修改、补充和完善的基础上，参考保险学原理课程其他授课教师的意见，由我对全书的内容进行了书稿修订的总纂和定稿工作。

本书修订的编写分工如下：

孙蓉：前言，第一章第一节，第二章，第三章第一节，第五章；

兰虹：第四章第二节，第六章，第七章；

胡秋明：第一章第二节至第三节；

韦生琼：第三章第二节至第三节，第四章第三节；

李虹：第四章第一节；

彭雪梅：第八章；

王晓全：第九章。

本书在编写及修改过程中受到了不少作者思想及观点、内容的启示，在此一并致谢！在编写和修订的过程中，得到了西南财经大学出版社和西南财经大学保险学院同仁的大力支持，在此深表谢意！最后，我们还要感谢广大读者的厚爱！

限于编写者的学识水平，本书错漏之处在所难免，恳请各位同仁及读者指正。

孙蓉

2005年秋于光华园

前　言

中国的保险业发展到今天，已逐渐成为朝阳产业。保险市场主体不断增加，消费者的保险意识不断增强，保险法律法规体系不断建立和完善，保险监管不断加强，保险市场不断拓展，保险理论研究不断深化，保险实践更加贴近市场需求。正是在这一背景下，为满足高等院校保险学专业课程的教学需要，我们编写了这本教材。

保险学是交融了社会科学和自然科学的一门综合性学科，涉及的内容十分广泛。本书着重介绍了保险学的基础知识、基本理论和基本技能。各章由内容提示、正文、复习思考题和主要参考文献四部分组成。内容包括风险与风险管理、保险概述、保险的起源与发展、保险的类别、保险合同、保险的基本原则、保险经营及其过程、保险基金、保险市场九个方面。我们在写作过程中努力将保险学理论与保险实践、中国国情与国际惯例相结合，使体例规范统一，内容、结构完整，反映保险理论及实务的最新动态，力求使本书成为一本面向市场、面向未来的保险学教材。本书适宜于作为高等院校保险专业课的教材，也可作为各类保险培训教材，还可供对保险感兴趣的读者参阅。

本书由孙蓉拟定大纲、编写计划并负责全书的总纂工作。本书是以兰虹主编的《保险学基础》教材为基础编写的，但又区别于《保险学基础》。在编写过程中，我们删减、压缩了“涉外保险”“保险费率的计算原理”“财产保险”和“人身保险”等章及附录的内容，在各章的内容及结构上做了较大的调整，并新增了“保险基金”“保险市场”“风险管理概述”“风险管理的创新与发展”“保险产生的基础”“保险的各种学说”“保险合同争议处理的方式”“保险投资的原则”等章、节、目的内容，并根据新的内容新增了大量的参考文献及复习思考题，以更好地满足教学需要。兰虹作为《保险学基础》的主编曾做了大量的工作，为本书的编写奠定了好的基础，这次又在部分章节的内容、布局及名称等方面，做了不少努力；彭雪梅也提出了一些有益的建议。

本书编写分工如下：

孙蓉：前言，第一章第一节，第二章，第三章第一节，第五章；

兰虹：第四章第二节，第六章，第七章第一节至第四节；

胡秋明：第一章第二节至第三节；

韦生琼：第三章第二节至第三节，第四章第三节；

李虹：第四章第一节；

彭雪梅：第七章第五节，第八章；

王晓全：第九章。

本书在写作过程中受到了不少作者的思想和观点的启示，在此一并致谢！在编写和出版过程中，得到了西南财经大学出版社和西南财经大学保险学院的大力支持，在此深表谢意！

限于编写者的学识水平，本书错漏之处在所难免，恳请各位同仁及读者指正。

编者

2004 年夏于蓉城光华园

目 录

第一章 风险与风险管理

第二章 保险概述

第三章　保险的起源与发展

第四章　保险的类别

第五章　保险合同

第六章　保险的基本原则

第七章 保险经营及其过程

第八章 保险基金与保险投资

第九章　保险市场与保险监管

附 录

第一章 风险与风险管理

内容提示： 风险是保险的逻辑起点。保险理论中的风险，通常是指损失发生的不确定性。风险由风险因素、风险事故和损失构成。风险有不同的类别。在阐述了风险之后，本章主要介绍了风险管理的内涵、目标及基本程序；现代风险管理的创新与发展。全面而准确地理解风险的含义、区分风险因素与风险事故、掌握风险管理的内涵、目标及基本程序，是本章的学习重点。把握国际风险管理的最新发展趋势，包括整合性风险管理的思想、非传统风险转移方式及保险证券化的整体趋势，是本章的学习难点。

第一节 风险

风险的存在是保险产生的基础。没有风险也就不可能产生保险。因此，研究保险需从风险开始。

一、风险的含义

从一般的意义上讲，风险是指未来结果的不确定性。只要某一事件的发生结果与预期不同，就存在着风险。风险的不确定性体现为某一事件的发生可能导致三种结果：损失、无损失或收益。如果未来结果低于预期价值就称为损失；如果未来结果高于预期价值就称为收益。在未来不确定的三种结果中，损失尤其值得我们注意。因为，如果事件发生的结果不会有损失，就没有必要谈论风险。换言之，正是因为损失发生的不确定性可能引起将来的不利结果，这才需要对风险进行管理，这才促使了作为风险管理重要方式之一的保险的产生与发展。因此，保险理论中的风险，通常是指损失发生的不确定性。

只要风险存在，就一定有发生损失的可能。在风险存在的情况下，损失可能发生，也可能不发生，但如果发生损失的可能性为零或百分之百，则不存在风险。因为无论发生损失的可能性为零，还是发生损失的可能性为百分之百，其结果都是确定的，这与风险的含义是相违背的。

根据概率论，风险的大小取决于损失的概率，若损失的概率是 0 或 1，就不存在不确定性；而当损失的概率在 0~1 时，概率越大，则风险越大。我们从概率论的角度来分析认识问题，就不难理解风险的含义。

风险具有下列特征：

（一）风险的客观性

风险是客观存在的，自然界的地震、台风、洪水，人类社会中的瘟疫、意外事故等风险，都是不以人的意志为转移的。人们只能在一定的时间和空间内改变风险存在和发生的条件，降低风险发生的频率和损失程度，但难以彻底消除风险。

（二）风险的普遍性

人类社会自产生以来，就面临各种各样的风险。随着科学技术的发展、生产力的提高、社会的进步，新的风险不断产生，风险事故造成的损失也越来越大。在现代社会，个人及家庭、企事业单位、机关团体乃至国家都面临各种各样的风险，风险已渗入社会经济生活的方方面面。风险的发生具有普遍性，风险无时不在、无处不在。

（三）风险的可测性

个别风险的发生是偶然的，但是通过对大量风险的观测可以发现，风险往往呈现出明显的规律性，从而体现出风险是可以测量的这一特性。如果我们根据以往的大量资料，运用概率论及数理统计的方法，去处理大量相互独立的偶发风险事故，就可以测算出风险事故发生的概率及其损失范围，对风险损失的大小进行较为准确地预测，从而较为准确地反映风险发生的规律性。可见，通过对偶发事件的大量观测分析，可以揭示出风险潜在的规律性，使风险具有可测性。

（四）风险的可变性

在一定的条件下，风险可能发生变化。随着科学技术的发展与普及，可能产生一些新的风险，而有些风险会发生性质的变化；随着人们对风险认识程度的增强和风险管理方法的完善，有些风险在一定程度上得以控制，可降低其发生频率和损失程度，导致风险量的变化；还有一些风险可能在一定的时间和空间范围内被消除。总之，随着人类社会的进步与发展，既可能使新的风险产生，也可能使原有的风险发生变化。

（五）风险的社会性

风险具有社会属性，而不具有自然属性。就自然现象本身而言无所谓风险，各种自然灾害、意外事故可能只是大自然自身运动的表现形式，或者是自然界自我平衡的必要条件。然而，当灾害事故与人类相联系，对人类的财产、生命等造成损失时，对人类而言就成了风险。因此，没有人类社会，就没有风险可言，这正体现出风险的社会性。

二、风险的构成要素

风险是由多种要素构成的，这些要素的相互作用，共同决定了风险的存在、发展和变化。一般认为，风险的构成要素包括风险因素、风险事故和损失。

（一）风险因素

风险因素又称风险条件，是指那些隐藏在损失事件后面，增加损失可能性和损失程度的条件。风险因素是风险事故发生的潜在原因，是造成损失的间接的、内在的原因。风险因素的存在，有可能增加风险事故发生的频率、增大风险损失的程度。风险因素可分为实质风险因素、道德风险因素和心理风险因素。

1. 实质风险因素

它是指在社会生活中客观存在并能引起事物变化的种种物理因素。实质风险因素一般表现为有形的风险因素。有形的风险因素是指那些看得见的、影响损失频率和程度的环境条件。例如，汽车的用途及刹车系统，建筑物的位置、构造及占有形式，甚至人体的免疫力，都可以归入实质风险因素。实质风险因素与人为因素无关，故又称为物质风险因素。

2. 道德风险因素

它是与人的道德修养及品行有关的无形的风险因素，即由于个人的行为不端、不诚实、居心不良或有不轨企图，故意促使风险事故发生，以致引起社会财富损毁和人身伤害的原因和条件。例如，欺诈、纵火等恶意行为，都属于道德风险因素。

3. 心理风险因素

它是与人的心理状态有关的无形的风险因素，即由于人的主观原因，如疏忽、过失、侥幸心理或依赖保险心理等，以致引起风险事故发生的概率增大。例如，外出未锁门的行为，由于会增加盗窃事故发生的可能性，就属于心理风险因素。

道德风险因素和心理风险因素都是无形的风险因素，由于它们都与人的因素密不可分，因而，可以统称为人为因素。

（二）风险事故

风险事故是指造成人身伤亡或财产损失的偶发事件，是造成损失的直接的、外在的原因，是损失的媒介物。只有通过风险事故的发生，才会导致人身伤亡或财产损失。例如，在汽车刹车失灵酿成车祸导致车毁人亡这一事件中，刹车失灵是风险因素，车祸是风险事故。如果仅有刹车失灵而无车祸，就不会造成人员的伤亡。风险事故意味着风险的可能性转化为现实性，即风险的发生。

对于某一事件，在一定条件下，可能是造成损失的直接原因，则它成为风险事故；而在其他条件下，可能是造成损失的间接原因，则它又成为风险因素。例如，下冰雹以致路滑而引起车祸，造成房屋被撞毁，这时冰雹是风险因素，车祸是风险事故；若冰雹直接将行人砸伤，则它是风险事故。

（三）损失

风险是指损失发生的不确定性，因而风险的存在，意味着损失发生的可能性。

一般而言，损失是指非故意的、非预期的和非计划的经济价值的减少或人身的伤害。例如，折旧、记忆力减退等，都不能称为损失。在保险实务中，我们将损失分为直接损失和间接损失，前者是指实质性的、直接引起的损失，后者是指额外费用损失、收入损失、责任损失、信誉损失、精神损失等。

风险是由风险因素、风险事故和损失三者构成的统一体。一方面，风险与损失机会之间存在着密切的关系。损失机会的大小在一定程度上反映了风险的程度，损失机会越大，风险越大；而如果损失机会越有规律，越易被人们把握，那么风险的程度也就可能越低。但是它们之间的关系并不是绝对的，即并不是所有风险都必然造成损失，损失不完全以风险为因。例如财产的折旧损失，就是一种可以预计后果的损失。另一方面，风险因素、风险事故以及损失之间存在着因果关系：风险因素的增加或产生，可能导致风险事故发生并引起损失，从而产生实际结果与预期结果之间的差异程度，即风险。

三、风险的分类

在日常的生产与生活中，人类面临着各种各样的风险。为了对风险进行管理，需要对风险进行分类。按照不同的分类方式，我们可以将风险分为不同的类别。

（一）按风险的性质分类，我们可将风险分为纯粹风险与投机风险

1. 纯粹风险

它是指造成损失可能性的风险，其所导致的结果有两种，即损失和无损失。或者说纯粹风险是指只有损失机会而无获利可能的风险。例如，房屋所有者的房屋遭遇火灾，会造成房屋所有者经济上的损失。各种自然灾害、意外事故的发生，都可能导致社会财富的损失或人员的伤害，因此，都属于纯粹风险。纯粹风险的变化较为规则，有一定的规律性，可以通过大数法则加以测算；而且，纯粹风险的发生结果往往是社会的净损失。因而，保险人通常将纯粹风险视为可保风险。

2. 投机风险

它是指既有损失机会又有获利可能的风险。投机风险是相对于纯粹风险而言的。投机风险发生的结果有三种，即损失、无损失和收益。例如，赌博、买卖股票等行为的风险，都可能导致赔钱、赚钱和不赔不赚三种结果。投机风险的变化往往是不规则的，无规可循，难以通过大数法则加以测算；而且投机风险的发生结果往往是社会财富的转移，而不一定是社会的净损失。因而，保险人通常将投机风险视为不可保风险。

（二）按风险对象分类，我们可将风险分为财产风险、责任风险、信用风险和人身风险

1. 财产风险

它是指导致一切有形财产发生毁损、灭失和贬值的风险。例如，火灾、爆炸、雷击、洪水等事故，可能引起财产的直接损失及相关的利益损失，因而都是财产风险。财产风险既包括财产的直接损失风险，又包括财产的间接损失风险。

2. 责任风险

它是指个人或团体因疏忽、过失造成他人的财产损失或人身伤害，根据法律规定或合同约定，应负经济赔偿责任的风险。例如，驾驶汽车不慎撞伤行人，构成车主的第三者责任风险；专业技术人员的疏忽、过失造成第三者的财产损失和人身伤亡，构成职业责任风险等。责任风险较为复杂和难以控制，其发生的赔偿金额也可能是巨大的。

3. 信用风险

它是指在经济交往中，权利人与义务人之间，因一方违约或违法给对方造成经济损失的风险。例如，借款人不按期还款，就可能影响到贷款人资金的正常周转，从而使贷款人因借款人的不守信用而遭受损失。

4. 人身风险

它是指人的生理生长规律及各种灾害事故的发生导致的人的生、老、病、死、残的风险。人生的过程离不开生、老、病、死，部分人还会遭遇残疾。这些风险一旦发生可能造成本人、家庭或其抚养者、赡养者等难以预料的经济困难乃至精神痛苦等。人身风险所导致的损失包括人的生、老、病、死、残引起的收入损失及额外费用损失或灾害事故的发生导致人的身体伤害等。

（三）按风险产生的原因分类，我们可将风险分为自然风险、社会风险、政治风险、经济风险和技术风险

1. 自然风险

它是指由自然力的不规则变化引起的种种现象，所造成的财产损失及人身伤害的风险。如洪灾、旱灾、火灾、风灾、雹灾、地震、虫灾等，都属于自然风险。自然风险是客观存在的，不以人的意志为转移，但是，其形成与发生具有一定的周期性。自然风险是人类社会普遍面临的风险，它一旦发生可能波及面很大，使人类蒙受莫大的损失。

2. 社会风险

它是指个人或团体的故意或过失行为等所导致的损失风险。例如，盗窃、玩忽职守等引起的财产损失或人身伤害。

3. 政治风险

它是指因种族、宗教、利益集团和国家之间的冲突，或因政策、制度的变革与权力的交替造成损失的风险[①]。例如，因战争、暴动、罢工、种族冲突等原因使货物进出口合同无法履行的风险。

4. 经济风险

它是指个人或团体的经营行为或者经济环境变化而导致的经济损失的风险。例如，在生产或销售过程中，由于市场预测失误、经营管理不善、消费需求变化、通货膨胀、汇率变动等而引发的产量的增加或减少、价格的涨跌等风险。

① 全国保险业标准化技术委员会. 保险行业标准：保险术语［M］. 北京：中国财政经济出版社，2007：8.

5. 技术风险

它是指伴随着科学技术的发展、生产方式的改变而产生的风险。例如，核辐射、空气污染、噪音等风险。

（四）按风险的影响程度分类，我们可将风险分为基本风险与特定风险

1. 基本风险

它是指非个人行为引起的风险。基本风险是一种团体风险，可能影响到整个社会及其主要生产部门，本质上不易防止。例如，政局变动、经济体制改革、巨灾等，都属于基本风险。

2. 特定风险

它是指风险的产生及其后果，只会影响特定的个人或组织。此风险一般可以由个人或组织对其采取某种措施加以控制。特定风险事件发生的原因多属个别情形，其结果局限于较小范围，本质上较易控制及防范。例如，某企业生产的产品因质量不佳引起经济赔偿责任的风险，可列入特定风险范畴。

第二节　风险管理概述

一、风险管理的概念

风险管理的思想古已有之。远古时代居住在岩洞里的原始人就懂得用火恫吓猛兽或抵御猛兽的袭击。可以说，人类的发展历史，就是一部人类与各种各样的风险做斗争的历史，人类在其发展历程中的每一次进步，都意味着在认识和控制风险方面的又一次跃进。但作为一门系统的管理科学，风险管理（risk management）的概念是美国宾夕法尼亚大学所罗门·许布纳（S. S. Huebuer）博士于1930年在美国管理协会的一次保险研讨会上首次提出的。20世纪80年代以来，风险管理成为世界各国普遍重视的管理策略。国外有学者甚至认为，20世纪是保险业的世纪，21世纪将是风险管理的世纪。这里，我们援引1996年彼得·伯恩斯坦（Peter L.Bernstein）在《与上帝抗争：风险的非凡经历》一书中对风险管理各种定义的阐述。彼得·伯恩斯坦在该书中写道①：

“一个具有革命意义的看法是，对风险的掌握程度是划分现代和过去时代的分水岭。所谓对风险的掌握就是说未来不再更多地依赖上帝的安排，人类在自然面前不再是被动的。在人们发现跨越这个分水岭的道路之前，未来只是过去的镜子，或者只是属于那些垄断了对未来事件进行预测的圣贤和占卜者的黑暗领地。”

“风险管理有助于我们在非常广阔的领域里进行决策，从分配财富到保护公共健康，从战争到家庭计划安排，从支付保费到系安全带，从种植玉米到玉米片的市

① BERNSTEIN. Against the gods：the remarkable story of risk ［M］. New York：John Wiley and Sons，1996.

场营销。”

（一）关于风险管理的各种定义

风险无处不在且永远都在运动变化中，风险管理的含义也非常宽泛且处于变革发展的过程中。在保险与风险管理领域，专家学者们从各自不同的角度来定义风险管理。

美国风险管理领域的权威 C.小阿瑟·威廉斯教授在其早期的《风险管理与保险》（第六版）教材中指出，风险管理是通过对风险的识别、估计和控制，以最少费用支出将风险所导致的种种不利后果减少到最低限度的一种科学管理方法[①]。这一定义的特色首先在于它揭示了风险管理的实质是以最经济合理的方式消除风险导致的各种灾害性后果；其次，它指出了风险管理是包括风险识别、风险衡量、风险控制等内容的一整套系统而科学的管理方法，并将风险管理纳入了现代科学管理系统，使之成为一门新兴的管理科学，而不是仅仅将风险管理视为处置风险的一种技术；最后，威廉斯在其最新版本的《风险管理与保险》（第八版）教材中强调了现代风险管理的业务范围在扩展、职能在创新，强调风险管理由传统的纯粹风险管理向纯粹风险与动态风险（如财务风险）整合性管理变革[②]。

美国另一学者格林在《风险与保险》一书中认为：“风险管理是管理阶层处理企业可能面临的特定风险的一种方法和技术；风险管理的对象是纯粹风险而非投机性风险。”该定义的特点在于将风险管理的范围集中于处置企业所面临的特定风险即纯粹风险，并将风险管理视为一门技术和一种方法。很显然，将风险管理的范围仅仅局限于企业面临的纯粹风险，是不能反映现代风险管理业务范围和职能的最新发展的。

英国特许保险学会（CII）教材从广义上界定了风险管理：从广义上说，风险管理是为了减少不确定事件的影响，通过组织、计划、安排、控制各种业务活动和资源，以消除各种不确定事件的不利影响。

美国风险管理与保险学者斯科特·哈瑞顿（Scott E. Harrington）在其出版的《风险管理与保险》一书中，着重从管理过程的角度来认识风险管理，包括识别风险、衡量潜在的损失频率和损失程度、开发并选择能实现企业价值最大化的风险管理方法、实施所选定的风险管理方法并进行持续地监测。而且他非常强调的风险管理的理念和方法，正被广泛地应用于诸如价格风险等动态风险的管理控制中[③]。

中国台湾保险界的权威人士袁宗蔚在其《保险学——危险与保险》一书中，将风险管理定义为：风险管理是在对风险的不确定性及可能性等因素进行考察、预测、搜集分析的基础上制定出的包括识别风险、衡量风险、积极管理风险、有效处

① WILLIAMS, JR, HEINS. Risk management and insurance [M]. the 6th edition. New York: McGraw-Hill book Co., 1989.

② 威廉斯，等. 风险管理与保险 [M]. 马从辉，刘国翰，译. 北京：经济科学出版社，2000.

③ HARRINGTON. 风险管理与保险 [M]. 陈秉正，译. 北京：清华大学出版社，2001.

置风险及妥善处理风险所导致的损失等内容的一整套系统而科学的管理方法[①]。

综上所述，本教材对风险管理的定义如下：风险管理是指为实现一定的管理目标和策略，在全面系统及动态风险分析的基础上，对各种风险管理方法进行选择和组合，制定并监督实施风险管理总体方案的决策体系、方法与过程的总称。

（二）如何理解风险管理的概念

对风险管理概念的理解，应强调以下几点：

（1）风险管理是一门新兴的管理学科，而不仅仅是一种管理技术。作为一门管理学科，风险管理同其他管理学科日益趋同，体现为计划、组织、指挥和协调各类组织的有关活动的管理过程，并强调以合理的风险管理费用支出将组织面临的各类不确定性风险控制在可接受的范围内。

（2）风险管理过程不仅强调具体的组织框架、风险管理工具与方法的广泛运用，而且非常强调风险管理决策框架和整体思维框架的重要性。具体而言，现代风险管理的发展，强调秉承整体风险管理的理念，综合运用多种风险管理工具与方法，以最低的风险成本实现组织价值最大化的目标。

（3）明确风险管理应遵循不同的经营目标和策略。显然，不同的组织和机构，其经营环境和管理目标不同，风险管理的组织框架和具体的风险管理方法也会有所差异。风险管理以减少各种组织面临的不确定性、实现相应的管理目标为宗旨。

（4）强调系统、全面和动态的风险分析在整个风险管理决策框架和方法中的基础性作用。更进一步地讲，风险分析既包括通过完善客观概率统计方法去提高风险识别与衡量的能力，也包括提升风险管理者主观认知风险和衡量评价风险的能力。

（5）风险管理不仅应关注纯粹风险或静态风险，而且应当积极介入投机风险或动态风险的管理。现代风险管理的业务范围不仅仅停留在对自然灾害和意外事件的管理，而且日益关注诸如市场价格波动之类的财务风险管理。伴随着全球经济的集中度和关联度的提高、金融服务的一体化和自由化进程加快及新技术、新材料的广泛使用，各类组织面临的不确定性增加。相应地，风险管理的业务范围也越来越宽泛，适用的领域越来越广，全面、整体的风险管理也将受到日益广泛的重视。

（6）风险管理的主体是各类组织，包括个人、家庭、企业的风险管理，也包括政府公共部门、非营利性的社会团体的风险管理。当然，不同的风险管理主体，其管理目标会有差异，风险管理的决策框架和实施的风险管理方法也会有差异。

二、风险管理的产生与发展

（一）风险管理的产生

作为一门系统的管理科学，风险管理最早产生于美国。1921 年，美国著名经济学家富兰克·H. 奈特（Frank Hyneman Knight）在其经典著作《风险、不确定性

① 袁宗蔚．保险学：危险与保险［M］．北京：首都经贸大学出版社，2000.

和利润》一书中，将不能度量的不确定性和可以度量的风险进行了区分，他认为“意外”是普遍存在的，并警告人们不要过分依赖从以往发生事故的概率中对未来做出推断。1931年，美国管理协会保险部率先倡导风险管理，并通过举办学术会议和研讨班的形式集中研究风险管理和保险问题。1932年，美国纽约几家大公司组织成立了纽约保险经纪人协会，该协会定期讨论有关风险管理与保险的理论和实践问题，后来逐渐发展成为全美范围的“美国保险管理协会”，并进而发展为“风险和保险管理协会”，极大地推动了现代风险管理的兴起和发展。

（二）风险管理在20世纪50—70年代的发展

究竟是学者们加速了风险管理的发展，还是商业实践激发了学者们的灵感，这一问题仍存有一定的争执。然而，毫无疑问的是，1955—1964年，诞生了现代的、学术性的、职业化的风险管理。1955年，加勒赫尔（Gallagher）明确提出“专业的保险管理者也应是专业的风险管理人员”；1956年《哈佛商业评论》发表了加勒赫尔的论文《风险管理：成本控制的一个新阶段》，将风险管理引入实践阶段。20世纪60年代初，多伦多的一位保险经理巴罗（Barlow）在比较了自有资本损失、保费支出、损失控制成本及预收管理成本总额之后，发展了风险成本的理念，使风险管理的思想不仅仅局限于保险领域，开始缓慢向外拓展。1973年，著名的日内瓦协会即保险经济学研究国际学会（international association for the study of insurance economics）成立，开始了对风险管理、保险和经济学的综合研究，为促进风险管理原则的发展提供了重要的科学基础。1974年，瑞典的哈密尔顿（Hamilton）创立了风险管理周期模型，描述了风险管理过程——从风险评估、风险控制到制定相关措施和检验实施效果，并对各环节之间的相互作用进行检查，提升了风险管理系统的发展。1975年，“美国保险管理协会”正式更名为“风险和保险管理协会”（risk and insurance management society，RIMS），这是风险管理发展进程中的一个大事件。该协会通过广泛的教育计划和风险管理咨询服务，推进了风险管理在美国及世界其他地区的快速发展。

需要指出的是，风险管理在20世纪50—70年代的发展，很大程度上还得益于同一时期美国一些大公司发生的重大损失，这使公司高层决策者开始认识到风险管理的重要性。其中一次是1953年8月12日通用汽车公司在密歇根州的一个汽车变速箱厂因火灾损失了5 000万美元，成为美国历史上损失最为严重的15起重大火灾之一。这场大火与20世纪50年代其他一些偶发事件一起，推动了美国风险管理活动的兴起。之后，1979年3月美国三里岛核电站的爆炸事故，1984年12月3日美国联合碳化物公司在印度的一家农药厂发生的毒气泄漏事故，以及1986年苏联切尔诺贝利核电站发生的核泄漏事故等一系列事件，极大地推动了风险管理在世界范围内的发展。

（三）风险管理在20世纪80年代的发展

20世纪80年代风险管理发展的显著特点是风险管理思维方式的进一步提升和风险管理在全球范围的推进。

1980年，风险分析协会（the society for risk analysis，SRA）在美国华盛顿成立。风险分析协会旨在系统、综合地反映公共政策、风险管理理论及环境风险管理的进展。到1999年，该协会的22 000多个会员活跃在欧洲和日本。由于风险分析协会的努力，风险评估、风险管理等术语频繁出现在北美和欧洲议会的讨论中，从而将风险管理扩展至更广泛的决策议程上。

1983年，在美国风险和保险管理协会年会上，世界各国专家云集美国纽约，共同讨论并通过了“101条风险管理准则”，对风险管理的一般准则、技术与方法、管理等达成了基本共识，以用于指导各国风险管理的实践。“101条风险管理准则”共有12个部分，包括：风险管理一般准则；风险识别与衡量；风险控制；风险财务处理；索赔管理；职工福利；退休年金；国际风险管理；行政事务处理；保险单条款安排技巧；交流；管理哲学。“101条风险管理准则”的通过，标志着风险管理发展达到了一个新的水平。

1986年，英国风险管理学会（institute of risk management，IRM）在伦敦成立。该协会设立了一套风险管理学会会员的国际资格认证考试，这是一个着眼于风险管理全方位的长期性教育计划。而同年在新加坡召开的风险管理国际研讨会表明，风险管理已由大西洋区域向太平洋区域发展，成为由北美到欧洲再到亚太地区的全球性风险管理运动。

总体来看，20世纪80年代风险管理思维发展的一个重要的特征，是强调风险管理不应该仅仅关注技术与财务风险，而且应当充分关注风险的人文层面。传统风险管理的思维方式受到严重挑战，开始向客观风险管理与主观风险管理并重的方向融合发展，财务风险管理与灾害风险管理也逐渐趋于融合。

（四）20世纪90年代以来风险管理的发展

长期以来，风险管理关注的对象主要是那些可能带来损失的风险。在20世纪90年代以前，风险管理的理论、方法和实践基本上是围绕纯粹风险展开的，而对诸如价格波动风险之类的动态风险则很少问津。究其原因，主要是因为大多数现代风险管理形式是从保险购买实践中发展而来的，保险一直作为传统风险管理的主要手段。长期以来，风险管理的发展就深深地打上了保险的烙印。研究风险管理的人大多来自保险界，具有实用意义的风险管理手段也通常是针对纯粹风险的，这在一定程度上限制了风险管理的发展。

进入20世纪70年代后，布雷顿森林体系崩溃带来了汇率风险，原油价格攀升引发了产品价格风险，金融自由化浪潮下衍生性金融商品的滥用及金融服务一体化进程带来了金融风险和金融危机，所有这些变化均导致了20世纪80年代对财务风险管理需求的爆发性增长。然而，尽管财务风险管理应该被认为是风险管理的一个重要组成部分，但20世纪80年代以来财务风险管理的发展并没有引起风险管理和保险学界的充分重视。究其原因主要有：一是因为与财务风险管理有关的部门主要是商业银行、投资银行等，并不是保险公司；二是人们思维定式的惯性，仍然认为风险管理和保险所应解决的问题主要是纯粹风险的管理。直至1998年在美国风险与保险学会的年会上，财务风险管理才引起了保险学界和业界的充分重视。美国风险管理与保险学会时任主席斯蒂芬·阿瑟（Stephen P. D′Arcy）在大会的演说中特别指出：风险管理与保险的研究应该从对纯粹风险的研究转向对投资风险的研究，从对人身和财产风险管理的研究转向对财务风险管理的研究。由此，财务风险管理和金融风险管理才有了长足的发展，并成立了全球性的风险专业协会。首席风险执行官（chief risk officer，CRO）在北美的一些公司（主要是金融行业）中出现并受到重视。首席风险执行官负责对公司面临的所有风险进行识别和度量以及对风险资本进行有效利用。

20 世纪 90 年代以来，保险业自身的创新变革打破了保险市场与资本市场的界限，金融混业经营的趋势加速发展。而在混业经营背景下，风险分析和风险控制显得尤为必要。因此，财务再保险、新的财务风险评估方法如在险价值（value-at-risk，VaR）的广泛运用，使财务风险管理进入了更高的平台。

20 世纪 90 年代，风险管理发展的另一个显著特征是整合性风险管理的思维和决策体系逐步从后台步入前台，成为 21 世纪最具前景的发展领域。整合性风险管理框架受到广泛重视，使风险管理越出传统的金融和保险领域，成为企业经营管理、跨国公司经营管理的核心管理哲学，其重要性将会随着经济全球化的深化而越来越明显。

（五）21 世纪全面风险管理理论（ERM）的形成和发展

1999 年，《巴塞尔新资本协议》形成了全面风险管理理论发展的一个推动力，《巴塞尔新资本协议》将市场风险和操作风险纳入资本约束的范畴，提出了资本充足率、监管部门监督检查和市场纪律三大监管支柱，蕴含了全面风险管理的理念。进入 21 世纪，尤其以 2001 年美国遭受“9·11”恐怖袭击、2002 年安然公司倒闭等重大事件为标志，使众多企业意识到风险是多元的、复杂的，必须采用综合的管理手段。全面风险管理的概念获得广泛认同。2001 年，北美非寿险精算师协会（casualty acturial society，CAS）明确提出了全面风险管理（enterprise-wide risk management or enterprise risk management，ERM）的概念，并对这种基于系统观点的风险管理思想进行了较为深入的研究。CAS 对 ERM 的定义为：ERM 是一个对各种来源的风险进行评价、控制、研发、融资、监测的系统过程，任何行业和企业都可以通过这一过程提升股东短期或长期的价值。随后，在内部控制领域具有权威影响的 COSO 委员会①，于 2004 年 9 月发布了《企业风险管理——整合框架》报告“EnterpriseRisk Management—Integrated Framework”。COSO 的风险管理整合框架中的风险管理概念、内容、框架构成了现代全面风险管理理论的核心。ERM 框架定义全面风险管

① COSO 是全国反虚假财务报告委员会下属的发起人委员会（the committee of sponsoring organizations of the treadway commission）的英文缩写。1985 年，由美国注册会计师协会、美国会计协会、财务经理人协会、内部审计师协会、管理会计师协会联合创建了反虚假财务报告委员会，旨在探讨财务报告中的舞弊产生的原因，并寻找解决之道。两年后，基于该委员会的建议，其赞助机构成立 COSO 委员会，专门研究内部控制问题。

理、阐述原则、模式、标准，为企业和其他类型组织评价和加强全面风险管理提供了基础，并引入了风险偏好、风险容忍度、风险度量等概念和方法，为衡量企业风险管理的有效性提供指导。ERM 框架对全面风险管理的定义下得比较宽泛，可以运用于不同组织、不同行业和不同领域。定义的重心直接落在特定组织目标的实现上，为评价全面风险管理的有效性打下了基础。全面风险管理模式可概括为“全球的风险管理体系、全面的风险管理范围、全员的风险管理文化、全程的风险管理过程、全新的风险管理方法、全额的风险计量”。全面风险管理过程应用于企业内部的每个层次和部门，考虑组织内所有层面的活动，从企业总体的活动（如战略计划和资源分配）到业务部门的活动（如市场部、人力资源部），再到业务流程（如生产过程和新客户信用复核），因此全面风险管理是当今企业为完善风险管理而提出的一种要求。全面风险管理框架有三个维度，第一是风险管理目标维度。风险管理目标和组织的风险要求紧密联系，决定着组织经营活动中对风险的容忍度。整体框架所界定的目标有四类：战略目标、经营目标、报告目标和监管目标。这种分类可以把重心放在全面风险管理的不同侧面，不同类型的目标互相重叠，一种特定的目标可能会落入不止一个类别，不同类别的目标对应组织的不同需要。第二是风险管理要素维度。全面风险管理包括八个方面的要素，即内部环境、目标设定、风险识别、风险评估、风险对策、控制活动、信息和交流、监控，这几个要素来自管理层经营企业的方式，并和管理流程整合在一起。这八个因素相互独立、相互联系又相互制约，共同构成了全面风险管理这一有机体系。第三是企业组织层级维度。企业的各个层级包括组织的高级管理层、各职能部门、各条业务线及下属各子公司，组织里的每个人对全面风险管理都负有责任。全面风险管理框架三个维度的关系是：全面风险管理的八个要素都是为组织的四个目标服务的；组织各个层级都要坚持同样的四个目标；每个层级都必须从以上八个方面进行风险管理，该框架适合各种类型的企业或机构的风险管理。

2006 年，国际风险管理会议将“将全面风险管理整合到企业实践中去”作为主题，表明全面风险管理在企业实践中的重要地位已经引起了学术界和企业界的高度重视。之后的研究都是在全面风险管理理念的基础上进一步的细化和深入。

三、风险管理的目标

作为一门新兴的管理科学，风险管理的目标究竟是什么？风险管理的早期倡导者詹姆斯·克瑞斯提（James Cristy）认为：“风险管理是企业或组织通过控制意外损失事故风险，以保障企业或组织盈利。”美国著名风险管理专家赫利克斯·科罗曼（Helix Kloman）认为：“风险管理的目标是保存组织生存的能力，并对客户提供产品和服务，从而保护公司的人力与物力，保障企业的综合盈利能力。”美国斯科特·哈瑞顿（Scott E. Harrington）认为：“风险管理的总体目标是通过风险成本最小化实现企业价值最大化。”如何理解不同专家学者在描述风险管理目标上的差异？我们需要以一种动态的、发展的眼光来审视风险管理的目标。伴随风险管理的理念、方法及业务范围的发展变化，风险管理的目标也会相应地做出调整。具体可以从以下三个方面来把握风险管理的目标：

（一）风险管理的总体目标

通过风险成本最小化实现企业价值最大化是风险管理的总体目标。简言之，风险存在而导致企业价值的减少，即构成了风险成本。纯粹风险成本包括：①期望损失成本；②损失控制成本；③损失融资成本；④内部风险抑制成本；⑤残余不确定性成本。全面系统的风险管理可以减少企业的风险成本，也就是减少企业的现金流出或增加企业的现金流入，稳定企业的净现金流量，从而实现企业价值的最大化。

（二）风险管理的损失前目标

通过加强损失控制、事先安排损失融资方式、组织内部积极采取措施抑制风险等风险管理的手段，有效地减少风险损失发生的频率及损失程度，减轻经济主体对潜在损失的烦恼和忧虑，从而优化资源配置，这是风险管理的损失前目标。

（三）风险管理的损失后目标

通过实施有效的损失融资安排及其他的风险管理方法，保证企业和组织在遭遇不确定风险损失时能够及时得到补偿，从而维持生存，或者保持企业的正常经营，实现企业的稳定收益，这是风险管理的损失后目标。

四、风险管理的基本原则

为实现风险管理的目标，我们应遵循以下风险管理的基本原则：

（一）全面周详原则

首先，我们必须全面周详地了解各种风险损失发生的频率、损失的严重程度、风险因素以及因风险出现而引起的其他连锁反应，这是实施风险管理的重要基础。其中，损失发生的频率和损失发生的严重程度会直接影响人们对损失危害后果的估计，从而最终决定风险管理方法的选择及其效果。其次，我们应全面周详地安排风险管理计划，选择风险管理的方法。局部的乃至细微的疏忽，往往会给全局带来严重不利的影响，甚至会影响风险管理目标的实现。最后，我们应当全面周详地实施风险管理计划，并不断根据实际情形进行调整，这是实现风险管理目标的可靠保证和必备前提。所以，全面周详原则是风险管理的基本原则。

（二）量力而行原则

风险管理方法的选择必须遵循量力而行的原则。风险管理作为一种处置风险、控制风险的科学管理方法，为人们与风险损失的斗争提供了一种系统的武器。但并不是说任何企业、单位与个人都能轻而易举地实施风险管理，达到处置风险、减少损失的目标。在实施风险管理过程中，各实施主体应根据量力而行的原则，综合采用多种风险管理方法来控制风险、转移风险损失的财务后果。主体如果确认某种风险是无法消除和防止的，就应该估计损失的程度，事先安排有效的应对损失的融资方式，尽量降低该损失对企业正常生产经营活动或对个人、家庭生活水平的影响。如果风险发生后会导致巨大的经济损失，引起企业停产、破产或使个人、家庭发生严重的经济困难，这种已超过主体自身财力所能承担的风险，主体就应当采取保险方式来处置。所以，在风险管理中主体应注重量力而行的原则。

（三）成本效益比较原则

风险管理的重要性不仅在于提供了一套系统科学的处置风险方法，而且在于它强调以最少的成本、最少的费用支出获得最大的风险管理效益。成本效益比较原则是风险管理应遵循的另一重要原则，尤其是在风险管理实务中，这往往成为优先考虑的因素。因而，在实施风险管理实践过程中，主体要合理、有效地选择最佳风险管理方法，就应围绕以最少的费用支出获得最大的风险管理效益这一中心，无论是自留风险、保险，还是损失控制，都是在成本约束条件下选择最佳方案。上述方法无论是单独使用还是综合使用，都必须进行费用与效益的比较。只有实现以最少费用获得最大风险管理效益之后，我们才能够说是真正实现了风险管理的宗旨和目标。如果风险的处置与控制是以付出高昂的费用成本为代价，就不能真正体现风险管理作为现代科学管理方法的优越性。

五、风险管理的基本职能

界定风险管理的基本职能并不是一件容易的事情。风险管理的理念和方法在不断创新，其职能也在不断拓展。传统风险管理的基本职能集中于处置"可保险的风险"上。到20世纪80年代，风险管理的职能逐步扩大，拓展到处置一些诸如价格变动风险的动态风险领域。20世纪90年代以后，整合性风险管理理念和系统方法的提出，进一步将风险管理的基本职能拓展至投资决策管理、金融风险管理等领域。

就一般意义上来说，风险管理的基本职能可描述为"最大限度地减少组织面临的不确定性"。具体而言，风险管理的基本职能可以分解为以下几方面：

（1）帮助经济组织全面系统地识别和估计风险；

（2）实施损失控制和内部风险抑制计划；

（3）安排各类保险计划，构成经济组织最基本、最核心的风险管理职责；

（4）安排各类非保险损失融资计划，如自留风险和专业自保计划；

（5）设计和协调员工福利计划；

（6）提供风险管理的教育培训计划；

（7）提供索赔管理与法律诉讼服务。

整合性风险管理理念和方法的发展，进一步拓展了风险管理的基本职能，包括：

（1）货币保值；

（2）资本预算；

（3）公共关系；

（4）游说政府；

（5）公司并购。

可以这样说，现代风险管理的发展，已经使得风险管理发展成为企业管理中一个具有相对独立职能的管理领域。在围绕企业的经营和发展目标方面，风险管理和企业的经营管理、战略管理都具有十分重要的意义，且三者之间相互融合、紧密联系（如图 1-1 所示）。

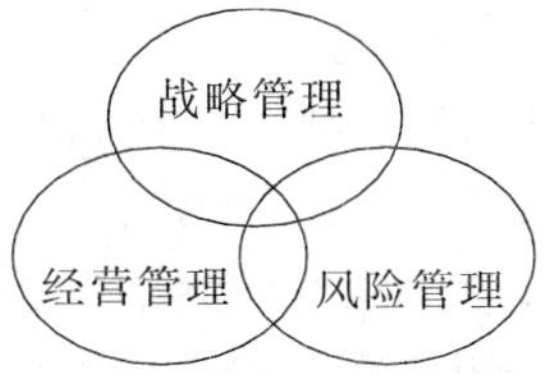

图 1-1　经济组织的三个核心职能

六、风险管理的基本程序

不论什么类型的风险，其管理过程一般都包括以下几个关键步骤：

（1）确立风险管理目标；

（2）识别各种可能减少企业价值（导致损失）的重大风险；

（3）衡量潜在损失可能发生的频率和程度；

（4）开发并选择适当的风险管理方法，其目的是增加股东的企业价值；

（5）制定并实施所选定的风险管理方案；

（6）持续地对经济组织的风险管理方案和风险管理战略的实施情况和适用性进行监督、评估与反馈。

（一）确立风险管理目标

确立风险管理目标是风险管理程序的第一步，是风险管理决策行为的重要基础和首要前提。风险管理目标应该是具体可行的，并应融入企业的战略管理、运营管理过程中。正如前面所述，企业风险管理的总体目标是通过风险成本最小化实现企业价值的最大化，这是就一般意义而言的。事实上，对不同的企业而言，风险管理的具体目标可能各不相同，但都强调风险管理目标与企业的经营管理目标、战略发展目标相协调。当然，由于个人、家庭、非营利性社会团体及政府公共部门的风险管理目标各有不同，其风险管理决策和采用的风险管理方法也就略有差异。

（二）风险识别

风险识别是指对各类潜在的和现实的风险因素进行全面、系统地信息搜集并认知风险的方法与过程。将风险进行归类和细分，如物质性风险、人身风险、金融风险、财务风险、财产与责任风险、收入波动风险等，对于把握风险的性质及其危害，具有重要的指导意义。在风险感知的基础上，进一步分析各类风险事故的致损原因，准确区分相关风险因素，如自然、社会、心理及行为等，对于风险损失的控制、风险事故发生后实施经济补偿均是必不可少的决策环节。

风险问题的复杂性，要求风险识别应当是全面系统和动态调查的过程，既需要对已认知的各类风险运用新的方法与技术进行准确识别，更要关注一些潜在的、新兴的、可能带来某些灾害性后果的新风险，提高识别和认知程度；既要探寻自然灾害风险的运动轨迹，继续增强风险识别的科学性，更应高度关注人为风险及其危害后果。受多种复杂因素的共同作用，现代人因行为和心理方面的扭曲、压抑造成的心理失常、精神失范，将有可能对社会带来某些灾难性后果，这是未来社会应当高度重视的风险源。从某种意义上说，人的行为失范对社会带来的负面影响甚至可能远远大于一般自然灾害的危害程度。问题的症结正是我们对这类风险源的诱因知之甚少。这从一个侧面说明对风险的认知和定性分析具有重要价值。

风险识别的方法有很多，并且随着人类认知风险能力的增强、科学技术的发展创新以及经验的不断积累，识别风险的方法将得到改进并趋于完善。在宏观领域中，决策分析、投入产出分析、统计预测分析、幕景分析、神经网络模型分析等具有重要的风险识别功能；在微观领域中，生产流程图法、损失清单分析法、保险调查法、财务分析法等均是企业常用的风险识别方法。而随着医疗技术进步与各种医疗检测手段的综合运用，人们对各类疾病风险的识别和检测，亦达到相当完善的水平，如心理与行为测评法、心理分析和心理疗法在识别人类自身的各种潜在行为风险时，发挥着越来越重要的作用。

（三）风险衡量

经过全面系统的风险识别之后，就进入了风险衡量阶段。风险识别与风险衡量经常被统称为风险分析。风险衡量就是运用概率论和数理统计方法对潜在损失风险发生的频率、损失的范围与程度进行估计和衡量。损失频率是指一定时期内损失可能发生的次数；损失程度是指每次损失可能发生的规模，即损失金额的大小。

风险衡量在风险管理中的重要意义体现在两个方面：一是有助于估计和衡量风险程度，降低损失后果的不确定状态；二是有利于把握风险损失波动情况及其变化幅度，为选择风险管理方法和进行风险管理决策提供科学依据。

具体而言，风险衡量的内容应包括三个方面：首先，风险衡量要估计风险事故在一定时间内发生的频率大小，估计不同概率水平下的损失后果；其次，风险衡量要估计和衡量不同经济组织面临的平均风险损失及总损失金额的大小；最后，风险衡量要分析、估计每一次具体的风险损失偏离平均损失的程度，这对风险管理决策取向具有关键意义。

（四）开发并选择适当的风险管理方法

在确立风险管理目标和系统分析风险的基础上，根据风险管理的基本原则，开发并选择适当的风险管理方法，为风险管理决策提供可比较的方案，这是风险管理程序的一个重要组成部分。如图 1-2 所示，风险管理方法大致可以分为三类：损失控制、损失融资和内部风险抑制。

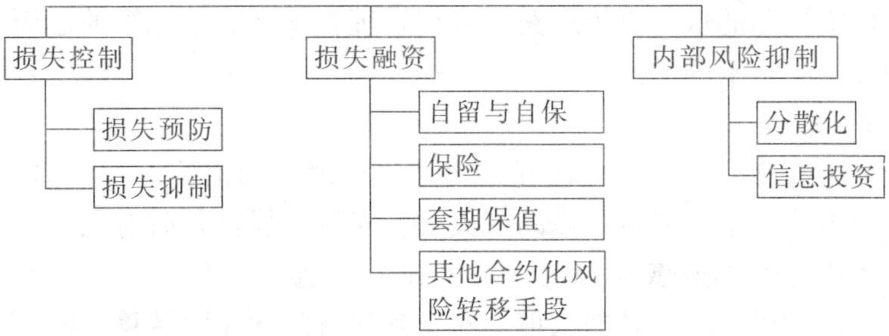

图 1–2 主要的风险管理方法

1. 损失控制

所谓损失控制，是指有意识地采取行动降低损失发生的频率或损失的程度。人们通常把主要是为了降低损失发生频率的行为称为损失预防手段，而把主要是为了降低损失程度的行为称为损失抑制手段。一般来说，损失预防是防患于未然，其行为作用于损失事故发生之前；损失抑制是“亡羊补牢”，其行为作用于损失事故发生过程中或损失事故发生之后。损失预防的一个常见例子是对飞机进行定期检查，以防止飞机机械故障的发生，从而降低了飞机坠毁的频率，但对飞机一旦坠毁的损失程度无能为力。损失抑制的一个常见例子是安装热感或者烟感的喷淋系统，从而减少火灾事故的损失程度。但是，需要说明的是，许多损失控制手段会同时影响损失频率和损失程度，所以往往无法将它们严格地归于损失预防或损失抑制手段。举个例子，在汽车中安装安全气囊在大多数情况下可以降低车祸中伤害的严重程度，但它同时也可能影响到车祸伤害发生的频率。车祸伤害事故的次数是增加还是减少，取决于由于安全气囊的保护使得虽然发生了车祸事故却没有造成伤害的次数，是否超过了由于安全气囊在不恰当时间打开或打开太猛而造成的伤害事故的次数，以及由于安全气囊的保护作用而使司机麻痹大意造成的车祸事故与伤害的次数。

损失控制的一种极端情况就是避免风险。避免风险就是当风险损失发生的可能性很大或损失程度很严重时，可以主动放弃有可能产生风险损失的某项计划或某一事物。例如，航空公司考虑到天气恶劣而取消某次航班，就避免了该航班发生空难事故的风险。当然，我们也应该清楚地知道，避免风险的方法虽然将风险损失的概率控制到为零，但同时也丧失了风险行为可能带来的收益。

有必要着重指出的是，在整个风险管理决策框架中，风险控制①最为重要，它是积极主动的风险管理思维观，充分体现了人的主观能动作用，提升了人在整个风险管理框架中的关键性作用。人是风险事故的主要承受者，也是为数不少的风险事故的重要风险源。只有重视人的作用，提升人对生命价值的深切关怀，才能从根源上、从根本上关注人类所处的风险社会，并寻求其解决的办法。因而在众多风险控制工具中，安全教育的重要性，无疑远远高于一般的、具体有形的安全工程及技术

① 广义上的风险控制，包括了损失控制及内部风险抑制两类方法。

和方法。将风险控制的这一决策思路上升到管理哲学和决策思维的层面，是我们提升风险控制质量和水平的关键。

2. 损失融资

较之于损失控制方法，损失融资方法是一种消极的措施。所谓损失融资方法，是指一旦风险事故发生，通过预先的损失融资安排，提供及时有效的经济补偿，使经济组织的生产经营迅速恢复到正常水平成为可能。一般而言，损失融资方法包括：自留风险、购买保险、套期保值交易及其他合约化风险转移手段。

（1）自留风险。它是指经济组织自己承担了部分或全部的风险损失。自留风险是风险管理中一种重要的损失融资方法。自留风险包括主动的、有意识的、有计划的自留与被动的、无意识的、无计划的自留两大类。前者是在全面的风险识别和准确的风险衡量基础上，认为对某些损失后果采取自行承担，将比转移给外部机构更经济合理，从而主动选择了自留风险，以便更好地实现股东价值的最大化；后者往往是在没有意识到风险存在或低估了风险损失的程度或无法将风险转移出去时，只能由经济组织自行承担风险损失的财务后果了。

企业自留风险的损失融资安排包括：①动用企业的库存现金、银行存款或其他流动资产来补偿经济损失，然后在较短时期内摊入企业生产成本或营业成本；②建立意外损失补偿基金；③向外借入资金，如应急贷款或特别贷款；④发行新股；⑤成立专业自保公司，为企业内部的风险损失进行自我保险。需要指出的是，企业遭受重大风险损失后，向外举债和增发新股的难度都会比较大，或者是成本比较高。

（2）购买保险。保险是一种风险转移机制，是风险管理中普遍采用的一种损失融资方法。经济主体通过购买保险的方式，以确定的保险费支出获得了保险人对不确定的风险损失进行补偿的承诺。保险人通过集中大量同质性风险单位，收取保险费并建立保险基金，将少数被保险人的风险损失在众多的投保人中进行分摊，从而实现了风险分散、损失分摊的职能。

（3）套期保值交易。它是一种很重要的损失融资方法。诸如远期合约、期货合约、期权合约以及互换合约等金融衍生产品已经广泛应用于多种类型风险的管理中，特别是对价格风险的管理。投资者可以利用这些合约来对某些风险进行对冲，也就是对冲由于利率、价格、汇率变动而带来的损失。这里我们举一个简单的例子来说明套期保值交易如何对冲价格风险。在生产过程中要使用石油的公司会因为石油价格的意外上涨而遭受损失，而生产石油的公司则会因为石油价格的意外下跌而遭受损失。于是，这两类公司可以使用远期合约来进行套期保值。在远期合约中，生产石油的公司必须在未来某个约定的交货日以一个事先约定的价格（远期价格）向使用石油的公司提供约定数量的石油，而不管当时市场上石油的实际价格是高还是低。由于在签订合约时，远期价格就已经商定妥了，所以使用石油的公司与生产石油的公司都可以通过远期合约来降低价格风险。

（4）其他合约化风险转移手段。经济主体可以通过签订合约的方式来转移财产或经营活动的风险。例如，出租人可通过财产租赁合同将财产风险转移给承租人，建筑商可通过分包合同将风险较大的工程项目转移给专业施工队，医院可以通过签订免责协议将手术风险转移给患者及其家属等。与避免风险不同的是，在通过签订合约转移风险的情况下，风险本身依然存在，只不过是通过合约将损失的财务或法律责任转移给其他经济主体了。

值得一提的是，随着金融、保险创新的不断深化，近年来出现了一些新的损失融资方法，如巨灾证券化、有限风险保险、财务再保险等，有力地推进了新形势下损失融资方法的创新和发展，开辟了风险管理的新路径。

3. 内部风险抑制

目前被广泛采用的内部风险抑制方式有：①分散化；②增加信息投资。分散化是指经济组织通过将经营活动分散的方式从组织内部降低风险，也就是人们常说的"不把所有的鸡蛋放在一个篮子里"。需要注意的是，公司股东采取投资组合来分散风险的做法，会对公司购买保险以及使用对冲手段的决策产生重要的影响。增加信息投资的目的是提高损失期望估计的准确程度。增加信息投资所带来的对企业未来现金流更精确的估计或预测，可以减少实际现金流相对于期望现金流的变动①。这方面的例子很多，如增加信息投资来提高对纯粹风险损失发生频率和损失程度估计的准确性，为降低产品价格风险而对不同产品潜在需求情况进行的市场调研，以及对未来商品价格或利率进行预测等。

（五）风险管理决策与实施

风险管理决策是指根据风险管理的目标和基本原则，在全面、系统的风险分析基础上，科学地选择风险管理方法及其组合，从而制定风险管理的总体方案和管理重点。风险管理决策是风险管理程序的重要组成部分。

选择什么样的风险管理工具和方法，必须以风险管理的目标和基本原则为基本出发点。立足于这一决策基点，人们需要在风险分析的基础上，进一步做出购买保险决策，安排自留风险决策，尤其需要充分考虑在实施全面风险控制的前提下，保险决策与自留风险决策的科学、合理的组合，以体现风险管理决策的价值，从而通过各种风险管理方法的最佳组合，以最小的风险成本实现企业价值的最大化。

风险管理方案的实施是指将风险管理的各项任务付诸实施，并在各职能部门分配，具体实施购买保险计划、风险控制计划（损失控制计划与企业内部风险抑制计划）、自留风险计划等。风险管理的格言是：损失前的预防胜过损失后的补偿。因而，在风险管理方案的实施阶段，主体应当充分发挥损失前风险控制工具的重要作用，通过积极的风险防范措施，启动预警系统，尽可能消除隐患。在损失发生后，主体尽快启动抢救机制和救助机制，将损失的后果和人员伤亡降到最低限度。由于风险的不确定性和复杂性，风险管理方案在实施过程中，主体应注意体现综合配套和灵活调整的管理原则，这对于提升风险管理的绩效具有非常重要的意义。

① 风险成本对企业价值的影响主要体现为实际现金流相对于期望现金流的变动。

（六）持续地对经济组织的风险管理方案和风险管理战略的实施情况与适用性进行监督、评估与反馈

在风险管理方案的实施过程中，主体需要根据风险管理目标和实施的具体情况，不断地调整原有风险管理方案，使之更加符合预定的风险管理目标和实际情形。对风险管理方案实施效果的监督与评估贯穿于风险管理的全过程，主体需要对风险管理方法的选择、风险管理决策过程、风险管理实施程序等进行系统的评估，并不断地调整风险管理方案及其实施程序。由于风险管理过程的复杂性，强化对风险管理各个环节进行动态监督与评估，不断运用反馈机制对风险管理方案进行调整，使之与风险管理的每一个具体目标都更加接近，这对风险管理总体目标的实现、提升风险管理决策水平、提高风险管理绩效等，均具有非常重要的意义。

第三节　风险管理的创新与发展

如前所述，自 20 世纪 80 年代以来，风险管理得到了飞速的发展。其中，既有风险管理理念和思维方式的提升，又有风险控制、损失融资等具体方法与技术的创新，为风险管理带来了欣欣向荣的发展气息，凸显出其在 21 世纪的重要战略地位。风险管理的关键在于选择风险管理的理念和方法。全面而深入地把握风险管理理念与方法的创新和发展，无疑对提高我们的风险管理理论素养、拓宽我们的风险管理视野具有积极的意义。

一、整合性风险管理

（一）整合性风险管理的内涵与特征

1. 整合性风险管理的内涵

企业整合性风险管理（integrated risk management，IRM）的理念和方法是 20 世纪 90 年代以来风险管理领域发展的最新成果之一。要对整合性风险管理下一个全面而准确的定义，并非一件容易的事情。整合性风险管理更多地体现为风险管理理念与方法的创新。就一般意义而言，整合性风险管理是指对影响企业价值的众多风险因素进行识别和衡量，并将企业面临的所有风险都纳入一个有机的具有内在一致性的管理框架中去，通过整合多种风险管理方法，实现以最小的风险成本获得最大的企业价值的风险管理总体目标。具体而言，整合性风险管理的基本思想和原则强调：以企业价值为分析基础，以整个企业所有经营和管理活动为考察对象，综合分析企业可能面临的所有的风险，借助风险分析、风险交流和风险管理等现代的风险管理方法和过程，充分利用不同风险可以相互抵消、相互影响、相互关联的性质，及时、有效地发现和控制那些对企业价值有负面影响的因素，挖掘和利用企业潜在的发展和获利机会。也就是说，利用整合性风险管理的思想进行风险分析不但要考虑到纯粹风险，还应注意到投机风险；不但要分析单个事件的结果，也要意识到相

关风险的综合效应；不但要注意企业的短期利益，也要兼顾企业的长期发展；不但要关注企业内部自身的损益，也要照顾到外部消费者的得失；不但要注意风险管理的成本，也要提高风险管理的效率等。总之，整合性风险管理是要从以风险损失为分析基础转变为以企业价值为分析基础，化分离式的风险管理为整合式的风险管理，变单一的损失控制为综合性的价值创造。

2. 整合性风险管理的特征

尽管整合性风险管理对于不同的组织来讲有着不同的范畴和对象，但就一般而言，整合性风险管理具备如下特征：

（1）强调风险是一个整体的概念。整合性风险管理认为组织面临的诸多风险彼此之间并不是孤立的，从本质上来讲是不可分割的，是相互联系、相互影响的。我们只有整体地、综合地、全面地认识风险和实施风险管理，才能从根本上有效地控制风险，实现组织的目标。

（2）强调组织内部不同风险管理者之间的合作。通过这种合作，组织就可以在同一个框架下审视其面临的种种风险，确定和评估组织的风险排序，进而对组织风险管理的重点以及风险管理成本有一个更清晰的认识，完成组织的战略性目标。

（3）整合性风险管理往往以资本市场、保险市场的创新及相互融合为基础。近二十年来金融市场的发展，特别是现代金融理论和金融工具的创新，为风险管理提供了新技术和新方案；保险市场与资本市场的融合，使可保风险的范围得到了拓宽；保险产品在创新的同时，又使保险市场从资本市场上获得了更大的承保能力。这些新型的风险管理工具为整合传统的风险管理提供了极大便利。

（4）以最小的风险成本实现企业价值的最大化是企业整合性风险管理的总体目标。传统的风险管理方案是以风险损失作为分析基础，强调综合运用多种风险管理方法，将风险事件造成的损失降到最低。而整合性风险管理方案则以企业价值作为分析基础，强调立足于整个企业范围内的所有经营和管理活动，综合分析评估企业可能面临的所有风险，充分利用不同风险之间可以相互抵消、相互影响的性质，有效配置企业的资金，力求以最小的风险成本实现企业价值的最大化目标。基于企业价值的风险管理方法，强调风险管理决策应注重风险与收益的关系，应注重企业的价值创造。从根本上说，企业价值是由企业未来净现金流量的大小、时间及变动决定的。因而，有效的风险管理决策应该促使企业的现金流量稳定，以确保企业发展持久及企业价值增加。另外，实施整合性风险管理方案，并非一味地追求将企业面临的各种风险都全部转移出去或留存下来，而是要合理地确定企业留存风险和转移风险的比例和结构，进而确定企业的资本结构，合理安排企业的实收资本和表外资本，提高企业资本的使用效率。

（5）企业整合性风险管理理念要融入企业文化之中。实施企业整合性风险管理方案，企业除了要建立一些具体的制度以外，还必须要有足够的耐心，把整合性风险管理的理念融入企业文化之中，要让企业的每个员工树立这样一种意识：风险管理是优秀企业高效管理体系的组成部分，而不仅仅是附属；风险管理应该是全体员工的职责，而不是某一个人的职责，一个好的管理者也应该是一个好的风险管理者。事实上，无论是从理财的角度讲，还是从资产负债表的角度讲，公司业务的运作全都是在管理风险和管理收益。企业的风险管理和战略管理、运营管理是相互融合、紧密联系而不可分割的。将整合性风险管理的理念融入企业文化之中，关键是构建一套风险管理语境下的通用工作语言。从实际经验来看，美国加州联合石油公司主要通过风险评估的方法来改变企业员工的原有观念，把风险意识融入企业的日常经营决策中，使人们认识到风险管理是每一个职员的职责，大家都有义务遵守风险管理的制度。而微软公司则善于通过对企业内部网的建设来实现信息授权，从而在整个企业范围内传播风险意识，将风险管理的意识融入每一个员工的日常决策之中①。

3. 整合性风险管理的发展

从国外理论界的发展状况来看，整合性风险管理已经成为不少学者的重要研究领域。肯特·米勒（Kent D. Miller）是较早提出整合性风险管理概念的学者，早在1992年，米勒就针对公司的国际业务领域提出了整合性风险管理的思想。尼尔·多尔蒂（Neil A. Doherty）② 对近年来金融市场的各种创新和发展，特别是保险证券化做了较为详尽的介绍，为风险的整合提供了较好的知识基础。丽萨·缪尔布饶科（Lisa K. Meulbroek）③ 则明确提出，公司进行风险管理可以选择三种方式：第一，改变公司经营模式；第二，调整公司资本结构；第三，运用某些金融工具（保险合同）。在缪尔布饶科看来，按照一个统一的管理战略框架或者说是价值模型对以上三种方式进行整合，就构成了整合性风险管理的核心内容。在实践方面，已经有不少公司，包括一些全球性的大公司，如夏普公司、霍尼韦尔公司等，在积极尝试和运用整合性风险管理的战略思想。又如，早在1999年，比雷埃夫斯银行集团就开发和使用了整合性风险管理方案，将资产负债管理与企业风险管理（主要是经营风险管理）整合为一个部门，使用整合的计算机系统，提供融合资产负债管理与企业风险管理的报告。该集团又于2001年将资产负债管理和市场风险、信用风险相整合进行管理。近年来，美国、亚洲和欧洲的一些金融机构正在为保险业开发具有整合性风险管理功能的软件包，许多保险公司对这些软件包产生了强烈的需求愿望。一些大型保险公司则自己开发这类信息系统软件，有些则开发既适合保险公司自身也适应相关保户的具有整合性风险管理功能的软件包。

（二）整合性风险管理的分类

一般来讲，按照整合性风险管理的整合程度不同，我们可以将整合性风险管理分成四个等级，各个等级都对应着相应的整合性风险管理技术④。

---

① 关于企业整合性风险管理的案例，请参考托马斯·L.巴顿、威廉·G. 申克、保罗·L.沃克所著的《企业风险管理》（中国人民大学出版社，2004年）一书。

② 尼尔·多尔蒂是美国宾夕法尼亚大学沃顿商学院著名的保险学者。

③ 丽萨·缪尔布饶科是哈佛商学院的管理学者。

④ 林义. 风险管理与人身保险［M］. 北京：中国财政经济出版社，2004.

1. 一级整合：给定资本结构，在一个市场内实现整合

这类整合性风险管理技术能够整合保险市场或资本市场中的多种风险，但还没有同时跨越这两个不同的市场。风险管理经理和资本运作经理可以根据公司的风险偏好和资本结构，分别设计并实施这种整合性方案。目前很多管理者对此已经很熟悉了。在金融市场上，篮子期权（basket options）和双触发原因期权（double-trigger options）可以在一次对冲交易中融入两种或两种以上的资本市场风险，如利率风险、外汇风险、商品价格风险等。同样在保险市场上，也出现了可以将不同保险风险结合在一起的、提供综合保障的综合保单。

2. 二级整合：在给定资本结构下，实现跨市场整合

这类方案可以将保险市场和资本市场的风险整合在一起，它建立在公司特定的风险偏好和资本结构基础之上，需要风险经理和资本运作经理进行合作。这类整合方案可以同时涵盖利率风险、外汇风险、商品价格和保险风险，可以是保险的形式，也可以以衍生产品的形式出现。目前常见的两种形式是：①多年度/多险种产品（multi-year and multi-line products），为保险风险和资本市场风险的损失提供综合保障；②多触发原因产品（multi-trigger products），在保险事件发生时激活资本市场风险保障，或者在资本市场指数达到某一执行水平时激活保险保障。

3. 三级整合：改变资本结构，实现跨市场整合

这类整合可以单独或综合应用于保险市场风险和资本市场风险的管理中，被视为传统资本的替代品，可以同时改变风险组合和资本结构。这类整合性风险管理需要财务总监和其他风险管理责任人的共同努力。实施三级整合的目的不仅是规避风险，而且是公司进行资本管理的需要。其主要形式有：有限风险保险（finite risk insurance）①、责任自然终止方案（run-off solution）和或有资本（contingent capital）。

4. 四级整合：改变市场结构，实现跨市场整合

这类整合也可以归入前面三类整合方案，但不同的是，实施这类整合不仅需要公司单方面的行动，还要求保险市场和资本市场发生结构变化，才能使其获得经济上的可行性并得以实施。典型的技术有：保险债券、保险衍生产品、信用衍生产品和天气衍生产品等。

（三）整合性风险管理的方法

整合性风险管理的思想是明确的，也是理想的。整合性风险管理思想的具体应用与实践，需要理论和方法的创新。这里，仅仅介绍两种主要的应用整合性风险管理思想的方法。

1. 基于价值的风险管理方法（value-based risk management）

基于价值的风险管理方法并不是专门的风险管理方法，在投资决策、经营决策、战略决策的过程中，它都是被普遍推荐的方法。该方法强调，决策应该以企业

① 当投保人为保险公司时，有限风险保险也被称为有限风险再保险（finite risk reinsurance）。

的财务分析为基础，以股东（企业）价值最大化为目标。基于价值的风险管理方法，强调风险管理决策应注重风险与收益的关系，注重企业的价值创造。从根本上说，企业价值是由企业未来净现金流量的大小、时间及变动决定的。因而，有效的风险管理决策应该促使企业的现金流量稳定，以确保企业发展持久及企业价值增加。基于这种风险管理方法，企业应该以企业所面临的所有风险为考察对象，应该关注那些对企业价值产生影响的风险，应争取以较低的风险成本获得较高的企业价值。

2. 平衡记分卡方法（balanced scorecard）

平衡记分卡被认为是现代企业管理最为热门和最为重要的管理策略，成为企业追求成功的重要思路。拉基布（M. A. Raquib）将整合性风险管理的思想与平衡记分卡方法相结合，找到了一条整合性风险管理思想应用的途径。平衡记分卡给出了一组衡量企业活动的重要指标因素，涉及企业管理的四个重要方面：顾客、内部经营、学习与增长、财务。“顾客方面”是反映企业外部环境的一个重要因素，是企业开发市场、扩展市场、提高竞争力的重要方面；企业管理应兼顾企业本身和顾客的利益，使顾客满意是“顾客方面”应追求的目标。“内部经营方面”包含了产品开发、生产、流通整个过程的经营和服务。企业内部经营管理应该具有创造性、灵活性，应具有迅速、灵活地随着企业内部状况和外部环境的改变而做出及时调整的能力。“学习与增长方面”集中反映在企业如何充分开发和激励企业内部的人力资源上。如何挖掘和提高人力资源的能动性，使企业员工有能力、有动力、有精力去为企业设定的各项目标协同工作，这是影响企业现在和未来持久发展的重要方面。“财务方面”是企业管理综合结果的集散地，它既受制于其他三个方面的影响，又受制于金融风险、管理决策等方面的影响。财务方面的目标就是股东价值最大化，这也是企业管理的最终目标。这四个方面是企业战略决策所考虑的关键因素，它们相互制约、相互促进。有效合理的企业管理就是要兼顾这四个方面，协调这四个方面的目标，并充分考虑和利用它们的相互关系，以提高企业竞争力和经营效率。

平衡记分卡方法正是以这四个方面作为出发点和途径来应用整合性风险管理的思想。第一，利用风险管理的方法和技巧，如风险识别、风险衡量、风险控制等方法和步骤来分析这四个方面各自潜在的风险；第二，利用这四个方面风险的相互影响和相互抵消的特点，通过风险分析、风险控制、风险交流的方法，以企业整体为考虑对象，权衡风险与收益，坚持成本效率原则，来进行风险管理决策。不难看出，企业在这四个方面的风险几乎包含了企业面临的所有重要风险，因而这种风险管理方法符合整合性风险管理的思想。

需要指出的是，整合性风险管理思想的应用，还体现在非传统风险转移方式（又称可选择性风险转移方式，ART）的创新和发展上。对此，下文将做详细的介绍。

（四）建立整合性风险管理系统的步骤

按照整合性风险管理战略的要求，建立整合性风险管理系统的步骤如下：

1. 风险识别与可能性预测

风险经理要全面分析企业所处的环境和内外部特点，列出企业可能面临的所有风险因素，即列出风险清单。风险识别过程一定要避免出现认识上的盲区，要尽量将各种潜在的和现实的风险因素都识别出来。在列出企业面临的所有风险后，风险经理还要对风险事件发生的可能性（独立发生和联合发生）进行预测。

2. 评估各种风险如何影响企业的价值即风险成本的构成和大小

在实施整合性风险管理的过程中，风险经理不仅要估计出每一种风险对企业价值的影响，而且还必须了解每一种风险是如何作用于整个企业的风险组合，以及减少每一种风险所需要的成本。这一过程要求的分析方法与目前各企业的习惯做法有很大不同。由于风险管理产生的效益（成本）在每个企业之间有所不同，风险管理策略必须量体裁衣，适应每个企业的具体情况。对于一些企业来说，让收益水平保持在一定的波动范围内将会增加企业的价值。而对于另外一些企业来说，价值最大化策略本身的目标则是使企业或者股东权益的市场价值处于一定水平的波动状态。因此，为能够制定最优的风险管理战略，风险经理必须首先了解各种不确定的情形是如何影响到企业未来的收益状况，以及这些不确定性的收益状况是如何影响到企业的市场价值的。也就是说，为了评估企业是否应该采取以及在多大程度上实施针对某些风险因素的管理手段，风险经理必须首先搞清楚风险管理会通过哪些渠道潜在地影响企业的价值。对这种潜在影响渠道的理解构成了风险管理战略的基石，而如果缺乏对这种潜在影响渠道的正确理解，那么，所有企图评估风险管理的成本收益的努力都将是徒劳的。

3. 分析风险管理方式

风险经理必须考虑对已经列明的风险以何种方式进行管理，特别是要从转变经营方式、调整资本结构、使用各种金融工具三方面入手进行分析。在这个过程中，关键问题是分析清楚不同风险管理方式是如何相互作用的。另外，企业还可以通过其他方式，如调整资本结构，来管理自身面临的风险。例如，较低的债务水平意味着企业可以少支付固定利息费用，从而可以使得企业获得更大的灵活性来应对可能出现的影响企业价值的任何不利变化。同时，债务少还减少了企业陷入财务困境的可能性。当然，每种风险管理策略分别具有不同的成本和收益。较低的债务率也使得企业不能充分利用债务利息的税收盾牌作用。

有些风险并不能通过转变企业经营方式来加以有效管理，这一方面是因为有时找不到可行的经营方式，另一方面也因为有时采取某种经营方式成本太高或者妨碍企业实现更高的战略目标。在这种情况下，一些特定的金融工具，包括金融衍生产品（期货、期权、互换合约等），可以考虑用来管理风险。使用特定的金融工具可以应对的风险有很多，如商品、货币、股票指数、利率、甚至天气风险等，当损失发生后，这些金融工具能够帮助减弱甚至消除这些损失对企业价值带来的不利影响。通过特定的金融工具管理风险的好处在于企业能够在不妨碍正常经营的情况下以较低的成本对某些特定风险给予足够的关注。不过，通过金融工具能够有效管理的风险只能是某些特定的风险。例如，货币的套期保值只能对汇率波动导致的收入损失提供保护。

不同的风险管理方式可以结合起来去实现一个共同的目标。每个企业都有很多种管理风险的方法和途径，并且每个企业的最佳风险自留额水平以及为达到这一目标所使用的具体工具都是不同的。为了能够比较每一种风险管理方式的优势和劣势，风险经理必须考虑多种因素，如风险管理战略有效实施所需要的信息、成本、工具等，包括在目前的市场上能否找到所需要的风险管理工具。将这些信息纳入企业价值模型中是整合性风险管理过程的重要一环。

4. 建立企业价值模型

在掌握了企业面临的各种风险因素、风险组合、管理风险的不同方式及其成本之后，风险经理就可以着手分析能够使得企业价值最大化的风险管理策略。为实现这一目标，风险经理必须构建一个企业价值模型，将其掌握的有关企业风险的各种信息和知识，包括这些风险如何影响企业价值都纳入这个模型中。通过改变模型的输入变量，就可以发现不同风险的变化是如何影响企业价值的。借助这一模型，风险经理就可以确定企业最佳的风险自留水平是多少、该自留水平上的风险组合的具体构成以及实现这一目标的最好途径。

二、非传统风险转移方式的创新与发展

（一）非传统风险转移方式的概念框架

所谓非传统风险转移方式，又称为可选择性风险转移方式（alternative risk transfer，ART），它是相对于传统的通过购买保险进行风险转移的方式而言的。起初 ART 表述的是这样一些机制，它使企业能以专业自保公司（captive insurance）、风险自留集团（risk retention group）等形式更容易地为自身风险提供保险保障。随着时间的推移和市场的发展变化，ART 同样演变得十分迅速，但因现有的产品和机制的多样性，它还没有一个被公众广泛接受的定义。就一般意义上来说，ART 是指除传统的保险或再保险以外的一切关于风险的承担、转移或者融资的产品或机制。

相对于传统的保险风险转移方式而言，ART 的特性表现为：①ART 绝大部分的产品或机制都是为特定的客户量身定制的，旨在提高风险转移的效率，扩大可保风险的范围，以及在资本市场上寻求额外的承保能力。它使一个企业能更有效地进行风险管理，并将有限的资金集中于核心业务进而提高企业的经营效益。②整合性风险管理思想的应用，推动了风险管理技术和方法的创新，进而推动了 ART 方式的演变和发展。③ART 是分散、转移巨灾风险或为巨灾风险损失安排融资渠道的重要方式。④ART 是对传统保险和再保险补偿机制的补充。⑤20 世纪 80 年代后期及 90 年代初，资本市场的发展与创新，为风险融资证券化创造了有利的外部支持环境，从而为 ART 的迅速发展提供了可能。⑥在金融自由化和金融混业经营的背景下，保险与非保险金融中介机构之间跨行业经营的融合不断深化，为 ART 的发

展提供了有利的契机。

如图 1-3 所示，加深对 ART 概念框架的认识，可以从两个方面着手：ART 的渠道和 ART 的产品与方法。

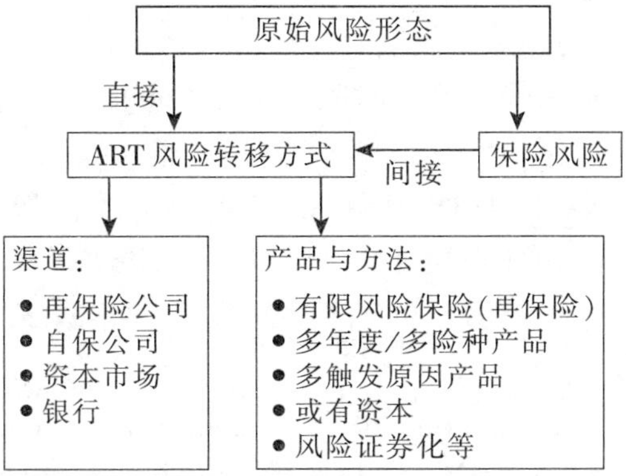

图 1-3　非传统风险转移方式的渠道、产品与方法

1. ART 方式的渠道

所谓渠道，就是 ART 实施的载体。（再）保险公司、自保公司、资本市场和银行就是风险转移人利用 ART 转移风险的渠道。ART 的使用有直接和间接之分，前者是指风险转移人直接借助于 ART 的产品或 ART 的交易渠道进行风险转移的行为；后者则是通过保险公司进入 ART 市场。在大多数情况下，ART 方式转移风险是通过（再）保险公司进入 ART 市场的，很少有投保人自己直接进入 ART 市场。因为（再）保险公司是风险管理的专业组织，其经营风险的能力和声誉已被市场上各方面认可。通过（再）保险公司这一金融中介机构，投保人可以回避单个风险的个体特征（道德风险），从而在资本市场上更加容易获得风险融资。有必要指出的是，自保公司不仅是 ART 风险转移方式的渠道之一，同时其本身就是一种 ART 产品。

2. ART 产品与方法

ART 用于转移风险的产品和方法是多种多样的，主要包括有限风险保险（再保险）、多年度/多险种产品、多触发原因产品、或有资本及保险证券化产品。下面将对 ART 的产品和方法一一进行介绍。

（二）ART 产品的主要形式

1. 专业自保公司（captive insurance）

专业自保公司是最早的 ART 产品。它是指非经营保险业务的企业单独或与其他企业合资建立的专门为股东企业提供保险的风险融资机构。专业自保公司大多数都是（再）保险公司，母公司的风险先由当地一家传统保险公司承保，然后由后者将该业务分出给专业自保公司。这样可以为企业自身一些不可保风险提供保险，不但降低了保险成本，而且不会产生道德风险。出于避税的考虑，专业自保公司大多在自由港注册，如百慕大等地区。

2. 有限风险（再保险）（finite risk insurance/reinsurance，FR）

非传统风险转移中的有限风险型产品的重点在于风险融资，而不是风险的转移。目前的FR主要是为再保险业务设计的，是为保险公司的再保险融资提供服务的。FR产品的主要特征为：①从投保人（分出人）转移到（再）保险公司的风险是被限定的，但通常包括承保风险和时间风险。除可保风险外，FR的承保人还可以承担某些传统保险不可保的风险，如利率风险、信用风险和汇率风险。②保险合同的期限通常跨越多个年度，使得风险可以在多年内分散，使得一些在一个会计年度内无法进行风险融资的业务成为可能。③FR保单的实际成本主要取决于具体索赔情况，保费中未用于赔偿的部分在合同期满后，由保险人或再保险人返还给投保人（分出人）。

3. 多年度/多险种保险产品（multi- year /multi- line products，MMP）

MMP的主要特点为：①在同一个保险计划中将多个彼此不独立的保险风险，如火灾、营业中断和责任等风险捆绑在一起，并采用一个综合费率。MMP还可以承保一些特殊的风险，如汇率风险和商品价格波动风险，以及一些历来被认为是无法承保的风险，如政治风险。②承保人的责任限额和对投保人的免赔额并不像传统保险那样按年度和单一险种来计算，而是在所有险种和全部合同期的基础上计算出来的。MMP除了可以在业务组合内分散风险外，还可以在一定时间段内分散风险。③与大多数有限风险保险产品不同的是，MMP可以同时对大量的风险进行转移。

4. 多触发原因产品（multi-trigger products，MTP）

在保险合同中设立两个给付条件（触发原因），其中一个为保险事件，另一个为非保险事件，只有两者同时发生时，保险人才进行赔付。两个给付条件由投保人自己决定，具有很强的灵活性。MTP最大的特点是当投保人同时遭受两个或更多的不利事件时能获得损失补偿。由于两个或更多独立事件同时发生的概率很低，所以该保险的费率很低，有利于产品的推广。

5. 或有资本（contingent capital，CC）

或有资本是指保险人与投保人约定，在投保人发生严重损失、难以从资本市场获得所需经营资金时，保险人提供资本来源，以维护投保人的法定清偿能力。或有资本具体有两种途径：一是投保人与保险人约定，当保险事件（一般为导致严重损失的事件）发生时，投保人可从保险人处获得权益或债务资本；二是投保人可以从保险人处购入股票卖出期权，当投保人在保险事件发生且股价跌到某个事先设定的价位时，可以按事先约定的价格将股票出售给保险人，获得经营资金。当然，事后投保人要在规定的时间内赎回股票，并支付相应的红利或利息。

6. 保险证券化产品（securitisation of insurance risk）

保险证券化是20世纪90年代以来国际金融市场中出现的一种新趋势。鉴于保险证券化对保险业乃至整个金融业发展的重要性，下文将做专门的介绍。

三、保险证券化

保险证券化可以定义为保险公司通过创立和发行金融证券，将承保风险转移到资本市场的过程。保险证券化的过程包括两个要素：其一，将承保现金流转化为可买卖的金融证券；其二，通过证券交易，将承保风险转移给资本市场。保险风险证券化产生的动力来自两个方面：其一，面对巨灾风险威胁时，保险业的承保能力明显不足；其二，资本市场投资者分散风险、获取更高的投资回报率的强烈愿望，同样催生了保险证券化产品的创新和发展。

（一）产险巨灾风险证券化的主要形式

1. 巨灾债券

巨灾债券是通过发行收益与指定的巨灾损失相联结的债券，将保险公司的部分巨灾风险转移给债券投资者。债券合同一般规定，如果在约定期限内发生指定的巨灾，且损失超过事先约定的限额，则债券持有人就会损失或延期获得债券的部分或全部利息和/或本金，而发行债券的保险公司或再保险人获得相应的资金，用于赔付超过限额的损失；如果巨灾没有发生或者巨灾损失没有超过该限额，则证券投资者就会按照约定的较高的利率（通常高于无风险利率，如美国国债息率）收回本金利息，作为使用其资金和承担相应承保风险的补偿。

在资本市场上，需要通过专门的中间机构来担保巨灾发生时保险公司可以得到及时的补偿，以及保障债券投资者与巨灾损失相联结的投资收益。以地震风险证券化为例，先由保险公司或（再）保险公司出资成立一个特殊目的子公司，除了向投资者发行债券收取巨灾保障基金外，也接受母公司的巨灾投保，并收取再保险费。若没有发生巨灾损失，特殊目的子公司将在债券到期前，按照合同约定支付本利给债券投资者；相反，若巨灾损失在债券到期日前发生，特殊目的子公司会将资金先行理赔给巨灾投保人，再将剩余资金付给债券投资人。

巨灾债券转移的风险可以是某家保险公司承保的巨灾风险，也可以是整个保险业承保的某种巨灾风险。例如，日本东京海上保险公司在 1997 年 12 月发行的 1 亿美元的地震债券，以及 1999 年瑞士丰泰发行的巨灾债券。如同再保险一样，巨灾债券也可以分层次转移承保风险。例如，某（再）保险公司发行的飓风债券分为 A-1 和 A-2 两个部分，债券 A-1 部分的收益从属于公司该年度 1 亿~1.638 亿美元的飓风损失，而债券 A-2 部分的收益从属于该年度 1.638 亿~5 亿美元的飓风损失。此外，只有在再保险价格相对较高，使得高风险的巨灾债券的票面利率高于市场利率水平时，巨灾债券才能吸引投资者并筹措到足够基金，为巨灾风险积累充足的保障。自巨灾债券诞生以来，美国至少有 10 家保险公司采用这种方式来抵御因地震、飓风等巨灾带来的损失。

2. 巨灾期权

巨灾期权是以巨灾损失指数为基础而设计的期权合同，包括看涨期权和看跌期权。它以某种巨灾风险的损失限额或损失指数作为行使价，而涉及的损失风险既可以是某家保险公司的特定承保风险，也可以是整个保险行业的特定承保风险。如果保险公司买入看涨巨灾期权，则当合同列明的承保损失超过期权行使价时，期权价值便随着特定承保损失金额的增加而增加。此时如果保险公司选择行使该期权，则获得的收益与超过预期损失限额的损失正好可以相互抵消，从而保障保险公司的偿付能力不受重大影响。而巨灾期权的卖方则事先收取买方缴纳的期权费用，作为承担巨灾风险的补偿。

由于保险本质上是一种期权或期权的组合，因此，利用期权特性来控制保险公司的经营风险，符合保险公司对动态偿付能力的需求。相对于巨灾债券而言，巨灾期权一般通过场内交易，转移风险的成本较低。与其他期权相同的是，当特定的承保损失超过期权行使价时，巨灾期权卖方的损失会随着承保损失金额的增加而增加。在期权市场上，由于单个保险期权的损失风险对巨灾期权的卖方而言是没有上限的，因此在实际操作中较难找到单个保险期权的卖家，往往需要组合两个合同期限相同但具有不同行使价的期权，来降低期权卖方承担的风险。例如，美国芝加哥期货交易所推出的巨灾期权就是执行看涨期权价差交易，在买进一个协议指数较低的看涨期权的同时再卖出一个到期日相同但协议指数较高的看涨期权。

巨灾期权有场外交易和场内交易两种形式。场外交易可以比较容易地根据保险公司所要转移的风险情况，安排适合公司承保风险状况的期权合同，但交易方违约的风险比较大。场内交易必须符合期货交易所规定的各种标准交易条件，期权合同含有的风险通常是整个保险业的某项巨灾风险，不一定适合单个保险公司分散风险的个性需求。

3. 巨灾期货

巨灾期货是由美国最先推出的一种套期保值工具，其交易价格一般与某种巨灾的损失率或损失指数相联结。这种期货合同通常设有若干个交割月份，在每个交割月份到期前，保险公司和投保人会估计在每个交割月份的巨灾损失率大小，从而决定市场的交易价格，而市场对巨灾损失率的普遍预期也会对期货交易价格产生影响。例如，保险公司预计第四季度巨灾损失率将要上升，为控制该季度赔款，就会买入一定数量的12月份期货合约，如果届时巨灾确实发生而且导致公司损失率上升，则第四季度后，在期货交易价格随市场预期损失率上升而上涨时，公司通过签订同样数量的卖出期货合约取消期货义务，获得期货买入与期货卖出之间的差价，并用于抵消因实际损失率超过预期造成的额外损失。当实际损失率低于预期时，保险公司虽然在期货市场上遭受一定损失，但可以通过保险方面的收益得到弥补。

巨灾风险证券化通过在保险业和资本市场之间搭建桥梁，给保险行业的融资带来了战略性的益处。这些证券化工具不仅能为保险公司提供更多管理风险的方法，而且能够使资本市场的投资者参与财产巨灾风险市场，减少巨灾对一家保险公司和整个保险行业带来的负面影响，有益于整个社会的稳定。

（二）人寿和年金风险的证券化

保险证券化得以成功的重要因素之一，是通过重新包装保险风险并销售给资本市场，使投资者能够更有效地配置资金、分散投资风险。只要存在这种效率增加的可能性，保险风险证券化就会继续存在于资本市场。这也说明了人寿和年金风险同样存在证券化的可行性。随着保险业与资本市场的联系日渐密切，在（再）保险公司的推动下，寿险业也开始尝试进入保险证券化的领域。目前，寿险业唯一出现的证券化个案是英国国民养老公积金公司（National Provident Institution，NPI）[①] 通过证券化提高保险基金盈余的比率。NPI 公司与一家特殊目的公司签订了再保险合约，通过该特殊目的公司发行债券来筹集资金。这证明了寿险公司已经对利用资本市场进行风险转移以及提升财务实力产生了兴趣。

寿险风险证券化与产险巨灾风险证券化目前仍有着显著的区别。NPI 公司在证券化交易中虽然转移了部分风险，但债券发行人的首要动机是为承保新业务从资本市场融资，而巨灾风险证券的交易是将风险转移到资本市场上去。其实除融资目的外，保险公司和再保险公司同样可以通过证券化，将寿险或年金产品的某些风险转移到资本市场，由资本市场上的投资者来支付赔款或给付保险金。根据寿险和年金产品的特点，证券化有两种潜在的途径应用于寿险和年金业务。

（1）年金产品通常存在年金领取人寿命超过预期的风险（长寿风险），为有效防范这种死亡率风险，可以基于一个国家范围的死亡率指数设计一种长期债券。（再）保险公司通过发行这类债券，可以增加承保能力，接受更多寿险公司和退休金计划的分保业务。

（2）基于特定的被保险群体设计一种债券。保险公司在承保某一特定群体的大额或巨额定期寿险时一般会进行较为严格的核保，由于关于该类业务的承保经验有限，预计死亡率可能存在相对较高的偏差。在这种情况下，寿险公司可以设计发行一种 5 年期或 10 年期的债券为该类风险提供保障，而在传统再保险市场中，该类业务一般较难分出，而且即使分出，成本也会非常高。

复习思考题

1. 什么是风险？风险由哪些要素组成？
2. 风险的分类方式主要有哪几种？
3. 概念比较：①风险因素与风险事故；②纯粹风险与投机风险。
4. 什么是风险管理？如何理解风险管理的基本内涵？
5. 风险管理的目标是什么？简述风险管理的基本原则。
6. 风险管理的基本职能包括哪些？如何理解风险管理职能的创新与发展？
7. 简述风险管理的基本程序。
8. 如何理解整合性风险管理的基本思想？整合性风险管理的方法主要有哪些？
9. 什么是非传统风险转移方式？请列举几种非传统风险转移方式的渠道和产品。
10. 何为保险证券化？保险证券化的主要形式有哪些？

① 英国国民养老公积金公司是英国最大的相互保险公司之一，已有 150 多年的经营历史，专注于养老金计划和退休相关产品的运营管理。

第二章 保险概述

内容提示：对保险的论述目前已形成各种学说。保险可从法律和经济角度定义。可保风险、大量同质风险的集合与分散、保险费率的制定、保险基金的建立和保险合同的订立等构成了保险的要素。保险与储蓄、赌博、救济等经济行为及制度既相似又不相同。保险具有基本职能和派生职能，既有积极作用，也有消极影响。学习本章时应深入认识和把握保险是什么；可保风险具有哪些条件；理解和分析保险的职能等问题。

第一节 保险的内涵

一、保险的各种学说

保险理论界通常将西方经济学家对保险的论述划分为若干学说，其中，日本学者园·乾治的归纳最为全面。园·乾治认为，保险的学说可以分为损失说、二元说和非损失说三类。在此，我们以园·乾治的观点为基础，对西方经济理论中的保险学说进行概括性介绍。

（一）损失说

损失说是以损失概念作为保险性质的学说。

1. 损失赔偿说

英国的马歇尔（S. Marshall）认为："保险是当事人的一方收受商定的金额，对于对方所受的损失或发生的危险予以补偿的合同。"德国的马修斯（E. A. Masius）认为："保险是约定当事人的一方根据等价支付或商定，承保某标的物发生的危险，当该项危险发生时，负责赔偿对方损失的合同。"由于这种学说认为保险是一种损失赔偿合同，因而被称为损失赔偿说。损失赔偿说就财产保险而言可以说是适当的，但对人身保险用损失赔偿的概念进行解释就显得不妥，特别是人身保险中的生存保险，在被保险人生存至保险合同期满或保险合同约定的期限时，能获得生存保险金，可以说与损失无关。

2. 损失分担说

损失赔偿说侧重于合同双方当事人的关系，损失分担说则强调在损失赔偿中多数人对损失的共同分担。损失分担说的代表人物是德国的华格纳（A. Wagner）。他认为："从经济意义上说，保险是把个别人由于未来特定的、偶然的、不可预测的事故在财产上所受的不利结果，使处于同一危险之中，但未遭遇事故的多数人予以分担以排除或减轻灾害的一种经济补偿制度。""这个定义既适用于任何组织、任何险种、任何部门的保险，同时也适用于财产保险、人身保险，甚至还适用于自保。""保险是把损害分担于多数人进行赔偿的，不论财产保险或人身保险，所有的保险都是损害保险。"华格纳认为，保险不仅是保险合同当事人双方之间的关系，而且是把损失分担给多数人的一种经济补偿制度。该学说的独到之处在于它不拘泥于法律上的解释，而是以经济学的知识为基础，指出保险的性质是多数被保险人的相互关系。但它既然认为保险是多数人对损失的分担，又把自保纳入其中，显然是自相矛盾的。

3. 危险转嫁说

此学说认为保险是对损失的赔偿，是对危险的转嫁。其代表人物是美国的魏兰脱（A. H. Willet）。他指出："保险是为了赔偿资本的不确定损失而积聚资金的一种社会制度，它是依靠把多数的个人危险转嫁给他人或团体来进行的。"

由于损失赔偿说、损失分担说和危险转嫁说都强调了损失，都以损失概念作为保险性质，故被统称为损失说。

（二）二元说

园·乾治把否认人身保险说和择一说归为二元说。

1. 否认人身保险说

损失这个概念，无论是从经济方面进行狭义的解释，还是包括精神损失在内的广义的解释，都难以阐明人身保险的性质。这样，"否认人身保险说"学派就应运而生。否认人身保险说是一些法学家倡导的，有些经济学家也予以支持。如经济学家科恩（G. Cohn）就说："因为在人身保险中，损失赔偿的性质极少，它不是真正的保险而是混合性质的保险。"又如，埃斯特（L.Elster）直截了当地说："在人身保险中完全没有损失赔偿的性质，从国民经济来看，人身保险不过是储蓄而已。"威特（Johan. De. Witt）则认为："人身保险不是保险，而是一种投资。"否认人身保险说实际上是以损失赔偿或分摊作为保险的性质，对人身保险是保险予以否认，这显然是不全面的。

2. 择一说

这种学说不同意否认人身保险说强调人身保险不是保险的说法，但又不能找出财产保险和人身保险的共同概念，因而主张将财产保险与人身保险分别以不同的概念进行阐明。主张择一说的有爱伦贝堡。他从保险合同的角度认识保险，他认为对保险合同的综合性定义，应该是“保险合同不是损失赔偿的合同，就是以给付一定金额为目的的合同”，两者只能择其一。

（三）非损失说

损失说和二元说多少都与损失概念相关，因而，一些几乎完全摆脱损失概念的学说，就被称为非损失说。如技术说、欲望满足说、所得说和经济确保说等。

1. 技术说

主张此学说的是费芳德（C. Vivante）。他认为，保险不能没有保险基金，在计算这种保险基金时，一定要通过特殊技术，使保险人实际支出的保险金的总额与全体投保人交纳的净保险费的总额相等。保险的特性就在于采用这种特殊技术，科学地建立保险基金，这样就没有必要在保险合同是否以损失赔偿为目的的问题上争论不休了。而且，这种技术不一定要按照统计学或概率论等精密的科学方法，即使光靠经验或推测也可以求得。技术说为了弥补损失说等学说的缺陷，以技术的特殊性作为保险性质，不免有失偏颇。因为经营赌博、发行彩票等也需要特殊技术，按技术说的观点，很容易认为保险与赌博、彩票等如出一辙，这显然是不当的。

2. 欲望满足说

此学说的倡导者是拉札路斯。他从经济学的观点探索了保险的性质，认为保险的性质是损失赔偿和满足经济需要。根据拉札路斯的学说，戈比（U. Gobbi）进一步指出，保险的目的是当意外事故发生时，以最少的费用满足该偶发欲望所需的资金，并予以充分可靠的经济保障。戈比把一切事故及对经济生活的影响分为：第一，欲望和满足欲望的手段关系不变；第二，使两者都有利，也就是增加满足需要的手段；第三，使两者都不利，这种不利因素又分为满足需要的手段不变而欲望增加和满足欲望的手段减少两种情况。戈比认为：“作为处理第三种变化的手段有储蓄，因此，保险是有组织的储蓄。”戈比对保险使用了欲望一词，并从主观上予以解释，创立了欲望满足说。但他将保险看成储蓄，则明显不妥。欲望满足说受到不少学者的支持。例如，威尔纳（G. Worner）说：“保险是多数人的团结互助的集体，其目的在于对意外事故引起的财产上的欲望，以共同的、互助的补偿手段为保障。”欲望满足说的另一个代表人物是马纳斯（A. Manes），他认为保险是处于同样经济不安定的情况下，许多企业经营单位把偶发的且能计算出来的财产上的欲望，根据互助原则予以保障的经济手段。后来，马纳斯将财产上的欲望改称为金钱上的欲望，认为金钱上的欲望包括直接损失、利益丧失、储蓄能力停止、防止紧急损失费用以及其他不得已的开支，存在于与货币价值有关的一切场合，而引起金钱上欲望的事故，就是保险事故，包括自然灾害和人为的意外事故。他说：“冲击经营单位的欲望叫作危险，在危险发生后就叫作损失”；“保险是保障因保险事故引起金钱欲望的组织，如果发生保险事故，必须以引起金钱上的欲望为前提条件。”马纳斯的观点是从金钱欲望的角度做了进一步接近损失赔偿说的补充，适用于解释财产保险，对人身保险，特别是人寿保险则不太适用，但是他对保险互助原则的强调具有相当大的价值。

3. 所得说

此学说的代表人物是休鲁兹（F. Hulusse）。他认为保险产生的根本原因在于经济的不稳定，即保险是为了解除因经济的不安定以致储蓄无能为力的缺点，在经济不安定的情况下，把储蓄的负担分摊给多数经营单位的组织，以保障所得。所得说适用于人身保险，不适宜于财产保险，但此学说将经济的不安定作为保险存在的理由，是其独到之处。

4. 经济确保说

胡布卡（J. Hupka）认为，一切保险的共同目的或者说所有加入保险的动机，都不是为一定事故的损失做准备，而是在未来不确定的灾害事故发生后得到经济上的保障。经济确保说的特点是把满足经济上的保障需要作为保险的目的，这一学说对保障的强调可以用于解释财产保险和人身保险，因而有其独特的价值。

以上有关保险的各种学说①各有所长，为我们今天认识保险的性质、特征提供了重要的启示。

除各种保险学说以外，在西方经济理论中还有不少涉及保险的论述。

例如，罗雪尔在《历史方法的国民经济学讲义大纲》一书中写道："保险是将各个个人的巨大损失，分摊给多数人来负担的方法。它一方面有很大的刺激节约的作用，另一方面也打击那些属于过失的破坏或完全出于恶意的破坏。……保险措施在国民经济中的效用在于它极大地保证了信用。……为了使火灾保险的保险费做到合理，需要划分许多等级。不仅要看建筑物的种类、环境和它的用途，而且要看它的空间大小以及该地区的文化发展状况。文化程度越高，危险的程度越小。"② 从罗雪尔的表述可以看见，保险是一种损失分摊的方法，有刺激节约、打击破坏及保证信用的效用；保险费应根据危险的程度划分不同的等级。

又如在《国富论》中，亚当·斯密认为："……保险费必须足以补偿普通的损失，支付经营的费用，并提供资本要素用于一般经营所能取得的利润。"③这一表述说明了保险费的构成或如何计算保险费率的问题。亚当·斯密还指出："保险业能予个人财产以很大的保障。一种损失本来会使个人趋于没落，但有了保险业，他这损失就可分配给许多人，全社会分担起来毫不费力。不过，保险业从业者要想予他人以保障，他自己就必须有很大的一宗资本。"④ 也就是说，亚当·斯密认为保险业能使损失在全社会分担而保障个人财产，经营保险业需要有充足的资本金。

从西方经济理论中有关商业保险的论述，我们可以看出，商业保险是将多数人的损害在全社会进行分摊并将风险转嫁给保险人的一种方式；保险双方当事人通过

---

① 园·乾治．保险总论［M］．李进之，译．北京：中国金融出版社，1983：6-17.
② 威廉·罗雪尔．历史方法的国民经济学讲义大纲［M］．朱绍文，译．北京：商务印书馆，1981：72.
③ 亚当·斯密．国富论（上）［M］．郭大力，王亚南，译．北京：商务印书馆，1972：100.
④ 亚当·斯密．国富论（下）［M］．郭大力，王亚南，译．北京：商务印书馆，1972：317-318.

订立保险合同建立起保险关系；保险包括财产保险和人身保险，在财产保险中，当发生保险合同约定的风险事故时，保险人对被保险人的财产所受损失进行赔偿；人身保险具有储蓄性、投资性，在人身保险中，保险人不是赔偿损失，而是给付保险金；投保人应该交纳保险费，保险费应足以补偿损失、支付经营费用并使保险人获得社会平均利润，保险人应根据风险状况收取不同的保险费；保险人要为社会提供保险保障，需要具有充足的资本金；保险经营以概率论为基础，技术性很强。

二、保险的含义

按照《中华人民共和国保险法》①（以下简称《保险法》）第二条的规定，保险是指投保人根据合同约定，向保险人支付保险费，保险人对于合同约定的可能发生的事故因其发生造成的财产损失承担赔偿保险金责任，或者当被保险人死亡、伤残、疾病或者达到合同约定的年龄、期限等条件时承担给付保险金责任的商业保险行为。

对保险可以从两个不同的角度进行定义：

（一）保险的法律定义

从法律的意义上解释，保险是一种合同行为，体现的是一种民事法律关系。保险关系是通过保险双方当事人以签订保险合同的方式建立起来的一种民事法律关系。民事法律关系的内容体现为平等主体间的权利义务关系，而保险合同正是投保人与保险人约定保险权利义务关系的协议。根据保险合同的约定，投保人有交纳保险费的义务，保险人有收取保险费的权利，被保险人有在合同约定事故发生时获得经济补偿或给付的权利，而保险人有提供合同约定的经济补偿或给付的义务。这种保险主体间的权利义务关系正是保险这种民事法律关系的体现。

（二）保险的经济学定义

从经济学的角度来看，保险是一种经济关系，是分摊意外损失的一种融资方式。保险体现了保险双方当事人之间的一种经济关系，在保险关系中，投保人把损害风险以交付保险费的方式转移给保险人，由于保险人集中了大量同质的风险，因而能借助大数法则来预测损失发生的概率，并据此制定保险费率，通过向大量投保人收取的保险费形成的保险基金来补偿其中少数被保险人的意外损害。因此，保险既是一种经济关系，又是一种有效的融资方式，它使少数不幸的被保险人的损害，以保险人为中介，在全体被保险人（包括受损者）中得以分摊。

三、保险的要素

保险的要素是指从事保险活动应具备的必要的因素。构成保险要素的主要有可保风险、大量同质风险的集合与分散、保险费率的制定、保险基金的建立和保险合

① 以下凡未特别指明之处，所言《保险法》均是指中华人民共和国第十二届全国人民代表大会常务委员会第十四次会议 2015 年 4 月 24 日修正通过并公布、施行的《中华人民共和国保险法》。

同的订立等。

（一）可保风险

风险的存在是保险业产生和发展的自然基础，没有风险就不可能有保险，但保险人并非承保一切风险，而是只对可保风险予以承保。因此，可保风险也就成了保险的第一要素。

可保风险，从广义上讲，是指可以利用风险管理技术来分散、减轻或转移的风险；从狭义上讲，则是指可以用保险方式来处理的风险。这种风险应该是不可抗力的风险，其所导致的损害应该是实质损害。换言之，可保风险是保险人愿意并能够承保的风险，是符合保险人承保条件的风险。一般所言的可保风险是指狭义的可保风险。

可保风险一般具有以下五个条件：

1. 非投机性

保险人承保的风险，应该是只有损失机会而无获利可能的纯粹风险。可保风险不具有投机性，保险人通常不能承保投机风险，因为保险人如果承保投机风险，既难以确定承保条件，又与保险的经济补偿的职能相违背。

2. 偶然性

保险人承保的风险，应该是偶然的。可保风险应该是既有发生的可能，又是不可预知的。因为如果风险不可能发生，就无保险的必要；同时，某种风险的发生情况不具有必然性。

3. 意外性

保险人承保的风险，应该是意外发生的。风险的发生既不是因为被保险人及其关系人的故意行为，也不是被保险人及其关系人不采取合理的防范措施引起的。

4. 普遍性

保险人承保的风险，应该是大量标的均有遭受损害的可能性。保险是以大数法则作为保险人建立稳固的保险基金的数理基础，因此，可保风险必须是普遍存在的风险，即大量标的都有可能遭受损害。如果风险只是相对于一个标的或几个标的而言，那么保险人承保这一风险等于是下赌注、进行投机。只有一个标的或少量标的潜在的或面临的风险，是不具备大数法则这一数理基础的。只有对大量标的遭受损害的可能性进行统计和观察，才能使保险人比较精确地测算出损失及伤害的概率，以作为制定保险费率的依据。

5. 严重性

保险人承保的风险，应该是有较为严重的，甚至有发生重大损害的可能性。风险的发生有导致重大或比较重大的损害的可能性，才会产生保险需求。保险供给也才可能因此产生。

（二）大量同质风险的集合与分散

保险人分散风险、分摊损害的功能是通过大量的具有相同性质风险的经济单位的集合与分散来实现的。大量的投保人将其潜在的或面临的风险以参加保险的方式转嫁给保险人，保险人则通过承保形式，将同种性质的分散性风险集合起来，当发生保险合同约定的事故时，又将少数人遭遇的风险损失及伤害分摊给全体投保人。因此，保险的经济补偿和给付过程，既是风险的集合过程，又是风险的分散过程。

（三）保险费率的制定

保险关系体现了一种交换关系，投保人以交纳保险费为条件，换取保险人在保险事故发生时对被保险人的保险保障。而保险交易行为本身要求合理地制定保险商品的价格——保险费率。因此，保险费率的制定就成了保险的一个基本要素。保险费率的高低直接影响到保险的供求状况，保险人应该根据大数法则和概率论，合理地制定保险费率，以在保证保险人经营稳定性的同时，保障被保险人的合法权益。

（四）保险基金的建立

保险对风险的分摊及对损害的补偿，是在保险人将投保人交纳的保险费集中起来形成保险基金的前提下进行的。保险基金主要是由按照各类风险出险的概率和损害程度确定的保险费率收取的保险费建立起来的货币基金。保险实际上是将在一定时期内可能发生的自然灾害和意外事故导致的经济损害的总额，在有共同风险的投保人之间平均化了，使少数人的经济损害，由所有的投保人平均分摊，从而使单个人难以承受的损失，变成多数人可以承担的损害，这实际上是把损害均摊给了有相同风险的投保人。这种均摊损害的方法只是把损害平均化，但并没有减少损害。从全社会的角度来考察，“平均化的损害仍然是损害”。所以，保险对损害的分摊，必须通过保险基金的建立才能实现。显然，如果没有建立起保险基金，当保险事故发生时，保险人的赔偿或给付责任就无法履行。保险基金的存在形式是各种准备金，如未到期责任准备金等。当保险基金处于暂时闲置状态时，保险人可以将保险基金重新投入社会再生产过程加以运用。可见，保险基金既是保险人赔付保险金的基础，又是保险人从事资金运用活动的基础。保险基金的规模大小，制约着保险企业的业务发展规模。

（五）保险合同的订立

保险关系是通过保险双方当事人以签订保险合同的方式建立起来的。如果没有保险合同的订立，就没有保险关系的建立，就不可能明确的约定保险双方当事人、关系人各自的权利和义务。因而，保险合同是保险双方各自享有权利和履行义务的法律依据，保险合同的订立是保险的一个基本要素。

四、保险与其他类似经济行为及制度的比较

（一）保险与储蓄

保险与储蓄都是客户以现有的剩余资金用作将来需要的准备，都是处理经济不稳定的措施。由于人身保险具有储蓄性，因此，人们往往习惯于将这两者进行比较。实际上，保险与储蓄存在较大的区别，主要体现在：

1. 目的不同

对投保人而言，参加保险的目的是以小额的保费支出将不确定的风险转嫁给保

险人，使被保险人获得生产、生活安定的保障；而对储户而言，参加储蓄的目的则是多种多样的，主要用于预计的费用支出。

2. 性质不同

大量同质风险的集合与分散，是保险的要素之一。保险人将大量的投保人交纳的保险费集中起来，对其中少数遭遇保险事故的被保险人进行补偿或给付，从而实现了被保险人之间的互相帮助，因此，保险具有互助性质；储蓄则是单独地、个别地进行的行为，各储户之间没有什么关系，因而储蓄属于自助行为。

3. 权益不同

保险一般是以自愿为原则，投保人投保自愿、退保自由，但投保人退保后所领取的退保金一般小于其所交纳的保险费；然而，如果投保人没有退保，一旦发生了保险事故，被保险人获得的保险金又可能大大超过投保人交纳的保险费。而在储蓄中，储户存款自愿、取款自由，对自己的存款有完全的随时主张权，所领取的金额是本金和利息之和，既不会小于本金，也不会大大超过本金。

（二）保险与赌博

由于保险与赌博都取决于偶然事件的发生，都有可能获得大大超过支出的收入，因此，有人将两者混为一谈。实际上，保险与赌博有着显著的区别，主要体现在：

1. 目的不同

如前所述，投保人参加保险是为了转嫁风险、获得保险保障；而赌博的目的则不同，赌博的参加者一般是希望以小额的赌注博得大额的钱财，或者说，赌博的目的通常是图谋暴利。

2. 结果不同

保险的结果是分散风险，利己利人；赌博的结果往往是制造风险、损人利己，甚至损己损人、扰乱社会秩序。

3. 法律地位不同

保险行为以法律为依据，有法律作保障；赌博一般属于非法行为，得不到法律的保障。

（三）保险与救济

保险与救济都是对风险损失的补偿方式。但两者也存在区别，主要体现在：

1. 权利与义务不同

保险双方当事人按照保险合同的约定，都要享有相应的权利、承担相应的义务，从总体上讲，保险双方的权利和义务是对等的，双方都要受保险合同的约束；而救济是一种任意的单方面的施舍行为，其出发点是基于人道主义精神，救济者提供的是无偿援助，救济双方没有对等的权利和义务可言。

2. 性质不同

保险是一种互助行为；而救济是依赖外来的援助，既不是自助更不是互助，而只是一种他助行为。

3. 主体不同

在保险事故发生后，保险人一般是将保险金支付给保险合同约定的被保险人或者受益人；而在救济中，救济者和被救济者往往事先都无法确定，救济者可以是国家、社团组织或个人等，被救济者则可能是各种灾害事故的受灾者或贫困者等。

第二节 保险的职能与作用

一、保险的职能及功能

保险的职能是由保险的本质和内容决定的，它是指保险内在的固有功能。保险的职能包括基本职能和派生职能。保险的基本职能是保险的原始职能，是保险固有的职能，并且不会随着时间和外部环境的改变而改变。保险的派生职能是随着保险业的发展和客观环境的变化，在基本职能的基础上派生出来的职能。一般认为，保险的基本职能是经济补偿，派生职能是融通资金和社会管理等。

（一）保险的基本职能：经济补偿

保险从产生时起，就对保险标的发生保险事故后的经济损失进行补偿，因而，经济补偿是保险的基本职能。保险发展到现在，这一职能仍然没有改变。在保险活动中，投保人根据保险合同的约定，向保险人支付保险费，保险人对保险合同约定的可能发生的事故因其发生造成的财产及其相关利益的损失承担赔偿保险金的责任。显然，经济补偿的职能主要适用于广义的财产保险，即财产损失保险、责任保险和信用保证保险等。

保险人通过保险的经济补偿职能，为被保险人及其关系人提供经济保障。

（二）派生职能：保险的融资职能

融资职能是指保险人将保险资金中的暂时闲置部分，以有偿返还的方式重新投入社会再生产过程，以扩大社会再生产规模的职能。融资职能就是保险业进行资金融通的职能。

保险公司从收取保险费到赔付保险金之间存在着时间差和规模差，使保险资金中始终有一部分资金处于暂时闲置状态，从而为保险公司融通资金提供了可能性。

融资职能是在保险业实现基本职能的基础上顺应一定的社会经济条件而派生出来的特殊职能。它最初产生于市场经济较为发达的西方国家。在市场经济社会里，资金的闲置被认为是一种不容宽恕的浪费，为防止浪费，就需要将处于暂时闲置状态的保险资金加以运用，参与社会资金周转，通过保险资金的运用产生收益，在扩大社会再生产规模的同时，增大保险资金总量，降低保险经营成本，稳定保险公司的经营。

经济补偿和经济给付的职能活动是保险人的负债业务，而利用包括负债业务形成的保险基金在内的保险资金进行的融资职能活动则是保险人的资产业务。保险资金的融通是保险公司收益的重要来源。

除以上职能外，还有不少关于保险职能及功能的提法，例如，保险的防灾防损职能、保险的社会管理功能①、保险的积德保障职能②等。

二、保险的作用

保险的作用是保险职能发挥的结果，是指保险在实施职能时产生的客观效应。保险的作用既有积极的，又有消极的。其积极作用又分别体现于对微观经济的作用和对宏观经济的作用。

（一）保险的积极作用

1. 保险在微观经济中的作用

（1）有助于受灾企业及时恢复生产或经营。

风险是客观存在的。自然灾害、意外事故的发生，尤其是重大灾害事故的出现，会破坏企业的资金循环，缩小企业的生产经营规模，甚至中断企业的生产经营过程，导致企业的经济损失。但是，如果企业参加了保险，在遭受了保险责任范围内的损失时，就能够按照保险合同的约定，从保险公司及时获得保险赔款，尽快地恢复生产或经营活动。

（2）有助于企业加强经济核算。

财务型的风险管理方式之一是通过保险的方式转移风险。企业如果参加了保险，就能够将企业面临的不确定的大额的损失，变为确定的小额的保险费支出，并将其摊入企业的生产成本或流通费用中，使企业以交纳保险费为代价，将风险损失转嫁给保险公司。这既符合企业经营核算制度，又保证了企业财务成果的稳定。

（3）有助于促进企业加强风险管理。

保险本身就是风险管理方式之一，而保险防灾防损职能的发挥，更促进了企业加强风险管理。保险公司常年与各种灾害事故打交道，积累了较为丰富的风险管理经验，可以帮助投保企业尽可能地消除风险的潜在因素，达到防灾防损的目的。保险公司还可以通过保险费率这一价格杠杆调动企业防灾防损的积极性，共同做好风险管理工作。尽管保险方式能对自然灾害、意外事故造成的损失进行经济补偿，但是，风险一旦发生，就可能造成社会财富的损失，被保险企业也不可能从风险损失中获得额外的利益。因此，加强风险管理符合企业和保险公司的共同利益。

（4）有助于安定人民生活。

灾害事故的发生对于个人及家庭而言同样是不可避免的。参加保险不仅是企业

---

① 2003 年 9 月 28 日，中国保监会主席吴定富在出席北京大学“中国保险与社会保障研究中心成立大会”时首次提出了“现代保险功能理论”，认为保险具有三项功能，即：经济补偿功能、资金融通功能及社会管理功能。在 2003 年 12 月 13 日“第一届中国保险业发展改革论坛暨现代保险功能研讨会”上，吴定富进一步指出：保险的社会管理功能包括社会保障管理、社会风险管理、社会关系管理及社会信用管理四个方面的功能，由此引发了保险界对保险功能与职能的讨论，有的学者因此提出保险的职能应该包括社会管理职能。

② 狄横察，一口田，谷越．论保险的积德保障职能［J］．保险研究，2005（3）：4-11.

风险管理的有效手段，也是个人及家庭风险管理的有效手段。家庭财产保险可以使受灾的家庭恢复原有的物质生活条件；人身保险可以转嫁被保险人的生、老、病、死、残等风险，对家庭的正常生活起到一定的保障作用。也就是说，保险这种方式，可以通过保险人赔偿或给付保险金，帮助被保险人及其关系人重建家园，使获得保险保障的个人及家庭的生活，能够保持一种安定的状态。

（5）有助于保证民事赔偿责任的履行，保障受害的第三者的利益。

在日常生活及社会活动中，难免发生因致害人等的过错或无过错导致的受害的第三者的财产损失或人身伤亡引起的民事损害赔偿责任。致害人等可以作为被保险人，将这种责任风险通过责任保险转嫁给保险人。这样，既可以分散被保险人的意外的责任风险，又能切实保障受害的第三者的经济利益。

2. 保险在宏观经济中的作用

（1）有助于保障社会再生产的顺畅运行。

社会再生产过程包括生产、分配、交换和消费四个环节，这四个环节互相联系、互为依存，在时间上继起，在空间上并存。但是，社会再生产过程会因遭遇各种自然灾害和意外事故而被迫中断和失衡。其中任何一个环节的中断和失衡，都将影响整个社会再生产过程的均衡发展。保险对经济损失的补偿，能及时和迅速地对这种中断和失衡发挥修补作用，从而保障社会再生产的延续及其顺畅运行。

（2）有助于推动科学技术转化为现实生产力。

现代社会的商品竞争越来越趋向于高新技术的竞争。在商品价值方面，技术附加值的比重越来越大，但是，对于熟悉原有技术工艺的经济活动主体来说，新技术的采用，既可能提高劳动生产率，又意味着新的风险。而保险的作用正是在于通过对采用新技术风险提供保障，为企业开发新技术、新产品以及使用专利撑腰壮胆，以促进科学技术向现实生产力的转化。

（3）有助于促进对外经济贸易的发展和国际收支的平衡。

在对外贸易及国际经济交往中，保险是不可缺少的重要环节。保险业务的发展，如出口信用保险、投资保险、海洋货物运输保险、远洋船舶保险等险种的发展，既可以促进对外经济贸易，保障国际经济交往，又能带来无形的贸易收入，平衡国际收支。因此，外汇保费收入作为一项重要的非贸易收入，已成为许多国家积累外汇资金的重要来源。

（4）有助于促进社会稳定。

社会是由千千万万的家庭和企业等构成的，家庭和企业是社会的组成细胞，家庭的安定和企业的稳定都是社会稳定的因素。保险通过对保险责任范围内的损失和伤害的补偿和给付，分散了被保险人的风险，使被保险人能够及时地恢复正常的生产和生活，从而为社会的稳定提供切实有效的保障。

（二）保险的消极作用

保险既有积极作用，又有消极作用，这些消极作用可以说是在保险产生以后，社会不得不付出的代价。

1. 产生道德风险，出现保险欺诈

保险产生后，道德风险也随之产生，出现了形形色色的保险欺诈现象。例如，为了获得巨额保险金而杀害被保险人的事件在国外屡有发生。

2. 增大费用支出

一方面，伴随着保险的产生，开设机构、开办业务、雇佣工作人员等，使社会支出中新增一笔保险公司的业务费用支出；另一方面，其他职业的工作者借保险之机漫天要价，例如，有的原告律师在重大责任事故的案件中，索价高昂，大大超过原告的经济损失，以图在原告多得赔款的同时自己多得诉讼费用。此外，保险欺诈带来的查勘定损乃至侦破费用，事实上也使保险经营成本增大，费用开支增加。

可见，保险给社会带来很高的效益，也使社会付出较大的代价。但其社会效益大于其所付出的代价，此代价是社会为获得保险效益而必须做出的一种牺牲。所谓有利必有弊，有得必有失，不能因噎废食，而应尽可能充分发挥其积极作用，尽可能避免或减少消极作用。

复习思考题

1. 保险有哪些学说？
2. 你对保险是怎样认识的？
3. 保险的要素有哪些？
4. 什么是可保风险？可保风险需要具备哪些条件？你怎样看待可保风险与不保风险的关系？
5. 概念比较：保险费与保险金；保险与储蓄；保险与赌博；保险与救济。
6. 保险具有哪些职能及功能？你对这些职能及功能如何看待？
7. 你怎样认识保险的作用及其代价？

第三章 保险的起源与发展

内容提示：保险产生的基础既有自然基础，又有经济基础。本章在分析了国外古代保险思想和原始形态的保险的基础上，介绍了世界保险的起源与发展过程，分析了世界保险业发展的现状和趋势；并对中国古代的保险思想及保险业的整个发展过程，特别是国内保险业务恢复以来保险业的发展做了较为详细的介绍和分析。

第一节 保险产生的基础

保险的产生既有其自然基础，又有其经济基础。

一、自然基础——风险的客观存在

风险的客观存在是保险产生的自然基础。人类社会自产生以来就面临各种各样的风险，风险的存在是不以人的意志为转移的。风险一旦发生，会影响到个人、家庭、企事业单位正常的生活和生产，还可能影响到国民经济的正常运行。为了保证社会生活、生产乃至国民经济的顺畅运行，客观上需要进行风险管理，需要运用作为风险管理方式之一的保险方式对风险导致的损失和伤害进行分摊和补偿，这样，保险就应运而生了。换言之，没有风险的存在，没有损害的发生，没有对经济损失补偿和给付的需要，也就不可能有以经营风险为对象、以经济补偿为职能的保险的产生。

二、经济基础——剩余产品的存在与商品经济的发展

（一）剩余产品的存在是保险产生的物质基础

物质财富的损失只能用物质财富来补偿，因此，只有存在可供补偿用的剩余的物质财富时，对物质财富损失的补偿才能实现，保险的产生才有了物质基础。

在生产力水平极端落后的原始社会，生产的产品仅能勉强维持生产者及其家属的生存，没有剩余产品，就不能建立包括保险基金在内的后备基金。因而，自然灾害、意外事故造成的经济损失，就直接导致了社会生产规模的萎缩和社会生活水平的下降，巨灾的发生甚至还会导致个别部落的灭亡。

只有当社会生产出来的产品，不仅能满足社会的基本生活需要，而且还有一部分剩余时，才有可能存在用于补偿损失的物质财富；否则，保险的产生、保险基金的形成就是无源之水、无本之木。如果没有剩余产品的存在，人们即使得到了保险公司支付的货币也买不到东西，这笔保险金就毫无用途，人们就不会投保，保险基金就不可能形成。所以，剩余产品的存在是保险基金形成的唯一源泉，是保险产生的物质基础。

（二）商品经济的发展是保险产生的必要前提

保险的产生是以保险关系的成立为前提的，而保险关系是一种保险人与投保人、被保险人之间的交换关系。在这种关系中，一方面，投保人以交付保险费的形式换取保险保障，保险人以收取保费为交换条件，承担被保险人遭受保险事故损害后的经济偿付责任。保险关系的产生和发展不过是交换关系本身发展的表现和结果。另一方面，保险是以众多投保人交付的保险费形成的保险基金，来补偿其中少数被保险人受到的经济损失，因此，在全社会范围内集合起大量被保险人是保险的内在要求。显然，在分散的、封闭的、小生产的自然经济条件下，社会是无法实现这一要求的。只有在生产社会化、商品经济发展到一定程度的条件下，生产者之间在广大的地域上形成了普遍的社会经济联系，他们才可能为求得保障而集中起来，保险才可能产生。因此，商品经济的发展是保险产生的必要基础。

第二节　世界保险的起源与发展

一、国外古代的保险思想和原始保险形态

国外最早产生保险思想的并不是现代保险业发达的西方大国，而是处在东西方贸易要道上的文明古国，如古代的巴比伦、埃及、欧洲的希腊和罗马。据英国学者托兰纳利论证：保险思想起源于巴比伦，传至腓尼基（今黎巴嫩境内），再传入希腊。国外古代的保险思想和原始的保险形态，可从下列史实中窥见。

公元前4500年，古埃及的一项文件中记载：当时石匠中盛行一种互助基金组织，通过收缴会费来支付会员死亡后的丧葬费用。

在古希腊，一些政治哲学或宗教组织通过会员摊提形成一笔公共基金，专门用于意外情况下的救济补偿。

在古罗马历史上曾出现过丧葬互助会，还出现了一种缴付会费的士兵团体，在士兵调职或退役时发给旅费，在死亡时发给继承人抚恤金。

在公元前2500年的巴比伦时代，国王曾命令僧侣、法官和市长等，对其辖境内的居民征收赋金，建立后备基金，以备火灾及其他天灾损失之用。

在公元前2250年的巴比伦王汉默拉比时代，曾在法典中规定，在队商间如马匹货物等中途被劫或发生其他损失，经宣誓并无纵容或过失等，可免除其个人之债务，而由全体队商补偿。此种规定办法，后传至腓尼基，并扩充适用于船舶载运之货物。

在公元前1000年，以色列王所罗门，对其从事海外贸易的国民课征税金，作为补偿遭遇海难者所受损失之用。

其他原始的保险形态，如古代犹太人结婚时所需的各种用具，强制由住民共同负担备办。巴勒斯坦人饲养骡马者，如其骡马被盗或被野兽捕噬时，其他饲养骡马者须共同负担其损失。印度古代法典禁止高利贷，但对于经营海上、森林、原野等之商旅，则容许之；且对从事海上贸易者，在遇有不可抗力损失时，予以免除偿还的义务。

到了中世纪，欧洲各国城市中陆续出现了各种行会组织，这些行会具有互助性质，其共同出资救济的互助范围包括死亡、痢疾、伤残、年老、火灾、盗窃、沉船、监禁、诉讼等不幸的人身和财产损失事故，但互助救济活动只是行会众多活动中的一种。这种行会或基尔特制度在13~16世纪特别盛行，并在此基础上产生了相互合作的保险组织。

欧洲中世纪是宗教统治的黑暗年代，许多高级教会人士反对保险方式的安排。在他们看来，任何天灾都是天罚，减轻灾难和不幸是违反上帝的意志，无疑，教会势力对保险的发展曾起了阻碍作用。

二、世界保险产生与发展的历史

（一）海上保险的起源与发展

海上保险是一种最古老的保险，近代保险也首先是从海上保险发展而来的。

1. 海上保险的萌芽——共同海损

共同海损是指在海上，凡为共同利益而遭受的损失，应由受益方共同分摊，它是航海遇难时所采取的一种救难措施，也是海上常见的一种处理损失事故的方式。共同海损大约产生于公元前2000年，那时地中海一带出现了广泛的海上贸易活动。当时由于船舶构造非常简单，航海是一种很冒险的活动。要使船舶在海上遭风浪时不致沉没，一种最有效的抢救办法是抛弃部分货物，以减轻载重继续航行。为了使被抛弃的货物能从其他受益方获得补偿，当时的航海商提出了一条共同遵循的原则，即“一人为众，众为一人”。这个原则后来为公元前916年的罗地安海商法采用，并正式规定为：“凡因减轻船只载重投弃入海的货物，如为全体利益而损失的，须由全体分摊归还。”这就是著名的“共同海损”的基本原则。它可以说是海上保险的萌芽，但由于共同海损是船主与货主分担损失的方法，并非保险补偿，因此它是否属于海上保险的起源尚有争议。

2. 海上保险的雏形——船舶和货物抵押借款

海上贸易的发展，带来了船舶抵押借款和货物抵押借款制度。这种借款在公元前800—前700年就很流行，而且从希腊、罗马传到意大利，在中世纪也盛行一时。船舶抵押借款契约（bottomry bond）又称冒险借贷，它是指船主把船舶作为抵押品向放款人取得航海资金的借款。如果船舶安全完成航行，船主归还贷款，并支付较高的利息。如果船舶中途沉没，债权即告结束，船主不必偿还本金，但须支付利息。船货抵押借款契约（respondentia bond）是向货主放款的类似安排，不同之处是把货物作为抵押品。

这种方式的借款实际上是最早形式的海上保险。放款人相当于保险人，借款人相当于被保险人；船舶或货物是保险标的，高出普通利息的差额（溢价）相当于保险费。公元533年，罗马皇帝查士丁尼在法典中把这种利息率限制在12%，而当时普通放款利率一般为6%。在这种方式下如果船舶沉没，借款就等于预付的赔款。由此可见，船舶和货物抵押借款具有保险的一些基本特征，作为海上保险的起源成为定论。这两种借款至今仍存在，但与古代的做法不同，它们是作为船长在发生灾难紧急情况下筹措资金的最后手段。有趣的是，如今放款人可以购买保险来保护自己在抵押的船舶中的利益。

船舶和货物抵押借款后因利息过高被罗马教皇九世格雷戈里禁止，当时利息高达本金的四分之一或三分之一。由于航海需要保险做支柱，因此后来出现了“无偿借贷”制度。在航海之前，由资本所有人以借款人的地位向贸易商借得一笔款项，如果船舶和货物安全抵达目的港，资本所有人不再偿还借款（相当于收取保险费）；反之，如果船舶和货物中途沉没和损毁，资本所有人有偿债责任（相当于赔款）。这与上述船舶抵押借款的顺序正好相反，与现代海上保险的含义更为接近。

3. 近代海上保险的发源地——意大利

在11世纪后期，十字军东征以后，意大利商人曾控制了东西方的中介贸易，并在他们所到之处推行海上保险。在14世纪中期，经济繁荣的意大利北部出现了类似现代形式的海上保险。起初，海上保险是由口头缔约，后来出现了书面合同。世界上最古老的涉及保险的单证是一个名叫乔治·勒克维伦的热那亚商人在1347年10月23日出立的一张承保从热那亚到马乔卡的船舶保险单[①]。这张保险单现在仍保存在热那亚国立博物馆。保单的措辞类似虚设的借款，即上面提及的“无偿借贷”，规定船舶安全到达目的地后契约无效，如中途发生损失，合同成立，由资本所有人（保险人）支付一定金额，保险费是在契约订立时以定金名义缴付给资本所有人。并规定，若船舶变更航道则契约无效。但保单没有订明保险人所承保的风险，它还不具有现代保险单的基本形式。至于最早的纯粹保险单一般认为是1384年的比萨保单。到1393年，在佛罗伦萨出立的保险单已有承保“海上灾害、天灾、火灾、抛弃、王子的禁止、捕捉”等字样，开始具有现代保险形式。

① 也有人认为出立的是公证书，参见袁宗蔚所著的《保险学》第151-152页。

当时的保险单同其他商业契约一样，是由专业的撰状人草拟，13 世纪中期在热那亚一地就有 200 名这样的撰状人。据一位意大利律师调查，1393 年在热那亚的一位撰状人就草拟了 80 份保险单，可见当时意大利的海上保险已相当发达。莎士比亚在《威尼斯商人》中就写到了海上保险及其种类。第一家海上保险公司于 1424 年在热那亚出现。

随着海上保险的发展，保险纠纷相应增多，这要求国家制定法令加以管理。1468 年，威尼斯制定了关于法院如何保证保险单实施及防止欺诈的法令。1523 年，佛罗伦萨制定了一部比较完整的条例，并规定了标准保险单的格式。

善于经商的伦巴第人后来移居到英国，继续从事海上贸易，并操纵了伦敦的金融市场，而且把海上保险也带进英国。今日伦敦的保险中心伦巴第街就是因当时意大利伦巴第商人聚居该处而得名。

4. 英国海上保险的发展

在发现美洲新大陆之后，英国的对外贸易获得迅速发展，保险的中心逐渐转移到了英国。1568 年 12 月 22 日，经伦敦市长批准开设了第一家皇家交易所，为海上保险提供了交易场所，取代了从伦巴第商人沿袭下来的一日两次在露天广场交易的习惯。1575 年，由英国女王特许，在伦敦皇家交易所内设立保险商会，办理保险单登记和制定标准保单和条款。当时在伦敦签发的所有保险单必须在一个名叫坎德勒的人那里登记，并缴付手续费。1601 年，伊丽莎白一世女王颁布了第一部有关海上保险的法律，规定在保险商会内设立仲裁法庭，解决日益增多的海上保险纠纷案件。但该法庭的裁决可能被大法官法庭的诉讼推翻，因此取得最终裁决可能要等待很长时间。

17 世纪的英国资产阶级革命为英国资本主义发展扫清了道路，大规模的殖民掠夺使英国逐渐成为世界贸易、航海和保险中心。1720 年，成立的伦敦保险公司和皇家保险交易所因各向英国政府捐款 30 万英镑而取得了专营海上保险的特权，这为英国开展世界性的海上保险提供了有利条件。1756—1778 年，首席法官曼斯菲尔德搜集了大量海上保险案例，编制了一部海上保险法案。

说到英国的海上保险，就不能不对当今世界上最大的保险垄断组织之一——伦敦劳合社进行简要的介绍。劳合社从一个咖啡馆演变成为当今世界上最大的保险垄断组织的历史其实就是英国海上保险发展的一个缩影。1683 年，一个名叫爱德华·劳埃德的人在伦敦泰晤士河畔开设了一家咖啡馆。该处逐渐成为经营远洋航海的船东、船长、商人、经纪人和银行高利贷者聚会的场所。1691 年，劳埃德咖啡馆从伦敦塔街迁至伦巴第街，不久便成为船舶、货物和海上保险交易的中心。当时的海上保险交易只是在一张纸上写明保险的船舶和货物以及保险金额，由咖啡馆内的承保人接受保险的份额，并在底下署名。劳埃德咖啡馆在 1696 年出版了每周三次的《劳埃德新闻》，着重报道海事航运消息，并登载在咖啡馆内发布拍卖船舶的广告。劳埃德于 1713 年去世后，咖啡馆由他的女婿接管并在 1734 年又出版了《劳合社动态》。据说，除了官方的《伦敦公报》外，《劳合社动态》是英国现存的历史最悠久的报纸。

随着海上保险业务的发展，在咖啡馆内进行保险交易已变得不方便了。1771年，由79个劳埃德咖啡馆的顾客每人出资100英镑另觅新址专门经营海上保险。1774年，劳合社迁至皇家交易所，但仍然沿用劳合社的名称，专门经营海上保险，成为英国海上保险交易的中心。19世纪初，劳合社海上承保额已占伦敦海上保险市场的90%，在以后的时间里，劳合社以其卓著的成就使英国国会在1871年批准了“劳埃德法案”，使劳合社成为一个正式的社会团体，从而打破了伦敦保险公司和皇家保险交易所专营海上保险的格局。1906年，英国国会通过的《海上保险法》规定了一个标准的保单格式和条款，它又称作劳合社船舶与货物标准保单，被世界上许多国家公认并沿用。1911年的法令又取消了劳合社成员只能经营海上保险的限制，允许其成员经营一切保险业务。

英国的劳合社不是一个保险公司，而是一个社团，更确切地说，它是一个保险市场。它与纽约证券交易所相似，只是向其成员提供交易场所和有关的服务，本身并不承保业务。1986年，劳合社又迁至新的大楼。劳合社有数百个承保各类风险的组合，每个组合又由许多会员组成，并有各自的承保人。传统上，会员对所在组合承保的业务承担无限责任。劳合社会员最多的时候达3.3万人，来自世界50多个国家。20世纪80年代后期，由于石棉案等巨额索赔，劳合社发生了严重亏损。20世纪90年代起，劳合社开启重建计划，会员不再承担无限责任。在长期的业务经营过程中，劳合社在全球保险界赢得了崇高声誉。劳合社创造过许多个第一：劳合社设计了第一份盗窃保险单、第一份汽车保险单和第一份收音机保险单，并且也是计算机犯罪保险、石油能源保险和卫星保险的先驱。劳合社承保的业务十分广泛，几乎无所不保，包括钢琴家的手指、芭蕾舞演员的双脚、赛马优胜者的腿、演员的生命等，特别是在海上保险和再保险方面发挥了重要的作用。劳合社作为不同的、独立的承保组织组成的最大专业保险市场，拥有提供快速决策方法、广泛的选择和为客户定制风险解决方案等方面的无与伦比的能力。如今，全球十大银行、十大制药公司、五大石油公司和道·琼斯指数90%的公司都向劳合社购买保险。2002年，劳合社的承保能力为123亿英镑，据伦敦劳合社首席执行官的估计，2003年劳合社的承保能力将达到142.5亿英镑，这是该市场诞生315年以来承保能力最高的一次。劳合社由其成员选举产生的一个理事会来管理，下设理赔、出版、签单、会计、法律等部门，并在100多个国家设有办事处。2000年11月，劳合社正式在我国北京设立办事处。

5. 其他国家海上保险的发展

14世纪中期，海上保险是每个海运国家的一个商业特征。在发现美洲新大陆之后，西班牙、法国也进入对外贸易迅速发展的阶段。早在1435年，西班牙就公布了有关海上保险的承保规则及损失赔偿手续的法令。1563年，西班牙国王菲利普二世制定了安特卫普（地处比利时，当时为西班牙属地）法典，它分为两部分：第一部分是航海法令，第二部分是海上保险及保险单格式法令，后为欧洲各国采用。1681 年，法王路易十四颁布的海上条例中也有海上保险的规定。此外，荷兰、德国也颁布了海损及保险条例。海上保险法规的出现标志着这些国家的海上保险有了进一步发展。

美国的海上保险发展较迟。在殖民地时代，美国没有独立的海上保险市场，商人被迫在伦敦投保。1721 年 5 月 25 日，美国出现了第一家海上保险组织，它是由约翰·科普森在费城市场街自己的寓所里开设了一个承保船舶和货物的保险所。独立战争后不久，1792 年 12 月 15 日美国成立了第一家股份制保险公司——北美保险公司，该公司出售 60 000 股份，每股 10 美元，虽计划承保人寿、火灾和海上保险等业务，但最初只办理了海上保险业务。1798 年，又建立了纽约保险公司。到 1845 年，美国约有 75 家经营海上保险的公司。1845—1860 年，美国海上保险业务发展迅速，该时期船舶总吨位增加了 3 倍。为了扩大纽约的海上保险市场，1882 年建立了类似劳合社的组织，由 100 多个成员组成纽约海上保险承保人组织。

（二）火灾保险的产生和发展

15 世纪，德国的一些城市出现了专门承保火灾损失的相互保险组织（火灾基尔特）。1676 年，由 46 个相互保险组织合并成立了汉堡火灾保险社。

1666 年 9 月 2 日，伦敦发生的一场大火是火灾保险产生和发展起来的直接诱因。当时火灾的起因是皇家面包店的烘炉过热，火灾持续了 5 天，几乎烧毁了半个城市，有 13 000 幢房屋和 90 个教堂被烧毁，20 万人无家可归，造成了无可估量的财产损失。这场特大火灾促使人们重视火灾保险。次年一个名叫尼古拉斯·巴蓬的牙科医生独资开办了一家专门承保火灾保险的营业所，开创了私营火灾保险的先例。由于业务发展，他于 1680 年邀集了 3 人，集资 4 万英镑，设立了一个火灾保险合伙组织。保险费是根据房屋的租金和结构计算的，砖石建筑的费率定为 2.5% 的年房租，木屋的费率为 5%。正因为使用了差别费率，巴蓬才有了“现代保险之父”的称号。

18 世纪末到 19 世纪中期，英法德美等国相继完成了工业革命，大机器生产代替了手工操作，物质财富大量集中，此时对火灾保险的需求也更为迫切。这个时期的火灾保险发展异常迅速，而且火灾保险组织以股份制公司的形式为主。最早的股份制公司形式的保险组织是 1710 年由英国查尔斯·波文创办的太阳保险公司，它不仅承保不动产保险，而且把承保业务扩大到动产保险，营业范围遍及全国，它是英国迄今仍存在的最古老的保险公司之一。英国在 1714 年又出现了联合火灾保险公司，它是一个相互保险组织，费率计算除了考虑建筑物结构外，还考虑建筑物的场所、用途和财产种类，即采用分类法计算费率，实为火灾保险的一大进步。

本杰明·富兰克林在 1736 年组织了美国第一家消防组织。这位多才多艺的发明家、科学家和政治活动家还于 1752 年在美国费城创办了第一家火灾保险社。1792 年建立的北美保险公司在两年后开始承办火灾保险业务，现在该公司的博物馆里还陈列着当时的消防设备和驾着马车去救火场面的油画。到了 19 世纪，欧美的火灾保险公司如雨后春笋般涌现，承保能力大为提高。1871 年，芝加哥的一场大火造成了1.5亿美元的损失，其中有1亿美元损失是保了险的，而且火灾保险从过去只保建筑物损失扩大到其他财产，承保的责任也从单一的火灾扩展到风暴、地震、暴动等。为了控制同业间的竞争，保险同业公会相继成立，共同制定火灾保险的统一费率。在美国的火灾保险早期，保险人各自设计自己使用的保单，合同冗长且缺乏统一性。1873年，马萨诸塞成为美国首先使用标准火险单的州，纽约州在1886年也通过了类似的法律。标准火险单的使用减少了损失理算的麻烦和法院解释的困难，这也是火灾保险的一大进步。

（三）其他财产保险业务的发展

海上保险与火灾保险是两个传统的财产保险业务，它们在发展过程中其承保的标的和风险范围不断得到扩展，已发展成为两个综合险的财产保险险种。在此基础上，19世纪后半期以后，除海上保险和火灾保险外，各种财产保险新险种陆续出现。如汽车保险、航空保险、机械保险、工程保险、责任保险、盗窃保险、信用保证保险等。

与财产保险业务的迅速发展相适应，19世纪中叶以后，再保险业务迅速发展起来。最初独立经营再保险业务的再保险公司，是德国于1846年设立的科仑再保险公司。到1926年，各国共建立了156家再保险公司，其中德国的再保险公司数目最多。对于财产保险业务而言，由于其风险的特殊性，再保险已成为保险业务经营中不可缺少的手段。再保险使财产保险的风险得以分散，特别是财产保险业务在国际上各个保险公司之间的分保，使风险在全球范围内分散。再保险的发展，又促进了财产保险业务的发展。如今，英、美、德、瑞士等国的再保险业务在国际上都占有重要的地位。

（四）人身保险的产生和发展

从原始的萌芽形态到具有现代意义的人身保险，经历了漫长的探索和演变。在这个时期，对人身保险的形成和发展影响重大的事件和人物主要有：

1. “蒙丹期”公债储金办法

12世纪的威尼斯共和国，为了应付战时财政困难，发行了强制认购的公债。其办法为：政府每年给予认购者一定的酬金直到认购者死亡，本金一律不退还。这种给付形式接近于同时代的终身年金保险。它对后来年金保险的产生起了很大的影响作用。

2. “冬蒂”方案

这是1656年意大利银行家洛伦佐·冬蒂所设计的一套联合养老保险方案，于1689年由路易十四颁布实施。该方案规定：每人认购300法郎，发行总数为140万法郎的国债，每年由国库付10%的利息，本金不退还。支付利息的办法是：把所有认购者按年龄分为14个群体，利息只付给群体的生存者，生存者可随群体死亡人数的增加而领取逐年增加的利息，如果群体成员全部死亡，就停止发放利息。这个办法相当于现在的联合生存者终身年金保险。

上述办法，都是欧洲各国政府带着财政目的强制推行的，以聚财为目的，必然引起人们的不满和反对，难以长久存在。同时，这些方案的费用负担都没有经过科学精确的计算，难以达到公平、合理。随着商品经济的发展，人们越来越要求按照等价交换的原则，根据享有的权利负担费用，这就导致了许多学者对人身保险计算问题进行研究。

3. 死亡表的研究和编制

为使人身保险符合公平、合理的原则，不少学者开始了对人口问题的研究，并编制死亡表。其中主要的死亡表有：①1662 年，英国的格朗托编制的以 100 个同时出生的人为基数的世界上第一张死亡表。此表简单也不够精确，但给后来的研究以很大的启发。②1671 年荷兰数学家威特编制的死亡表。③1693 年，英国天文学家哈雷编制了第一张最完全的死亡表。此表计算出了各年龄的死亡率和生存率。④1783 年诺爽姆登的死亡表以及 1815 年弥尔斯的死亡表等。这些死亡表的编制为人身保险的科学计算奠定了基础。

4. 均衡保费的提出

詹姆斯·道德逊在 1756 年根据哈雷的死亡表计算出了各个年龄的人投保死亡保险应缴的保费，这种保费称为“自然保费”。由于自然保费难以解决老年人投保时费用负担的问题。詹姆斯·道德逊又提出了“均衡保险费”的理论。

在人身保险计算理论研究发展的同时，人身保险业务也有了很大发展。1705 年，英国友谊保险会社获得皇家特许，经营寿险业务。到 1720 年，英国已有 20 家人寿保险公司。1762 年，英国创办了公平人寿保险公司，这是世界上第一家科学的人寿保险公司。该公司第一次采用均衡保费的理论计算保险费，规定每次缴费的宽限期及保单失效后申请复效的手续，对不符合标准条件的保户另行加费，使人身保险的经营管理日趋完善，该公司的创立标志着近代人身保险制度的形成。

工业革命刺激了人们对人身保险的需求，使得人身保险在世界范围内迅速发展。英国 1854 年开办了民营简易寿险，1864 年又开办了国营邮政简易寿险，接着团体保险也有了很大发展，到 19 世纪末，英国的寿险一直居世界首位。之后，便先后被美国、加拿大、日本等国超过。美国的人身保险发展速度很快，1950 年经营人身保险的公司有 469 家，1985 年增加到 2 261 家。日本是第二次世界大战后人身保险发展速度最快的国家，目前已成为世界上人身保险最发达的国家之一，其有效保额居世界首位。1999 年，日本的人身保险业务占保险业务总量的 79.4%。在 1999 年的全球保费收入总额中，人身保险的保费收入所占比重为 60.8%。

如今在西方的人身保险业务中，可以称得上是无险不保、无奇不有。如对芭蕾舞演员的脚尖保险、唱歌演员的嗓子保险、滑稽演员的酒糟鼻子保险，甚至英国大臣们的脚趾都可以保险。随着西方社会问题的日趋严重，绑架保险也十分受欢迎。

三、世界保险业发展的现状和趋势

（一）世界保险业的现状

1. 保费收入

第二次世界大战后，世界保险业得到了极大的发展，社会对保险的依赖程度越来越高。总体而言，经济越发达的国家和地区，保险业也越发达。1950 年全世界的保费收入为 207 亿美元，1999 年则达到了 23 240 亿美元，2018 年，全球直接保费首次突破 5 万亿美元大关①。根据瑞士再保险 2019 年第三期发布的《2018 年度世界保险业》② 的数据统计，2018 年全球保费收入为 5. 193 万亿美元，同比增速 1. 5%。其中，寿险保费收入为 2. 820 1 万亿美元，同比增速为 0. 2%；非寿险保费收入为 2. 373 万亿美元，同比增速为 3. 0%。表 3-1 是 1995 年到 2018 年全球保费收入以及扣除通货膨胀率之后实际增长率③的变化情况。

表 3-1　1995—2018 年全球保费收入与实际增长率情况

年份/年	保费收入/万亿美元	实际增长率/%
1995	2. 143	3. 70
1996	2. 106	0. 97
1997	2. 129	4. 50
1998	2. 155	1. 10
1999	2. 324	4. 50
2000	2. 444	6. 60
2001	2. 408	1. 00
2002	2. 627	5. 50
2003	2. 941	2. 00
2004	3. 244	2. 30
2005	3. 426	2. 50
2006	3. 723	5. 00
2007	4. 060	3. 32
2008	4. 270	-2. 00
2009	4. 066	-1. 10
2010	4. 339	2. 70
2011	4. 597	-0. 80

① 数据来源：瑞士再保险公司《西格玛（sigma）研究报告》（2019 年第 3 期）。

② 同①.

③ 所有保费增长率都是已经扣除通货膨胀因素的实际增长率。

表3-1(续)

年份/年	保费收入/万亿美元	实际增长率/%
2012	4. 613	2. 40
2013	4. 641	1. 40
2014	4. 755	3. 50
2015	4. 554	3. 80
2016	4. 732	3. 10
2017	4. 892	1. 50
2018	5. 193	1. 50

数据来源：瑞士再保险官方网站 http://www.swissre.com/sigma/.

从经济体为“发达”或“新兴”经济体①的角度来看，新兴市场保持稳健发展态势，但发达市场自2000年以来保费增长逐步放缓。2018年，发达市场总保费增长1.3%，达到4.086 1万亿美元；而新兴市场保费增长依然强劲，扣除通货膨胀因素，增长率为2.1%，达到1.107万亿美元。发达国家市场份额为78.68%，新兴市场保费占比21.32%。发达国家和新兴市场在寿险和非寿险的占比分别为79.12%和20.88%、78.16%和21.84%。发达国家在全球保险业中仍然占有统治地位，但新兴国家发展速度更快。美国、中国、日本、英国、法国为全球保险业排名前5位的国家，其保费收入在全球保费收入的比例高达59.30%。在排名前5的国家中，除中国来自新兴市场，其他国家均属于发达市场。具体情况如表3-2所示。

表3-2　2018年各国总保费收入

国家	保费收费排名	总保费收入/万亿美元	份额/%
美国	1	1. 469	28. 29
中国	2	0. 574	11. 07
日本	3	0. 440	8. 49
英国	4	0. 336	6. 48
法国	5	0. 257	4. 97

数据来源：瑞士再保险官方网站 http://www.swissre.com/sigma/.

从各个洲地理位置的角度来看，保费收入及其相关情况如下：

2018年，全球寿险保费收入为28 201亿美元，寿险保费增速为0.2%。这个数字显著低于2017年3.4%的增长率，主要原因是中国业务萎缩。这也低于业已疲软的前10年的年均水平（0.6%）。2018年，发达市场的总体寿险保费增长率从2017年的1.2%下降至0.8%，主要原因是欧非中东发达市场中最大几个市场出现业务萎

① 遵循国际货币基金组织（IMF）的惯例，将经济体划分为“发达”或“新兴”经济体。发达经济体包括美国、加拿大、西欧（不包括土耳其）、以色列、大洋洲、日本和其他亚洲发达经济体（中国香港、新加坡、韩国和中国台湾）；所有其他国家则被划分为“新兴”经济体。

缩。继 2017 年增长 13%之后，2018 年新兴市场寿险保费减少 2.0%。然而前景依然看好，预测未来大部分增幅将来自新兴市场，尤其是中国。

2018 年，全球非寿险保费收入为 2.373 万亿美元，比上一年实际增长 3.0%。2018 年，发达市场非寿险保费增长率略降至 1.9%，美国、加拿大和欧洲发达市场的增速均放缓。继 2017 年保费下降 8.6%后，日本表现稳定，使得亚太地区的状况大幅改善。2018 年新兴经济体的保费增长 7.1%，比上一年有所改善，但仍低于 10 年的平均水平 7.7%。新兴亚洲市场继续快速扩张，保费增长率超过 11%，中国的增幅为 12%。受经济环境稳固和欧盟成员国费率上升的支持，欧洲新兴市场也强劲增长，保费增加 4.2%。中国和北美洲是 2018 年全球非寿险市场增长的最大动因，分别贡献 1.2 个百分点和 1.1 个百分点。发达欧非中东市场和其他新兴亚洲国家的贡献相近，各自为 0.25 个百分点左右①。表 3-3 是各大洲保费收入、增长率、全球市场份额的占比情况。

表 3-3　各大洲保费收入、增长率、全球市场份额的占比情况

地区	保费收入/百万美元	增长率/%	份额/%
北美洲	1 597 278	2.6	30.76
拉丁美洲和加勒比地区	162 522	-1.7	3.13
欧洲、中东和非洲发达市场	1 560 937	0.1	30.06
欧洲、中东和非洲新兴市场	189 978	1.6	3.66
亚太发达市场	927 922	1.3	17.87
亚太新兴市场	754 588	3.1	14.53

数据来源：瑞士再保险官方网站 http://www.swissre.com/sigma/.

2. 保险密度

保险密度是指按一个国家（地区）人口计算的人均保费额。保险密度反映了该国家（地区）国民参加保险的程度。

保险密度=保费收入/总人口

2018 年，发达市场的人均保险支出（密度）为 3 736 美元，人均寿险支出从前一年的 1 899 美元升至 2 042 美元，非寿险支出则从 1 618 美元升为 1 694 美元。2018 年，新兴市场保险密度从 2017 年的 166 美元升到为 2018 年的 169 美元。其中，90 美元用于寿险，79 美元为非寿险②。从总体的平均值来看，发达市场的保险密度几乎是新兴市场的 20 多倍。2018 年保险密度最高的国家依次是卡曼群岛、瑞士、丹麦、爱尔兰、卢森堡，我国的保险密度为 406 美元。具体情况如 3-4 表所示。

① 数据来源：瑞士再保险公司《西格玛（sigma）研究报告》（2019 年第 3 期）。
② 数据来源：瑞士再保险官方网站 http://www.swissre.com/sigma/.

表 3-4 2018 年世界保险密度排名

国家或地区	保险密度排名	保险密度/美元
卡曼群岛	1	11 642
瑞士	2	6 934
丹麦	3	6 289
爱尔兰	4	5 253
卢森堡	5	5 001
中国	44	406
世界平均		682

数据来源：瑞士再保险官方网站 http://www.swissre.com/sigma/.

3. 保险深度

保险深度是指保费总收入占国内生产总值（GDP）之比，它反映了一个国家（或地区）的保险业在整个国民经济中的地位。保险深度不仅取决于一国总体发展水准，而且还取决于保险业的发展速度。

保险深度=保费收入/国内生产总值

2018 年，发达市场的保险深度为 7.8%；由于寿险业的收缩，新兴市场的总保险深度下降为 3.2%。但从长远来看，寿险和非寿险业的保险深度一直呈现稳步上升的趋势，以新兴亚洲市场最为突出。大多数地区都呈现上升趋势，欧洲、中东和非洲新兴市场的寿险业除外。该地区的保险深度下降是一种加总效应，因为保险深度很高的南非市场份额减少，而该地区欠发达和保险深度较低的国家市场份额相对增加。2018 年，发达市场寿险保费增加 0.8%，保险深度为 4.27%。而在非寿险业，2018 年发达市场的总保费仅增长 1.9%，略低于总体 GDP 增速，保险深度为 3.54%。新兴市场寿险保费平均增速为-2.0%，保险深度为 1.69%。2018 年新兴市场非寿险保费增加 7.1%，高于 2017 年 5.9%的增长率，同时也高于 GDP 增长率，其保险深度为 1.49%①。

2018 年，从总体的平均值来看，发达市场的保险深度为 7.81%，新兴市场保险深度总体数值为 3.18%。发达市场的保险深度是新兴市场的 2 倍左右②。2018 年保险深度最高的国家和地区依次是中国台湾、中国香港、卡曼群岛、南非、韩国。我国的保险深度为 4.22%，大约为世界平均水平的四分之三。具体情况如表 3-5 所示。

① 数据来源：瑞士再保险公司《西格玛（sigma）研究报告》（2019 年第 3 期）。

② 同①.

表 3-5　2018 年世界各地区保险深度排名

国家或地区	保险深度排名	保险深度/%
中国台湾	1	20.88
中国香港	2	18.16
卡曼群岛	3	17.51
南非	4	12.89
韩国	5	11.16
中国	38	4.22
世界平均		6.09

数据来源：瑞士再保险官方网站 http://www.swissre.com/sigma/.

4. 险种现状

保险业务的范围是以经济的发展水平以及被保险人规避风险的需要为拓展基础的，新技术的发展推动了新工艺、新工业的产生，同时也带来了新的风险。例如，电气革命带来了电器设备的广泛运用，也带来了机器损坏的风险；计算机网络的普及带来了计算机犯罪的风险等。另外，技术的进步又使过去被认为不可保的风险成为可保风险，这为新险种的产生提供了契机。保险范围不断扩大，几乎到了无险不保的程度。

进入 20 世纪 90 年代，世界保险市场竞争日趋激烈。在技术日新月异和自然灾害频繁的背景下，不断产生新的保险需求。在需求的带动下，新险种大量涌现，并且发展很快。例如，在寿险领域，日本推出了严重慢性疾病保险，美国推出了“变额保险”，英国甚至推出了“疯牛病保险”，并获成功；在财产保险领域，自然灾害的发生和意外事故的增多使险种创新的势头更为强劲，如核保险、航天飞机保险等。甚至针对全球变暖的情况，许多保险机构也推出了有关险种。近年来，恐怖活动频繁，治安问题严重，还催生了勒索绑架保险。我国也根据航空公司与乘机旅客就航班延误的赔偿矛盾，推出了航班延误保险。总之，一旦产生保险需求，险种创新就可能发生，需求是诱致新险种出现的决定性因素。

（二）世界保险业的发展趋势

1. 世界保险市场全球化和金融服务一体化的趋势

当今世界，经济的发展尤其是国际贸易与国际资本市场的发展决定了市场开放的必要性，而通信、信息等高新技术的发展又为实现全球经济一体化创造了技术条件。以计算机网络技术和生物工程技术为代表的高新技术深刻地影响着经济政治生活以及人们的生存方式。在高新技术的推动下，全球经济一体化的趋势越来越明显，作为世界经济重要组成部分的保险业，也出现了国际化的趋势。保险全球化是指保险业务的国际化和保险机构的国际化。随着世界经济全球化的进一步发展，保险业国际化的趋势将不断加强。

在发达国家，为了适应世界保险业发展的需要，它们大都放松了对本国保险市场的监管。放松监管的主要内容包括：

（1）放松对保险机构设立的限制。打破保险市场的进入壁垒，有利于促进保险市场效率的提高。近年来，德国、韩国等国纷纷放松了对外国保险机构进入本国保险市场的管制。

（2）放松对保险条款费率的管制。在传统模式下，保险条款费率管制是保险监管的重要内容，但现在这一情况有了变化，例如，素以保险监管严格著称的日本实行了全面的保险条款费率自由化。对条款费率管制的放松，增强了保险市场的市场化程度。

（3）放松对保险险种的监管。随着人们保险需求的增多，保险机构加大了对保险险种的创新力度，这就促使保险监管当局不得不放松对险种的管制。

发展中国家为了适应经济全球化的潮流，也在做出自己的努力。如中国、印度、东盟国家以及智利、阿根廷、委内瑞拉等国都在不同程度上开放了本国的保险市场，以吸引外国投资者。1995 年，全球多边金融服务协议达成，这意味着全球保险市场的 90%都将开放。

世界经济金融的自由化带来了金融保险服务的一体化。1999 年 11 月 12 日，美国总统克林顿签署了《金融服务现代化法案》（Financial Service Act of 1999，又称 Gramm-Leach-Biley），该法案的颁布意味着国际金融体系发展过程中的又一次划时代变革，这也带来了金融机构业务的历史性变革。金融保险服务一体化的趋势正扑面而来。在金融服务全球化和一体化的浪潮中，银保联盟、保险与证券的联盟方兴未艾，并将更加成熟。

2. 保险规模大型化和保险机构的联合与兼并的趋势

未来，国际保险业并购浪潮兴起也会继续成为世界保险业发展的趋势，这主要基于以下两个原因。

一是全球化的进展、管制的逐步放松和新兴市场的开放。全球经济一体化进程加快，各国经济交往更加密切，生产要素相互融合、渗透的趋势进一步加强，保险市场的进入障碍逐渐减弱。法律和监管制度障碍的取消，对国际保险业的兼并具有重要影响。新兴市场自由化进程加快也促进了保险业的并购，各国普遍放松了对外资进入的政策限制，吸引了大量外资进入，中国、马来西亚、印度尼西亚、泰国和菲律宾保险市场的自由化进程表明，开放给保险业带来了更广阔的前景。

二是并购产生的规模优势与范围优势。保险业的并购有利于实现规模经济效应和范围经济效应。通过兼并形成较大的保险集团，从而使金融资源得到更合理的配置，降低交易成本，减少经营费用。同时，兼并使公司在更大的地域范围内优化分支机构设置，开辟新的营销渠道，共享技术和信息资源，扩大产品组合，可承担更高更复杂的风险。

保险规模的扩大一方面体现在保险标的的价值越来越大，巨额保险增多；另一方面则体现在从事保险的机构越来越多。保险标的价值的增大与经济的发展是密不可分的，新技术的运用使各种机器设备越来越复杂、精细，价值也越来越高，同时风险的影响面由于经济主体之间关系的日益紧密也越来越大，因此，巨额保险的数量也不断增加。

与此同时，保险机构的规模也日趋庞大。竞争白热化的结果必然是优胜劣汰，从而加速了保险机构之间的联合与兼并。19 世纪初，全世界只有 30 多家保险公司，到了 20 世纪 90 年代初，全世界保险公司的数量已过万。而在面临全球化竞争的情况下，许多公司又开始进行广泛的合作。竞争与合作呈现出一种相互推动的态势。近年来，合作进一步演化成保险人之间的并购，保险市场的并购案件显著增多，保险机构呈现大型化的趋势。1996 年 7 月，英国的太阳联合保险与皇家保险宣布合并，成立皇家太阳联合保险公司，一举成为英国第一大综合性保险公司。1996 年 4 月，法国巴黎联合保险集团与安盛保险进行合并，成立保险集团，新的保险集团（以账面价值为准）世界排名第二，欧洲排名第一。在再保险领域，并购之风也愈演愈烈，仅在 1996 年上半年，并购大案就接二连三发生。如美国通用再保险收购了德国科隆再保险，慕尼黑再保险收购了美国再保险。另外，在保险中介市场上，并购活动也呈增多趋势。

3. 保险经营转向以非价格竞争为主，并且更加注重事先的预防

市场竞争的白热化使保险业面临的价格压力越来越大，长期的亏损使不少保险公司破产倒闭，严重地影响了保险人与被保险人双方的利益。因此，保险人越来越注重非价格的竞争，努力在保险经营上积极创新，力求在保险技术和保险服务上吸引顾客。与此同时，保险人越来越不甘于被动地提供事后的补偿，而是积极地参与事前和事中的防灾防损，在成本收益分析的基础上，联合各类技术专家从事风险的识别、测定与预防工作，为被保险人提供各种相关的防灾防损服务。这既可提高自己的服务水平与竞争力，又可减少被保险人损害的可能和自己赔付的可能，还减少了损害发生后可能产生的外部影响，有利于社会经济的稳定运行。

4. 关注次生灾害，保险业面临巨大挑战

过去的 100 年，是人类历史上发展变化最快的 100 年。进入 21 世纪后，人类前进的步伐更是不断加快。经济发展、技术进步、全球化进程，我们面对的是一个快速发展变化着的世界。世界在变，社会在变，保险业面对的风险也在不断变化。电脑系统故障、环境污染、金融危机、老龄化带来的养老医疗负担、全球气候变化甚至恐怖主义袭击，传统的风险在变化，新型的风险也不断涌现。保险业面临着巨大的挑战，也面临着广阔的发展机遇。

国际保险业的发展趋势和风险的变化趋势是密不可分的。巨灾风险发生频率和损失程度不断上升是近年来的一个趋势。在频繁发生的自然灾害面前，我们应该关注到次生灾害。“次生灾害”缺少规范的定义，行业通常将其视为高频率（发生的频率高于地震和飓风等原生灾害事件）、中低严重程度的损失事件（相对于原生灾害造成的损失而言）。次生灾害可能独立发生，例如河流洪水、骤发洪水、雷暴、旱灾和森林火灾。2018 年全球共发生了 304 起灾害事故，基本与 2017 年持平，其中 181 起自然灾害，其余 123 起是人为灾难。2018 年，全球因灾害产生的总经济损

失达到 1 650 亿美元，其中约 1 550 亿美元源于自然灾害，其余为人为灾难所致。2018 年的灾害损失相当于全球国内生产总值的 0.19%，低于 0.28%的十年平均水平。其中北美洲损失最为严重，损失总额达 530 亿美元，大多源自森林火灾、雷暴和飓风。在全球灾害导致的经济损失中，保险承担了 850 亿美元的损失，行业年度赔付总额为有史以来排名第四高，高于过去 10 年的年度均值 710 亿美元。2018 年的保险损失中，760 亿美元源自自然灾害，其中 60%以上的赔付用于帮助因次生灾害所影响的受灾人口。次生灾害可能是独立的中小规模灾害，也可能是原生灾害的次生效应。随着容易遭遇恶劣天气地区的经济迅速发展，这些灾害的相关损失也不断上升。自然灾害造成的 2017 年和 2018 年合并保险损失达到 2 190 亿美元，为有史以来最高的两年期损失年份，并呈上升趋势，其中半数以上的损失可归咎于次生灾害和灾害次生效应。2018 年造成全球最严重的保险损失的灾害事件是加利福尼亚州的营地火灾，它触发了 120 亿美元的损失，也是一项“次级”灾害[①]。2018 年自然灾害的主要特点是世界各地都发生了许多中小规模的次生灾害事件。人们切不可低估这些灾害的影响，以及其造成的生命损失和带来的财务困境，仅 2018 年一年全部自然灾害所造成的保险损失中就有一半以上的损失源自次生灾害事件。次生灾害造成的巨额损失通常与降水量有关，近几十年，全球气候变暖，极端天气事件导致的损失不断上升，这种发展趋势短期内将一直持续下去。

5. 创新是保险业生存和发展的主要手段

面对传统风险不断变化、新型风险不断出现及巨灾频繁发生等挑战，国际保险业在保险理念、技术、产品等方面进行了大量的创新，如专属自保、整合项目、期满中止（runoff）解决方案、承诺资本解决方案、保险证券化等，风险保障的内涵和外延不断变化和扩大，一些传统不可保风险和新型的风险正在成为可保风险。

目前，在国际保险市场上，非传统风险转移方式（alternative risk transfer, ART）的发展非常迅速。ART 产品的主要特点为：针对客户制定方案；多年期、多险种的保障；在时间上与投保人自身风险组合内分散风险，承担传统方式无法承担的风险；处理风险的主体多元化。ART 产品主要包括：①有限风险型产品（FR），其重点是风险融资，主要针对再保险业务，为保险公司的融资再保险服务；②综合性多年度/多险种保险方式（MMP），是将多种风险结合在一起，在多年内进行分散的产品；③多触发型产品（MTP），即对至少两种以上触发原因造成的保险损失进行赔偿；④应急资本（contingent capital），在保险损失发生后依照事先约定为被保险人筹措资金或出售期权；⑤保险证券化，这是继 20 世纪 80 年代银行证券化后，90 年代创新出来的保险风险证券化产品，如巨灾保险期货、巨灾债券、巨灾互换、GCCI 巨灾指数期权、PCS 巨灾指数期权或资本票据等；⑥保险衍生产品，即利用金融市场工具来控制保险风险，其最早的尝试是芝加哥交易所于 1992 年推出的自然灾害风险期货和期权。

① 数据来源：瑞士再保险公司《西格玛》（sigma）研究报告（2019 年第 2 期）。

保险证券化的产品和证券化工具作为传统保险的替代或补充，能有效解决巨灾风险的承保能力的缺口，正日益受到各国保险公司的重视；同时，作为一种重要资产类型，也日益受到投资者的青睐。保险证券化产品的出现得益于金融创新的不断发展。近年来，西方发达国家金融市场发生的引人注目的创新是金融衍生工具数量和交易额的爆发性增长，以衍生工具为核心的金融创新正改变着全球的金融系统。巨灾债券、保险期货、指数期权等创新产品不断涌现，成为保险业新的工具，有效地提升了保险的承保能力。

第三节　我国保险的起源与发展

一、我国古代的保险思想和原始形态的保险

我国早在古代就有了后备与互助的保险思想和原始形态的保险。

（一）我国古代的保险思想

我国古代的保险思想主要体现在下列著述中：

公元前2500年，我国的《礼记·礼运大同篇》（节录）有云："大道之行也，天下为公，选贤与能，讲信修睦。故人不独亲其亲，不独子其子，使老有所终，壮有所用，幼有所长，鳏、寡、孤、独、残疾者皆有所养。"足见我国古代就有了共同谋求经济生活安定的政治思想，亦可谓世界上最古老的保险思想之一。

《吕氏春秋·恃君览》说："凡人之性，爪牙不足以自守卫，肌肤不足以捍寒暑，筋骨不足以从利辟害，勇敢不足以却猛禁悍。"这说明在我国古代时期就已经注意到单凭个人的力量不足以自卫和谋生，必须互相帮助、共同劳动才能抵御当时的自然灾害和外来侵袭。

孟子在《滕文公》中也主张："出入相友，守望相助，疾病相扶持……。"这些都反映了我国古代儒家的社会互助保险的思想。在春秋战国时候，其他的一些社会思想家也提出过类似的主张，如墨子就曾提出"有力者疾以助人"（《墨子·鲁问篇》），要求有余财的人扶助贫困的人，这也是墨子当时提出的政治纲领之一。

另据《逸周书·文传篇》引《夏箴》说："小人无兼年之食，遇天饥，妻子非其有也；大夫无兼年之食，遇天饥，臣妾舆马非其有也；国无兼年之食，遇天饥，百姓非其有也。戒之哉，弗思弗行，祸至无日矣。"同篇又引《开望》说："……二祸之来，不称之灾，天有四殃，水旱饥荒，其至无时，非务积聚，何以备之。"从这些记载来看，早在我国夏朝就重视粮食的积蓄，以防水旱之灾，这就是一种防患于未然的社会福利思想。

（二）我国原始的保险形态

在实践上，我国历代有着储粮备荒以赈济灾民的传统制度。较为典型的有：

1. “委积”制度

“委积”制度出现在春秋战国时代，据《周礼·地官司徒下》载：“乡里之委积，以恤民之扼；……县都之委积，以待凶荒。”《周书》说：“国无三年之食者，国非其国也，家无三年之食者，子非其子也，此子谓国备。”证明当时就存在着备患之法。

2. “常平仓”制度

“常平仓”制度属官办的仓储后备制度，它始发于战国李悝的“平粜”和西汉桑弘羊的“平准”。历代统治者都有类似设置。它的名称则起自汉宣帝时的耿寿昌。常平仓最盛时节是北宋。其作用是调节灾害带来的风险，保障社会安定。

3. “义仓”制度

“义仓”制度属于官督民办的仓储后备制度。它始于北齐，盛行于隋朝。但其发展健全，长期有成效的当推唐代。唐贞观年间，水旱灾害频繁，各地义仓的粮食储备对凶荒年岁的救灾起了很大的作用。虽然义仓由官督民办，但历代封建财政对义仓的控制从未放松。

上述这些都是实物形式的救济后备制度，由政府统筹，带有强制性质。此外，宋朝和明朝还出现了民间的“社仓”制度，它属于相互保险形式；在宋朝还有专门赡养老幼贫病不能自我生存的“广惠仓”，这可以说是原始形态的人身救济后备制度。

尽管我国的保险思想和救济后备制度产生很早，但因中央集权的封建制度和重农抑商的传统观念，商品经济发展缓慢，缺乏经常性的海上贸易，因此我国古代原始形态的保险，始终未能演变为商业性的保险。然而我国早期的保险思想和实践却在世界人类的文明史上，占有很重要的地位，对我们研究早期保险的形成和发展，有着十分重要的意义。

二、旧中国的保险业

（一）外商保险公司垄断时期

我国古代保险的雏形或萌芽并没有演变成现代商业保险。近代中国保险业是随着帝国主义势力的入侵而传入的。

19 世纪初叶，当我国清朝仍处于闭关自守时，已完成工业革命的英国首先用鸦片强行打开了我国门户，其保险商开始跟随他们的战舰抢占中国市场，近代保险制度也随之传入我国。1805 年，英国保险商出于殖民目的向亚洲扩张，在广州开设了第一家保险机构，称为“谏当保安行”或“广州保险会社”。1835 年，在中国香港设立保安保险公司（裕仁保险公司），经两次鸦片战争，以英帝国主义为首的保险商，凭借一系列强加于我国的不平等条款及其在华特权，进一步在中国增设保险机构。1845 年，他们在上海这个“冒险家乐园”开设了“永福”“大东方”两家人寿保险公司。19 世纪 70 年代又有“扬子”“保宁”“香港”“中华”“太阳”“巴勒”等保险公司设立，英商“太阳”“怡和”洋行也增设了保险部。

外商保险公司在我国的出现是帝国主义经济侵略的产物，它们凭借不平等条款及其在华特权，挟其保险经营的技术和雄厚资金，利用买办在我国为所欲为地扩张业务领域，并用各种手段实行垄断经营，长期霸占我国保险市场，攫取了大量的高额利润。到20世纪前，已形成了以上海为中心，以英商为主的外商保险公司垄断中国保险市场的局面。

（二）民族保险业的诞生和兴起

鸦片战争后，外商保险资本对我国保险市场的掠夺，激起了我国人民振兴图强、维护民族权利、自办保险的民族意识。他们中的一些有识之士，民族资产阶级思想的传播者，如魏源、洪仁玕、郑观应、王韬、陈炽等人，开始把西方的保险知识介绍到国内，并主张开创自己的保险事业，为创建我国的保险业做了舆论准备。19世纪中叶，外国保险在华势力急剧扩张的同时，民族保险业也脱颖而出。1865年5月25日，中国人创办的第一家保险公司“义和公司保险行”在上海诞生，它打破了外商保险公司独占我国保险市场的局面，为以后民族保险业的兴起开辟了先河。此后，相继出现的民族保险公司有：保险招商局、仁和水险公司、济和水火险公司（后两者合并为仁济和水火险公司）、安泰保险公司、常安保险公司、万安保险公司等。其中，仁济和水火险公司（一般简称为“仁济和保险公司”）是我国第一家规模较大的船舶运输保险公司；香港华商、上海华安人寿保险公司和延年寿保险公司等是最早由华商经营的人寿保险公司。1865—1911年，华商保险公司已有45家，其中上海37家，其他城市8家。1907年，上海有9家华商保险公司组成了历史上第一家中国人自己的保险同业公会组织——华商火险公会，用以抗衡洋商的“上海火险公会”，这反映出民族保险业开始迈出联合团结的第一步。同时，清政府也注意到了保险这一事业，并草拟了《保险业章程草案》《海船法草案》和《商律草案》。这些保险法规虽未颁行实施，但对民族保险业的兴起、发展起了一定的促进作用。上述情况表明我国的民族保险业在辛亥革命前就已兴起和形成。但这一时期民族保险业的资本和规模都不大，较之外商保险公司仍处于薄弱地位。

（三）20世纪初期的中国保险业

1. 民族保险事业的发展

第一次世界大战期间，由于欧美帝国主义国家忙于战争，无暇东顾，这使我国民族资本有了发展的机遇，民族资本的火灾保险公司和人寿保险公司在上海、广州、中国香港等地相继成立。尽管第一次世界大战后因外国势力的卷土重来而使我国民族资本陷入了一定程度的困境，但在“五四”“五卅”运动以后，中国民族银行业的发展及对民族保险业的投入，又使保险业有了迅速的发展，并且保险业务迅速由上海等地延伸到其他口岸和内地商埠。据1937年《中国保险年鉴》的统计，全国有保险公司40家，分支机构126家，这些分支机构遍及全国各地。

在民族保险业的发展和中外保险公司剧烈竞争的形势下，一些规模较大的民族保险公司将保险业务由国内扩展到国外，开拓保险市场，扩展国外保险业务。1937年前后，华商保险公司陆续在西贡、巴达维亚、新加坡、马尼拉等地设立了分支公司。中国保险公司还在大阪、伦敦、纽约等地设立代理处，由所在地的中国银行代理保险业务。

2. 外商保险公司进一步垄断中国保险市场

第一次世界大战后，美、日保险在华势力迅速扩大，形成了以英、美、日为主的多国势力控制中国保险市场的局面。据1937年《中国保险年鉴》统计，当时外商保险公司及其代理机构设在上海的共有126家，而华资保险公司仅有24家。这些外商保险公司垄断了我国的保险市场，攫取大量的超额利润。据1937年资料统计，中国每年流出的保费外汇达235万英镑，占全国总保险费收入的75%。

"九一八"事变后，日本帝国主义对东北沦陷区实行经济上的全面控制，对日本以外的保险公司进行重新登记，逐步采取驱逐政策，独占保险市场。

3. 官僚资本保险机构对中国保险市场的控制

1937年，"七·七"事变后，中华民族的抗日战争全面展开，国民党政府被迫迁都到重庆，经济中心逐渐西移，中国保险也随之西移重庆。这促使了内地保险业的发展，大后方的保险机构大量增加。到1945年8月，川、云、贵、陕、甘5省共有保险总分支机构134处。然而，当时大后方的保险市场是由国民党官僚资本和政府有关部门兴办的官办保险公司所操纵和控制，它们凭借资金雄厚和其政治后台，几乎包揽了当时大部分保险业务。在重庆，四大家族的官僚资本控制了占全国90%的保险业务，形成了官僚资本对保险业的霸权地位。

第二次世界大战后，中国的保险中心又东移上海。在抗日战争胜利气氛的鼓动下，百业渴望振兴，保险业也求励精图治，曾一度呈现出表面繁荣景象。但这一时期的情况则是官僚资本保险机构与卷土重来的外商保险公司相互利用，控制保险市场。外商公司控制官僚资本公司，而民族资本保险公司则受外商和官僚资本保险公司的双重控制。由于国民党政府的腐败统治，恶性通货膨胀，投机活力盛行，物价飞涨，民不聊生，国民经济陷入了崩溃状态，到1949年，华商保险公司已处于奄奄一息的境地。

近代商业保险制度在我国先后虽然经历了一百多年的时间，但始终未能获得较大发展，其主要原因在于：

（1）近代商业保险是帝国主义列强用枪炮强制输入我国，并长期垄断我国保险市场的。他们经营保险的目的在于谋求最大利润，掠夺中国财富，他们在中国实行的是掠夺性的保险政策，其业务范围局限于当时经济较发达的通商口岸，保险对象绝大部分是工商业者，没有也不可能面向广大群众。中国的民族保险业虽有过发展，但由于其自身的软弱和局限性，始终步履维艰，发展缓慢，在保险市场上处于受压制的从属地位。中国各朝政府虽也曾对保险有所认识，制定了一些法律法规，以图监督、管理保险市场，然而旧中国的半封建、半殖民地性质决定了政府作为的限制——约束不了外商保险机构，难以规范保险市场。因此，无论是民族保险，还是旧中国政府都难以担当起培育、建设中国保险市场的重任。

（2）近代中国长期处于半封建、半殖民地的落后状况，实行的是闭关自守、抑制商品经济发展的政策，自给自足的自然经济占主导地位。在这种经济环境下，经济非常落后，人民生活十分贫困，难以形成对保险的有效需求。同时在自给自足的小农经济条件下，人们以家庭为经济单位，以土地为生，土地的不可移动性束缚了人们之间的相互交往，滋生的是封闭式保守思想意识，对于各种风险事故引起的经济困难，习惯于依靠血缘亲属关系来解决，没有保险的习惯。

（3）近代中国长期战乱，特别是抗战发生后，国统区货币贬值，物价飞涨，通货膨胀严重，国民党的腐败使国民经济陷于崩溃状态，致使原本落后的保险市场难以维持，至新中国成立前夕，整个保险事业几乎陷入崩溃。

三、新中国的保险业

1949 年 10 月，中华人民共和国成立，翻开了新中国保险事业的新篇章。70 多年间，中国保险事业几经波折，已逐步走向成熟和完善。

（一）新中国保险事业的形成和发展（1949—1957 年）

1. 人民保险事业的创立和发展

1949 年，随着解放战争在全国范围内取得决定性胜利，建立统一的国家保险公司被提到了议事日程。1949 年 9 月 25 日至 10 月 6 日，经过紧张的筹备，第一次全国保险工作会议在北京西交民巷举行，会议讨论了一系列人民保险事业发展的方针政策问题，为新中国保险事业的发展指明了方向。1949 年 10 月 20 日，中国人民保险公司在北京成立，宣告了新中国统一的国家保险机构的诞生，从此揭开了中国保险事业崭新的一页。

中国人民保险公司成立后，本着“保护国家财产，保障生产安全，促进物资交流，增进人民福利”的基本方针，配合国家经济建设，先后开办了各种保险业务。国民经济恢复时期，中国人民保险公司为配合国民经济恢复这一中心工作，开办的国内业务主要是对国有企业、县以上供销合作社及国家机关的财产和铁路、轮船、飞机的旅客实行强制保险；此外，还在农村开展自愿性的牲畜保险以及城市中的各种自愿性质的财产保险和人身保险。这对当时国民经济的恢复和发展，起到了积极的作用。但是，由于认识上的原因以及缺乏经验，我国保险行业在业务经营过程中犯了盲目冒进、强迫命令的错误，一度在群众中引起了反感。因此，在“一五”期间，我国首先确立了“整顿城市业务，停办农村业务，整顿机构，在巩固基础上稳步前进”的方针，对保险市场进行了整顿：逐步收缩停办农村业务，集中力量发展城市中的强制保险、运输保险和火险三项业务。后来为了充实国家财政和社会后备力量，又重点发展了农村保险，停办部分国营强制保险，稳步扩大城市保险业务；有计划地办理了适应群众需要的个人财产和人身保险。人民保险事业在整顿、巩固中稳步发展。

2. 人民政府对旧中国保险市场的整顿和改造

在创建和发展人民保险事业的同时，人民政府对旧中国的保险市场进行了整顿和改造。首先，人民政府接管了官僚资本保险公司。由于官僚保险机构大多集中于上海，所以接管工作以上海为重点。1949年5月27日上海解放后，上海军管会财政经济接管委员会金融处立即发出保字第一号训令，接管了324家官僚资本保险机构。其他解放了的城市的官僚资本保险机构也由当地军管会相继接管。其次，对民族资本保险公司进行整顿和改造。对于民族资本的保险公司先行重新登记，并允许其进行社会主义改造，几经合并，又投入了部分国家资金，最终于1956年成立了公私合营的专营海外保险业务的太平保险公司。最后，对外商保险公司实行限制政策。新中国成立后，为彻底改变帝国主义垄断中国保险市场的局面，维护民族独立，中国政府废除了外商保险公司的一切在华特权，对其业务经营严格管理，限制其业务经营范围，切断业务来源，对违反中国法令和不服从管理的外商保险公司进行严肃查处。到1952年年底，外商保险公司在我国保险市场上的业务量逐年下降而陆续申请停业，最终全部自动撤离中国保险市场。

（二）新中国保险事业的停顿（1958—1978年）

1958—1978年，这20年间我国经历了3年“大跃进”、3年自然灾害、10年“文化大革命”的剧烈跌宕，我国经济的发展受到了严重的影响。我国的保险市场因此偏离了正确轨道，陷入了崩溃的状态。受极“左”思潮的影响，1958年全国各地刮起了“共产风”、人民公社化及“一大二公”，到处是吃饭不要钱，生、老、病、死统由国家包下来，片面认为保险已完成了历史使命，没有存在的必要，于是1958年10月在西安召开的全国财贸会议上提出了立即停办国内保险业务的建议，同年12月在武汉召开的全国财政会议上正式做出了立即停办国内保险业务的决定；同时，财政部发出停办国内保险业务以后财务处理的通知。至此，除上海等个别城市还保留少量的国内业务外，全国其余各地全部停办了国内保险业务。中国人民保险公司专营国外业务，改由中国人民银行总行国外局领导，编制紧缩为30多人的一分处。1958年年底到次年，数万名保险干部转业，几千个机构被撤销，国内保险业务进入了空前的低谷时期。

1964年，随着国民经济的好转，中国人民银行向国务院财贸办公室请示建议恢复保险公司建制获准。保险建制改为局级，对外行文用中国人民保险公司的名义。1965—1966年，随着全国农业生产的发展，国内一些大城市的保险业务陆续恢复。但“文化大革命”打乱了中国经济发展的进程，保险被视为“封资修”而予以砸烂，国内业务被迫再度全部停办，国外业务也遭到严重摧残，最后中国人民保险公司只剩下9人从事国外保险业务工作的守摊和清摊工作，全国各地的保险机构全部瘫痪。

（三）新中国保险事业的恢复（1979—1985年）

党的十一届三中全会做出了把党和国家工作的重点转移到社会主义现代化经济建设上来的战略决策，我国保险市场以此为契机逐渐恢复。1979年4月，国务院批准并转发了中国人民银行全国分行行长会议纪要，做出了逐步恢复国内保险业务的重大决策。同年11月，中国人民银行召开了全国保险工作会议，肯定了保险对发展国民经济的积极作用，并在吸取国内外保险经验的基础上，根据国家改革开放的精神，具体部署了恢复国内保险业务的方针政策和措施。全国保险工作会议结束后，恢复国内保险业务，组建各地分支机构的工作全面展开。截至1980年年底，除西藏外，全国28个省、自治区、直辖市都已恢复了保险公司的分支机构，各级机构总数达311个，专职保险干部3 423人，全年共收保费2.9亿多人民币。在恢复各类财产保险业务的基础上，1982年，中国人民保险公司又开始恢复办理人身保险业务和农村保险业务。几年来，国内各项业务飞速增长（见表3-6）。与此同时，涉外保险业务也快速发展。1983年，中国人民保险公司已与120多个国家和地区1 000多家保险公司建立了国际业务关系，全年收入1.5亿多美元的保险费，并承保了对外贸易的70%以上的业务。

表3-6　1980—1985年全国国内业务保费收入情况表

年度/年	保费收入/亿元	比上年增长/%
1980	2.96	—
1981	5.32	80
1982	7.48	40
1983	10.15	36
1984	15.06	48
1985	25.7	71

资料来源：根据《中国保险史》整理。

国内保险业务恢复初期，中国人民保险公司是中国人民银行的一个局级专业公司，管理体制沿袭20世纪50年代实行的总、分、支公司垂直领导形式。为了适应保险市场发展的需要，1982年经国务院批准同意，设立了中国人民保险公司董事会、监事会。其主要任务是：贯彻执行国家保险事业的方针政策，领导和监督保险公司的经营和管理工作。1983年9月，国务院同意中国人民保险公司从中国人民银行中分设出来，升为国务院直属局级经济实体，按照国家的法律、法规的规定，独立行使职权和进行业务活动。从1984年1月起，中国人民保险公司的分支机构改由保险总公司领导。1985年2月，中国人民保险公司各省、自治区、直辖市分公司经当地党政部门批准，全部升为厅局级机构，实行总公司与当地人民政府的双重领导。至此，我国保险事业已基本恢复。

从新中国保险事业的建立到20世纪80年代我国保险业的恢复这一期间，人民保险事业从无到有，取得了长足的进步，但我国长期实行的计划经济导致了人们对保险认识具有一定偏差，致使我国保险业跌宕起伏、发展坎坷。而国家对保险业的垄断经营，又在一定程度上妨碍了保险业的发展。

（四）新中国保险业的逐步完善（1986年至今）

我国保险业从1986年起进入了全面发展的时期，并逐步走向完善和成熟。

1. 传统保险业向现代保险业发展的探索时期（1986—1997年）

1986—1997年，是保险业不断探索如何从传统的发展模式向符合现代经济要求的发展模式进行转变的时期。其主要特征是：一批股份制保险公司相继成立，打破了垄断经营格局，主体趋向多元化；保险法颁布实施，确立了分业经营体制；探索保险市场对外开放试点，逐步扩大试点范围；引进保险营销新模式，推动了保险创新等。

（1）股份制保险公司相继成立。

1986 年，中国人民银行首先批准设立了新疆生产建设兵团农牧业保险公司，专门经营新疆生产建设兵团内部的以种植业和牧养业为主的保险业务，这预示着中国人保独家经营的局面从此在我国保险市场上消失。随后，1987 年，中国交通银行及其分支机构开始设立保险部，经营保险业务，1991 年在此基础上组建成立了中国太平洋保险公司，成为第二家全国性的综合保险公司。1988 年，平安保险公司在深圳成立，是中国第一家股份制保险公司，1992 年更名中国平安保险公司，由区域性保险公司改建为全国性保险公司，成为第三家全国性的综合保险公司。进入 20 世纪 90 年代后，保险市场供给主体发展迅速。1996 年人民保险公司更名为中国人民保险（集团）公司，下设财产、人寿和再保险有限公司。1996 年，永安财险、华安财险、华泰财险、泰康人寿、新华人寿等一批股份制保险公司相继成立。在国有保险机构改革和民族保险公司不断发展的同时，外资保险机构也逐渐进入中国保险市场。1992 年 9 月中国人民银行批准美国国际集团所属美国友邦保险公司在上海设立分公司，这是我国保险市场对外开放以来，第一家经批准进入中国保险市场的外国保险公司。1996 年 11 月 26 日，中国人民银行批准加拿大宏利人寿保险公司与外经贸信托在上海合资设立中宏人寿保险有限公司，这是我国保险市场对外开放以来，批准设立的第一家合资保险公司。

（2）保险法颁布实施。

随着中国保险市场体系的建立及保险业务的发展，一个以政府监管为主、行业自律为辅的保险市场监管体系也在逐步地建立和完善。1985 年 3 月 3 日颁布的《保险企业管理暂行条例》（简称《管理条例》）是新中国成立以来第一部保险业的法规。《管理条例》指定中国人民银行是保险行业的管理机关，规定了保险企业的设立、中国人民保险公司的地位、偿付能力和保险准备金、再保险等方面的内容。1989 年 2 月 16 日，针对当时保险市场的形势和存在的问题，国务院办公厅下发了《关于加强保险事业管理的通知》，提出了整顿保险秩序的措施和办法。1992 年美国友邦在上海设立分公司后不久，中国银行颁布了《上海外资保险机构暂行管理办法》，以指导引进外资保险公司的试点工作。1994 年，上海保险同业公会成立，全国各地的保险同业公会或保险行业协会相继成立。行业自律为辅助的保险市场监管体系逐步建立。1995 年 6 月 30 日《中华人民共和国保险法》正式颁布，并于同年 10 月 1 日起正式实施。《保险法》是新中国成立以来的第一部保险大法，它对保险公司、保险合同、保险经营规则、保险业的监管和保险代理人、保险经纪人等做出了比较详细的规定。《保险法》的颁布标志着新中国保险市场监管的法律法规建设步入了一个崭新的发展阶段。

（3）引进保险营销新模式。

随着中国保险市场日趋成熟，保险中介人制度也逐步建立和完善。保险代理人、保险经纪人以及保险公估人共同组成保险中介体系。1986 年以后，中国保险市场上陆续出现了各种保险中介人。保险代理人是我国保险市场出现最早也是发展最快的一种中介人，特别是 1992 年美国友邦寿险营销机制的引入，使我国寿险市场上的营销员制（寿险个人代理制）得以迅速发展。1996 年 12 月中旬，为提高代理人素质，规范代理人行为，保险监管部门在国内各城市首次组织了“全国保险代理人资格考试”，此后每年定期举办，可在计算机上完成这种考试。

2. 传统保险业向现代保险业发展的转折时期（1998—2001 年）

1998—2001 年，是传统保险业向现代保险业发展的转折时期。在这段时期中，各项体制继续完善、改进和深化。1998 年，东南亚金融危机后，在中央加快金融体制改革、防范化解金融风险一系列重大决策的形势下，保险业发展改革出现转折性变化，加快了向现代保险业方向迈进的步伐。1999 年，中保集团解散，原集团所属的三家公司独立，更名为中国人民保险公司、中国人寿保险公司和中国再保险公司。2000 年 6 月 29 日，中保国际控股有限公司在香港联交所挂牌上市，这是第一家在境外上市的中资保险企业。2001 年 12 月 11 日，中国正式加入 WTO，保险业积极履行加入 WTO 时的承诺，把握对外开放主动权，引进先进技术，完善监管体系，提升行业竞争力。2001 年，保监会在广东对机动车险业务进行为期一年的费率市场化改革试点工作。2001 年，我国唯一承办出口信用保险业务的政策性保险公司——中国出口信用保险公司正式成立，标志着我国政策性保险体制改革取得重大进展。

在市场监管和保险中介发展方面，1998 年 11 月 18 日，经国务院批准，中国保险监督管理委员会（以下简称保监会）正式在北京成立。根据国务院规定，中国保监会是国务院直属事业单位，是中国商业保险的主管部门，根据国务院授权履行行政管理职能，依照法律法规集中统一监管保险市场。中国保监会的成立，为保险市场监管趋向成熟化、专业化提供了组织保证。保险中介市场的相关管理制度也在不断建立和完善，1997 年中国人民银行颁布了《保险代理人管理规定（试行）》《保险经纪人管理规定（试行）》，建立了一套包括专业代理人、兼业代理人和个人代理人的保险代理人管理制度和保险经纪人管理制度。保监会成立后，对保险中介实行分类监管，先后颁布了《保险代理机构管理规定》《保险经纪机构管理规定》《保险公估机构管理规定》和《保险兼业代理管理暂行办法》等部门规章。这些考试制度和管理制度的建立和不断完善规范了保险中介市场，提高了保险中介从业人员整体素质和服务水平，促进了中国保险中介市场的健康规范发展。2000 年 11 月 16 日，中国保险行业协会在北京成立，亦是中国保险业的一件大事。

3. 中国特色现代保险业的大发展时期（2002 年至今）

从市场格局不断变化的角度，我们可以将中国特色现代保险业的大发展时期细分为以下几个阶段：

（1）寡头垄断阶段。1986—2001 年，我国保险市场逐步引入平安保险、太平洋保险、中华联合保险、泰康人寿、新华人寿等市场主体，逐步打破人保一家独大的市场格局，形成保险市场的寡头垄断阶段。

（2）百家争鸣阶段。2002—2006 年，中国保险业进入全面开放阶段。市场主体不断增加，向多元化发展。2002 年 10 月，针对我国加入 WTO 时承诺对保险业的要求，全国人大常委会对《保险法》进行了第一次修正，修改后的《保险法》自 2003 年 1 月 1 日起正式实施。2003 年，中国人保、中国人寿成功境外上市，人保财险 11 月在香港联交所成功上市，成为中国内地国有金融机构海外上市“第一股”，中国人寿保险股份有限公司 12 月在纽约、香港成功上市，公开募股筹集 30.1 亿美元，为 2003 年规模最大的首次公开募股。2003 年，车险费率市场化改革在全国范围内正式启动，产品进入多元化时代，价格战愈演愈烈。费用竞争、价格竞争导致行业连续亏损。2004 年，阳光保险等一批新机构相继设立。2004 年 10 月，中国保监会会同有关部门正式启动保险法第二次修改工作的准备工作。2004 年 11 月 11 日中国首家相互制保险公司——阳光农业相互保险公司获准筹建，填补了我国相互制保险公司的空白。2004 年 11 月 18 日国内第一家专业健康保险公司——中国人民健康保险股份有限公司宣告成立。2004 年，中国保险业进入全面开放阶段。2005 年，保监会颁布《财产保险公司保险条款和费率管理办法》，重新恢复对车险费率管制。针对费用竞争、价格竞争导致的行业连续亏损，2006 年保险行业协会统一制定车险 A、B、C 统颁条款，保监会出台限折令。2006 年 3 月 28 日《机动车交通事故责任强制保险条例》颁布，所有上道路行驶的机动车辆都应在 3 个月内投保交强险。2006 年，国务院下发《国务院关于保险业改革发展的若干意见》，成为保险业改革发展的里程碑事件。

（3）三大供给主体主导竞争阶段。2007—2011 年，保险市场更加完善，行业自律逐步加强，市场竞争秩序规范。中国人寿、中国平安、中国太保三大供给主体的品牌、服务优势凸显，主导市场竞争格局，市场集中度触底反弹。2007 年，中国人寿、中国平安、中国太保登陆 A 股市场，泛华保险在纳斯达克上市交易。2008 年 9 月 1 日《保险公司偿付能力监管规定》正式施行，首次引入资本充足率指标，出现“分类后的统一监管”。2009 年 2 月 28 日，十一届全国人大常委会第七次会议表决通过了新修订的《保险法》，并于同年 10 月 1 日正式实施。《保险法》的修订不仅是我国保险法制建设的重大事件，也是完善社会主义市场经济法律体系的重要举措，对全面提升保险业法治水平、促进保险业持续平稳健康发展产生了积极而深远的影响。2009 年 12 月 23 日，中国太保在香港联交所成功上市。2011 年 8 月，中国保监会发布《中国保险业发展“十二五”规划纲要》，明确我国保险业“十二五”期间（2011—2015 年）的发展方向、重点任务和政策措施。2011 年 12 月，新华保险成为国内首家以 A+H 股方式同步上市的保险公司，为登陆国内资本市场的保险“第四股”。

（4）全面竞争阶段。2012 年至今，过度费用竞争和价格竞争出现并蔓延；竞争主要在老三家保险公司与其他中小保险公司之间全面展开，中小保险公司发展空间受到挤压的现象有明显缓解；市场竞争从单纯的价格战逐步向综合竞争转变。2012 年 4 月保监会正式开通全国第一条保险消费者维权电话：12378。2012 年 8 月 30 日国家发改委、卫生部、财政部、人社部、民政部、保监会联合公布《关于开展城乡居民大病保险工作的指导意见》。2012 年 10 月 24 日国务院第 222 次常务会议通过并公布，自 2013 年 3 月 1 日起施行。2012 年 12 月，中国人保集团在香港联交所整体上市。2013 年 3 月，保监会印发《保险公司城乡居民大病保险业务管理暂行办法》，明确大病保险市场准入与退出条件。2013 年 7 月 8 日，全国首个保险公众日启动，保监会将每年 7 月 8 日确定为"全国保险公众宣传日"，每年确定不同的年度宣传主题。2013 年 9 月 29 日中国（上海）自由贸易试验区正式挂牌，太保财险、大众保险成为首批入驻自贸区的企业。2013 年 11 月 6 日国内首家互联网保险公司——众安在线财产保险有限公司正式开业。2014 年 8 月国务院以"顶层设计"形式明确保险业在经济社会中的地位，发布《国务院关于加快发展现代保险服务业的若干意见》（简称新"国十条"），提出到 2020 年，保险深度（保费收入/国内生产总值）要达到 5%，保险密度（保费收入/总人口）要达到 3 500 元/人，基本建成保障全面、功能完善、安全稳健、诚信规范，具有较强服务能力、创新能力和国际竞争力，与我国经济社会发展需求相适应的现代保险服务业，努力由保险大国向保险强国转变。2014 年 9 月，上海人寿获批筹建，未来拟结合自贸区"先行先试"的政策环境试点拓展外币保单等业务，探索产品、服务等方面的创新优势。2014 年 12 月，保险法第二次修正稿已经出台。近年来，随着国民经济的快速发展和法律环境的改变，保险业的发展形势和 2009 年修改《保险法》时相比，已发生了很大的变化，法律规范的缺陷在很大程度上影响了保险工作的开展和保险纠纷的处理，再次对保险法进行修订和完善已势在必行。

2015 年 4 月 24 日，十二届全国人民代表大会常委会第十四次会议表决通过了新修正的《保险法》，并自公布之日起施行。修正后的《保险法》弥补了之前存在的缺陷，能够更好地适应国民经济的快速发展和法制环境的改变，有利于保险工作更加顺利地开展以及保险纠纷得到更加合理的解决。

2018 年，我国原保险保费收入为 38 016. 62 亿元，同比增长 3. 92%。产险业务原保险保费收入为 10 770. 08 亿元，同比增长 9. 51%；寿险业务原保险保费收入为 20 722. 86 亿元，同比下降 3. 41%；健康险业务原保险保费收入为 5 448. 13 亿元，同比增长 24. 12%；意外险业务原保险保费收入为 1 075. 55 亿元，同比增长 19. 33%。产险业务中，交强险原保险保费收入为 2 034. 38 亿元，同比增长 8. 85%；农业保险原保险保费收入为 572. 65 亿元，同比增长 19. 54%。另外，人身险公司未计入保险合同核算的保户投资款和独立账户本年新增交费为 8 286. 58 亿元，同比增长 30. 24%。赔款和给付支出为 12 297. 87 亿元，同比增长 9. 99%。产险业务赔款为 5 897. 32 亿元，同比增长 15. 92%；寿险业务给付为 4 388. 52 亿元，同比下降 4. 07%；健康险业务赔款和给付为 1 744. 34 亿元，同比增长 34. 72%；意外险业务赔款为267.70亿元，同比增长19.68%。资金运用余额为164 088.38亿元，较年初增长9.97%。其中，银行存款为24 363.50亿元，占比14.85%；债券为56 382.97亿元，占比34.36%；股票和证券投资基金为19 219.87亿元，占比11.71%；其他投资为64 122.04亿元，占比39.08%。总资产为183 308.92亿元，较年初增长9.45%。产险公司总资产23 484.85亿元，较年初下降5.92%；人身险公司总资产为146 087.48亿元，较年初增长10.55%；再保险公司总资产为3 649.79亿元，较年初增长15.87%；资产管理公司总资产为557.34亿元，较年初增长13.41%。总净资产为20 154.41亿元，较年初增长6.95%①。

2018年3月，中国保监会与银监会合并成立中国银行保险监督管理委员会（简称中国银保监会），标志着中国金融业从分业监管过渡为部分混业监管。

四、中国保险业的发展趋势

（一）保险市场进一步开放

根据我国加入WTO时的承诺，我国全面取消地域限制和业务范围限制，除外资股比及设立条件外，没有其他限制。自加入WTO以来，我国保险业全面对外开放的格局已基本形成。今后外资保险公司将以多种途径进入中国保险领域，而以直接参股国内保险公司的形式间接进入中国保险领域，是一条便捷、有效的途径。随着世界经济的全球化和一体化，我国保险市场对外开放将得到进一步拓展。

保险业发展离不开全球经济发展，在全球资本不断融合的环境下，保险资金“走出去”已成为必然，开放的力度也会更大。新“国十条”明确支持符合条件的保险公司在境内外上市，提出要推动保险市场进一步对内对外开放，实现“引进来”和“走出去”更好结合，以开放促进改革发展。“引进来”就是要引导外资保险公司将先进的经验和技术植入中国市场。鼓励中资保险公司尝试多形式、多渠道“走出去”，就是要为我国海外企业提供风险保障；支持中资保险公司通过国际资本市场筹集资金，多种渠道进入海外市场；努力扩大保险服务出口；要加快发展境外投资保险，以能源矿产、基础设施、高新技术和先进制造业、农业、林业等为重点支持领域，创新保险品种，扩大承保范围；稳步放开短期出口信用保险市场，进一步增加市场经营主体；积极发展航运保险；拓展保险资金境外投资范围。保险服务业不仅要做大国内市场，还需积极参与境外市场。近年来，保险资金在境外投资跃跃欲试，2013年，中国平安买下伦敦金融城的标志性建筑劳合社大楼；2014年，中国人寿在伦敦花费7.8亿英镑购买当地地标的行为，说明保险资金已经尝试性地往外走。此后，中再集团和泰康人寿等机构相继赴港上市，显示出保险资金积极涉足海外资本市场的决心和信心。

① 数据来源：中国银行保险监督管理委员会官方网站。

（二）中国保险业逐步走向混业经营[①]的道路

中国加入 WTO 以后，实力雄厚的大型跨国金融集团纷纷进入中国市场，以分业经营为特点的中国金融业将直面以混业经营为背景的外国金融集团。中国金融业要想在竞争中取胜，就必须为客户提供多元化的金融服务。尽管中国对金融业实施严格的分业政策，但混业的魅力似乎不可阻挡。当前，发展多元化的金融服务集团成为大中型金融机构的普遍愿望，不同市场主体纷纷抢滩这块“禁土”。2002 年 4 月以寿险为主要业务的中国平安保险（集团）股份公司宣布成立，这标志着平安多年追求的金融控股集团已具雏形。同年 12 月国内第一家金融控股公司——“中信控股”正式挂牌成立，该公司旗下有银行、证券、保险、信托、资产管理、期货、租赁、基金、信用卡等金融企业，能为客户提供全面的金融服务。2019 年修改的《保险法》中财产保险公司可以介入短期健康保险和意外伤害保险业务的规定，实际上已为保险业之间的混业经营提供了法律依据。经济金融的全球化，电子、网络技术的广泛运用，加入 WTO 的挑战以及我国金融保险的创新及市场规模的扩张等，预示着我国金融保险业的混业经营将向纵深发展。

近年来，混业经营趋势愈加明显，保险机构、大型资产管理公司甚至一些实业集团都在进行金融全牌照战略布局，都在力求打造综合金融服务平台。所谓金融全牌照，目前业界并没有明确统一的定义。主要的金融牌照包括银行、保险、证券、信托、租赁、期货、基金等牌照，保险又分为财险、寿险、健康险、养老险等牌照。例如，中国平安集团是目前保险行业中综合金融平台建设较早的企业。再以安邦保险集团为例，2004 年，安邦保险集团最初由财险公司起步。2010 年，安邦人寿开业。同年，安邦财险接收了原瑞福德健康险公司并更名为和谐健康保险公司。2011 年，安邦资产开业，成为我国第十家保险资产管理公司。同年，安邦斥资 50 亿元获得成都农商行 35% 的股权，成为其控股股东。2013 年，安邦人寿与成都农商行联合筹建金融租赁公司获得银监会批准，成为第 22 家金融租赁公司，也是首家农商行设立的金融租赁公司。至此，安邦集团目前已形成全牌照经营的综合性保险集团，拥有财险、寿险、健康险、资产管理、保险销售、保险经纪、银行等多种业务。其间，国寿集团董事长杨明生也明确表示：“将加快实现从保险业务的综合经营，进一步向金融综合经营推进，积极拓展银行、证券、基金、信托等非保险的金融业务领域。”2012 年，国寿以 35% 的持股比例成为中粮期货的第二大股东，成为保险企业入股期货公司首例。2013 年 11 月，国寿安保基金管理有限公司正式挂牌成立。2013 年 12 月，中国人寿电子商务有限公司挂牌，这是国务院《关于促进信息消费扩大内需的若干意见》印发后，保险业第一家正式挂牌成立的电子商务公司。

在混业经营的形势下，不只是保险集团在谋求全牌照，其他金融机构以及一些大型实体企业集团也在谋求金融全牌照。与保险机构布局其他金融牌照相反的是，

① 在国际上，与分业经营相对应称为混业经营；而国内现在一般统称为综合经营。

其他金融机构也在布局保险业，例如，以信达资产、东方资产、华融资产为代表的国有金融机构，在其大金融布局中都有保险业的影子。2009 年，交通银行入股中保康联最终获得监管机构审批通过，开始了银行控股保险公司合作模式的新阶段。之后两年内，建设银行入股太平洋安泰、工商银行入股金盛人寿、农业银行入股嘉和人寿，各大银行通过股权收购方式，拥有了自己的寿险公司。在股权合作的模式下，银行和保险公司合作的稳定性和长期性得到了加强，通过更广泛的资源共享，合作双方的竞争力得以增强，使得未来的盈利基础更为牢固，盈利预期和分润机制更为明确，大大减少了双方的博弈成本，更有利于实现双赢和长远发展。另外，国航、东航、南航、中航工业等均已布局保险业，涉及保险公司分别为中航三星人寿、国泰人寿、阳光保险及中航安盟财险。

由此可见，金融综合化经营、集团化发展，是当今金融业发展的大趋势。金融集团的混业化战略性布局，有利于稳步拓展业务领域，增强为广大客户和投资者提供综合金融服务的能力，推动形成不同业务板块的协同效应和金融综合经营格局，不断增强集团整体竞争力。

（三）中国国有保险公司的体制改革顺利完成

我国国有保险公司近年来效益逐年提高，赢利能力、综合实力大为增强，这都得益于我国国有保险公司体制改革的顺利完成。

2002 年年初召开的全国金融工作会议提出，要“加快国有独资保险公司股份制改革步伐，完善法人治理结构，切实转换经营机制，引进国外先进技术和管理经验，增强经营活力和竞争能力”。在随后召开的全国保险工作会议上，中国保监会又对国有保险公司股份制改革做出了具体安排。2003 年中国保险业的体制改革驶入快车道，其标志是：中国人保、中国人寿和中国再保险三家国有独资公司在 2003 年全部完成重组改制工作。2003 年 11 月 6 日，中国人民财产保险股份有限公司在香港上市，成为第一家在境外上市的国有金融企业，被《国际金融评论》评为 2003 年度“中国股票最佳发行公司”，同时也被《亚洲货币》评为“2003 年度最佳新上市公司”。中国人寿保险股份有限公司也于 2003 年 12 月 17 日和 18 日分别在纽约和香港两地同步上市，创造了当年全球资本市场首次公开发行融资额的最高纪录。2003 年 12 月 22 日，中国再保险（集团）公司、中国财产再保险股份有限公司和中国人寿再保险股份有限公司揭牌，加上此前成立的中国大地财产保险股份有限公司，中国再保险（集团）公司成功搭建起新的公司框架。2007 年 1 月 9 日，中国人寿保险股份有限公司正式在上海证券交易所挂牌上市，成为中国乃至世界第一家分别在纽约、香港、上海三地上市的保险公司。至此，中国国有保险公司的体制改革顺利完成，国有保险公司以崭新的面貌屹立在我国的保险市场上。

（四）保险监管手段将不断创新，保险市场将更加健康有序

加入 WTO、保险市场的对外开放、混业经营的趋势、保险体制的改革、保险经营的多元化和市场化等，都要求构建有效的保险监管制度、创新监管手段，以促使我国保险市场更加健康有序地发展。今后我国保险监管机构将坚持依法、审慎、

公平、透明和效率的原则，加大保险监管和服务的力度，从保护被保险人的合法权益出发，转变监管思路，不断创新监管手段及监管方式。将加强对保险经营行为的现场检查力度；将继续整顿保险市场秩序，加大行业诚信建设、会计信息打假、保险产品信息披露、从业人员市场准入和管理的力度；将对违法违规的保险从业人员和保险公司加大处罚力度；在监管方式上，将逐步从现场监管转向偿付能力监管和现场检查并重，力求最终实现以偿付能力监管为核心的监管方式；将通过多种渠道（通过出版文告，建立网站等方式）提高监管操作的透明度等。

近年来，蔓延全球的国际金融危机，引发了国际社会对全球统一金融监管的反思，加快改革步伐，加强金融保险监管，已成为前一阶段国际金融保险监管领域的主基调。保险监管机关被赋予了国际监管规则参与者的职责。2008 年金融危机发生后，国际金融保险监管领域的改革为我国提供了难得的学习机会和参与国际保险监管规则制定的机遇。保监会根据国际保险监督官协会（IAIS）就启动国际保险监管战略调整工作现状，积极参与工作，研究提出中国监管当局的主张，有力地推动了国际监管规则工作向有利于新兴保险市场发展。2014 年，中国保监会加大“第二代偿付能力”建设的力度，力争在国际监管制度体系中有一席之地，与欧盟《偿付能力 2》和美国《风险资本》监管制度并驾齐驱，相互承认。

未来几年，我国将借鉴国际保险监管改革的有益经验，在进一步完善微观审慎监管的同时，建立宏观审慎保险监管框架，研究运用宏观审慎监管工具，构建系统性风险防范体系；借鉴欧盟《偿付能力 2》和美国《风险资本》监管要求，建立健全符合我国国情的“第二代偿付能力监管制度”体系，完善偿付能力监管额度标准，逐步推行与国际保险监管标准接轨；针对日益明显的金融业综合经营发展趋势，要强化对保险集团公司综合经营风险隔离制度执行的监督，推进并表监管，加强与其他金融监管部门的协调合作。同时，我国还将继续积极参与国际保险监管规则制定，提出具有中国特色的规则体系，不断地提升我国在国际保险组织的地位和影响力，使中国保险监管机构真正成为国际保险监管领域的重要参与方。

（五）现代保险服务业在国民经济中的更高地位

2014 年 8 月国务院以“顶层设计”形式明确保险业在经济社会中的地位，发布《国务院关于加快发展现代保险服务业的若干意见》（简称新“国十条”）。2006 年的“国十条”（简称旧“国十条”），对保险业的发展也曾起到了巨大的推动作用，但在业内看来，它是从保险行业发展的角度制定的。与旧“国十条”不同的是，新“国十条”并不局限于保险业自身的发展，而是要求保险业在国民经济社会发展中承担更大的责任。我国现代保险业将逐步成为政府、企业、居民风险管理和财富管理的基本手段，成为提高保障水平和保障质量的重要渠道，成为政府改进公共服务、加强社会管理的有效工具。新“国十条”的出台，标志着发展现代保险服务业已经从行业意愿上升到国家意愿。可以预期未来我国保险业的发展趋势将会在巨灾保险、农业保险、责任保险、养老保险、健康保险等几个方面得到体现。

巨灾保险制度建立提上日程。巨灾保险在我国也是受到各方面关注的一个问题。在国际上，巨灾商业保险赔款一般占到灾害损失的30%~40%，我国还不到1%。以2014年发生的云南鲁甸地震为例，直接经济损失约63亿元①，保险业灾区捐款达到3 800万元。但与此相比保险估损仅734.5万元，只占0.11%②。对于巨灾保险，新"国十条"明确要求建立巨灾保险基金、巨灾再保险等制度，逐步形成财政支持下的多层次巨灾风险分散机制；鼓励各地根据风险特点，制定巨灾保险法规，建立核保险巨灾责任准备金制度，建立巨灾风险管理数据库。应当说，建立巨灾保险制度是个非常复杂艰巨的工程。新"国十条"在巨灾保险上的布局，标志着国家将保险纳入了灾害事故防范和救助体系，将通过推动巨灾保险立法、制定财政支持框架以及巨灾条款、费率的厘定等举措，进一步推动巨灾保险制度落地实施。

"三农"保险广度和深度不断拓展。我国农业保险已经进入较为成熟和升级的阶段。新"国十条"着眼于对农业保险广度和深度的拓展，提出开展农产品目标价格保险试点，探索天气指数保险等新兴产品和服务，丰富农业保险风险管理工具，降低农业风险，为农业保险产品和服务的创新指明了方向。不仅如此，新"国十条"提出了积极发展农村小额信贷保险、农房保险、农机保险、农业基础设施保险、森林保险，以及农民养老健康保险、农村小额人身保险等普惠保险业务，为"三农"保险未来发展注入了新的动力，提供了新的发展机遇。可以预期，农业保险在更好地为"三农"服务的同时，也将获得更大的发展空间。

责任险化解社会各方矛盾纠纷的作用有望发挥。与欧美发达国家相比，我国责任保险发展仍处于起步阶段，责任险保费收入在全部财产险保费收入中的占比明显偏低。新"国十条"提出发挥责任保险化解矛盾纠纷的功能作用。把与公众利益关系密切的环境污染、食品安全、医疗责任、医疗意外、实习安全、校园安全等领域作为责任保险发展重点，探索开展强制责任保险试点。可以预见，在当下我国面临的空气质量、环境污染、食品安全、医疗纠纷等尖锐的社会矛盾中，加快发展责任保险将成为润滑和化解社会矛盾纠纷的有效途径和可行方式。

保险业将在全民养老和健康方面发挥更大作用。在重点扶持产业上，养老产业将成为重头戏。新"国十条"明确指出，鼓励创新养老保险产品服务，包括2013年和2014年以来讨论激烈已经进行试点的以房养老等，还包括推动个人储蓄性养老保险发展、开展住房反向抵押养老保险试点、发展独生子女家庭保障计划，以及探索对失独老人保障的新模式，等等。在落实政策配套时，新"国十条"一方面提出鼓励政府通过多种方式购买保险服务，另一方面对于具有较强公益性，但市场化运作无法实现盈亏平衡的保险服务，可以由政府给予一定支持。政策的扶持体现在税收与土地供应政策上的倾斜。在税收政策上，将研究完善加快现代保险服务业

① 数据来源：鲁甸县人民政府办公室公众信息网。

② 数据来源：中国保监会云南监管局官方网站公布数据。

发展的税收政策，适时开展个人税收递延型商业养老保险试点，落实和完善企业为职工支付的补充养老保险和补充医疗保险有关企业所得税政策。在社会关注热议的养老产业上，将加强养老产业和健康服务业用地保障，要求各级人民政府要在土地利用总体规划中统筹考虑养老产业、健康服务业发展需要，扩大养老服务设施、健康服务业用地供给，优先保障供应，鼓励符合条件的保险机构等投资兴办养老产业和健康服务业机构。在全民健康方面，鼓励商业健康险产品与基本医疗保险衔接，发展商业性长期护理保险，提供与商业健康保险产品相结合的疾病预防、健康维护、慢性病管理等健康管理服务都将成为新趋势。同时，支持保险机构参与健康服务业产业链整合，设立医疗机构和参与公立医院改制。

总而言之，我国未来保险业的发展趋势和目标是：商业保险逐渐成为社会保障体系的重要支柱，成为个人和家庭商业保障计划的主要承担者，企业发起的养老健康保障计划的重要提供者，社会保险市场化运作的积极参与者。

（六）保险资金投资范围不断扩大

保险资金因其长期、稳定的特性，受到各级政府青睐，正成为各级政府争相吸引的一部分投资资金。保险资金运用范围的扩大是我国未来的一个发展趋势。未来，我国将鼓励保险资金利用债权投资计划、股权投资计划等方式，支持重大基础设施、棚户区改造、城镇化建设等民生工程和国家重大工程；鼓励保险公司通过投资企业股权、债权、基金、资产支持计划等多种形式，在合理管控风险的前提下，为科技型企业、小微企业、战略性新兴产业等发展提供资金支持；鼓励设立不动产、基础设施、养老等专业保险资产管理机构，允许专业保险资产管理机构设立夹层基金、并购基金、不动产基金等私募基金。“新国十条”明确提出，要进一步发挥保险公司的机构投资者作用，为股票市场和债券市场长期稳定发展提供有力支持；要培育另类投资市场，促进保险公司加大对非标资产的配置。

（七）互联网保险的兴起

近年来，国内保险公司都在积极推进互联网业务的发展，相继成立独立的电子商务公司或者电子商务部门。互联网逐渐成为保险业务一个重要的销售渠道。以2018年“双11”为例，当天，淘宝和天猫共售出11.3亿笔消费保险，创下了我国新的纪录[①]。互联网保险具有成本低、信息透明、覆盖广、效率高等天然属性。可以预见，互联网保险的发展将对整个保险行业带来深远的影响和变革。互联网保险在我国的发展已有22年的历史。1997年，我国第一张互联网销售的保险单诞生。经过20余年的努力，我国保险行业已经形成了以官方网站模式、第三方电子商务平台模式、网络兼业代理模式、专业中介代理和专业互联网保险公司模式为主导的互联网保险商业模式。为确保互联网保险业务的健康发展，2011年9月印发的《保险代理、经纪公司互联网保险业务监管办法》明确了准入门槛、业务管理制度

① 田方倬.“双11”消费保险出单创新高，互联网保险引关注［EB/OL］.（2018-11-13）［2021-02-20］. https://www.yicai.com/news/100058056.html.

和操作规程。2013 年 8 月，中国保监会专门发布《关于专业网络保险公司开业验收有关问题通知》，把设立独立的安全信息部门、具有保险业务的全流程的电子商务系统等，作为开业的验收条件。2014 年 8 月，国务院出台《关于加快发展现代保险服务业的若干意见》，明确提出支持保险公司积极运用网络、云计算、大数据、移动互联网等新技术促进保险业销售渠道和服务模式创新。这为我国互联网保险未来的发展指明了方向。2015 年 7 月 22 日，保监会发布《互联网保险业务监管暂行办法》，标志着国内首份针对互联网金融领域的监管文件出台，使得互联网保险业务的推广有了法律上的依据，同时亦为互联网保险监管确立了原则与方向。

目前，互联网销售的保险产品越来越丰富，不仅有传统的意外险、车险等险种，同时也在不断尝试长期的健康险、万能险以及满足互联网产业需要的退货运费险、餐具险等新型的保险产品。我国的互联网保险企业越来越深刻地认识到，真正的互联网保险不仅仅是销售渠道的网络化，更重要的是以互联网思维充分运用大数据、云计算的巨大潜力，对现有保险产品、运营和服务模式进行重构。我国互联网保险作为新生事物，未来有极其广阔的发展空间，也有不可预见的风险和问题。在规范市场、防范风险、加强监督等方面还需要做大量的工作。与保险业成熟发达的国家和地区相比，我国互联网保险还没有形成成熟的理念和模式，很多领域还需要深入探索。未来我国的物联网保险将会在基础设施、监管和相关的法律法规、行业创新以及消费者的信任方面大力发展以促进互联网保险的进一步发展。相信互联网保险发展的良好趋势不仅会给消费者带来更多的选择和更低的交易费用，也会让保险业的发展理念、经营模式和发展路径产生变化。

复习思考题

1. 概念比较：保险密度与保险深度。
2. 简述保险产生的基础。
3. 海上保险是怎样发展起来的？
4. 为什么船舶和货物抵押借款是海上保险的雏形？
5. 英国的劳合社是一个什么样的保险组织？
6. 对火灾保险和人身保险的形成和发展影响重大的事件和人物主要有哪些？
7. 分析世界保险业现状与发展趋势。
8. 简述我国近代保险业的发展历史，分析其发展缓慢的原因。
9. 试述我国保险业的现状与发展趋势。

第四章 保险的类别

内容提示：按照不同的分类方式，保险可分为不同的类别。本章按照保险的性质、保险的实施方式、保险标的和承保方式，对保险的一般分类进行了阐述；简要概述了人身保险的概念、特征及分类，阐述了人身保险的常用条款，并分别就人寿保险、意外伤害保险和健康保险进行介绍。在概述财产保险的基础上，本章分别对财产损失保险、责任保险、信用保证保险和农业保险等主要业务种类进行了分析。

第一节 保险的一般分类

随着社会的进步和保险业的迅速发展，保险领域不断扩大，新的险种层出不穷。为了更好地对保险理论和实务进行研究和分析，按照一定的标准对保险业务进行分类十分必要。根据不同的要求，从不同的角度，对保险有不同的分类。这里介绍几种较常见的分类方法。

一、按保险的性质分类

按保险的性质分类，保险一般分为社会保险和商业保险，与此相关的还有政策性保险。

（一）社会保险

社会保险是指以法律为保证的一种基本社会权利，其职能是以劳动为生的人在暂时或永久丧失劳动能力或劳动机会时，能利用这种权利来维持劳动者及其家属的生活[①]。换言之，社会保险是国家或政府通过立法形式，采取强制手段对劳动者因

① 此定义是本书作者根据1953年在维也纳召开的国际社会保险会议对社会保险的定义修改得出。参见宋国华主编的《保险大辞典》（辽宁人民出版社1989年版）中第546页。

遭遇年老、疾病、生育、伤残、失业和死亡等社会特定风险而暂时或永久失去劳动能力、失去生活来源或中断劳动收入时的基本生活需要提供经济保障的一种制度。其主要项目包括养老保险、医疗保险、失业保险和工伤保险等。在现实生活中，有许多风险是商业保险不能解决的，如大规模的失业、贫困化等问题。这些风险如果得不到保障，就会造成社会动荡，直接影响经济发展，所以只能依靠社会保险的办法来解决。社会保险一般是强制保险。

（二）商业保险

商业保险是指投保人根据合同约定，向保险人支付保险费，保险人对于合同约定的风险所导致的被保险人的财产损失承担赔偿责任，或当被保险人死亡、伤残、疾病、达到合同约定的年龄、期限时承担给付保险金责任的一种制度。商业保险一般是自愿保险。

社会保险与商业保险的区别表现在以下几方面。

（1）实施方式。社会保险一般是以法律或行政法规规定，采取强制方式实施；商业保险的实施主要采取自愿方式。

（2）管理方式。社会保险是维持国民基本生活需要的制度，一般是由政府直接管理或政府的权威职能部门统一管理；商业保险则是保险公司根据投保方的需要和缴费能力所提供的保险，采用商业化管理方式，经营主体只要符合《保险法》的要求并得到国务院保险监督管理机构的批准，就可以经营商业保险业务。

（3）经营目的。国家举办社会保险是以社会安定为宗旨，社会保险不以盈利为经营目的；商业保险的经营主体在为社会提供丰富保险产品的同时，以盈利作为经营的目的。

（4）保障程度。社会保险是政府为解决有关社会问题而对国民实行的一种基本经济保障，具有保障国民最基本生活的特点，保障程度较低；商业保险采取市场经营原则，实行多投多保、少投少保的保险原则，可以提供充分的保障。

（5）保险费负担。社会保险的保险费一般是由国家、单位和个人三方共同负担；商业保险的保险费则是由投保方自己负担。

（6）保障关系。社会保险不遵循对等原则，而是有利于低收入阶层，相对于缴纳的保险费而言，低收入者获得了更高的保障，即社会保险实际上是通过一定方式把高收入者的保障，部分地转移给了低收入者。从这一点看，社会保险起到一定的“转移支付”作用。商业保险遵循的是对等原则，被保险人获得的保障程度取决于其自身缴纳保险费。

（7）保障对象。社会保险主要以劳动者为保障对象；商业保险的保障对象既可以是财产及其有关利益，也可以是人的寿命和身体。

（三）政策性保险

政策性保险是政府为了某种政策目的，委托商业保险公司或成立专门的政策性保险经营机构，运用商业保险的技术来开办的一种保险。如目前我国的出口信用保险就是由专门的出口信用保险公司来经营的。很多国家的农业保险也属于政策性保险业务。政策性保险往往表现出国家对于某些产业的扶持态度。由于政策性保险是国家实现某种政策目的而举办的，体现了公共利益性和公共政策性，决定了政策性保险在经营目标上与一般的商业保险不同，即不以盈利为目标。实际上，很多国家政府都对政策性保险业务采取补贴等方式予以扶持。

二、按保险的实施方式分类

按保险的实施方式分类，我们可以将保险分为自愿保险和强制保险。

（一）自愿保险

自愿保险也称任意保险，是由单位和个人自由决定是否参加保险，保险双方当事人采取自愿方式签订保险合同。自愿保险的保险关系，是当事人之间自由决定、彼此合意后所成立的合同关系。保险人可以根据情况决定是否承保，以什么条件承保。投保人可以自行决定是否投保、向谁投保，也可以自由选择保障范围、保障程度和保险期限等。

（二）强制保险

强制保险一般是法定保险，其保险关系是保险人与投保人以法律、法规等为依据而建立起来的。如为了保障交通事故受害者的利益，很多国家把汽车第三者责任保险规定为强制保险。强制保险具有全面性和统一性的特点，表现在：凡是在法律法规等规定范围内的保险对象，不论是法人或自然人，不管是否愿意，都必须参加保险。实施强制保险通常是为了满足政府某些社会政策、经济政策和公共安全等方面的需要。

三、按保险标的分类

按保险标的分类，保险一般分为财产保险和人身保险。

（一）财产保险

财产保险是以财产及其有关利益为保险标的的保险。按照保险保障范围的不同，财产保险业务可以进一步划分为财产损失保险、责任保险和信用保证保险。

1. 财产损失保险

财产损失保险是狭义的财产保险，它一般是以物质财产为保险标的的保险业务，其种类很多，主要险种包括火灾保险、货物运输保险、运输工具保险、工程保险等。

2. 责任保险

责任保险是以被保险人依法应负的民事损害赔偿责任或经过特别约定的合同责任为保险标的的保险业务。其一般分为公众责任保险、产品责任保险、职业责任保险、雇主责任保险等。

3. 信用保证保险

信用保证保险是以担保为实质、承保信用风险的保险。它是由保险人作为保证人为被保证人向权利人提供担保的一类保险业务。当被保证人的作为或不作为致使权利人遭受经济损失时，保险人承担经济赔偿责任。

(二) 人身保险

人身保险是以人的寿命和身体为保险标的的保险。根据保障的范围，人身保险分为人寿保险、意外伤害保险和健康保险。

1. 人寿保险

人寿保险是以被保险人的寿命为保险标的，以生存和死亡为给付保险金条件的人身保险。人寿保险是人身保险的主要组成部分，被保险人在保险期内死亡或期满生存，都可作为保险事故，即当被保险人在保险期内死亡或达到保险合同约定的年龄、期限时，保险人按照合同约定给付死亡保险金或期满生存保险金。

2. 意外伤害保险

意外伤害保险是当被保险人因遭受意外伤害使其身体残疾或死亡时，保险人依照合同规定给付保险金的人身保险业务。在意外伤害保险中，保险人承保的风险是意外伤害风险，保险人承担赔付责任的条件是被保险人因意外事故造成的残疾或死亡。

3. 健康保险

健康保险是以人的身体作为保险标的，在被保险人因疾病或意外事故产生医疗费用支出或收入损失时，保险人承担赔付责任的一种人身保险业务。

国际上对保险业务有不同的划分方法，多数国家按照精算标准和财务处理原则分为寿险与非寿险。《保险法》第九十五条将保险公司的业务范围分为人身保险业务、财产保险业务和国务院保险监督管理机构批准的与保险有关的其他业务。保险人不得兼营人身保险业务和财产保险业务。但是，经营财产保险业务的保险公司经国务院保险监督管理机构批准，可以经营短期健康保险业务和意外伤害保险业务。因此，法律上已开始允许财产保险公司经营“第三领域”（健康保险和意外伤害保险）的业务。

四、按承保方式分类

按承保方式分类，保险可以分为原保险、再保险、共同保险和重复保险。

(一) 原保险

原保险是指投保人与保险人之间直接签订合同所确立的保险关系。当被保险人在保险期内由于保险事故造成损害时，保险人对被保险人承担赔偿或给付保险金的责任。

(二) 再保险

再保险也称分保，是指保险人将其承担的保险业务，部分转移给其他保险人承担的保险关系。《保险法》第二十八条第一款规定：“保险人将其承担的保险业务，以分保形式部分转移给其他保险人的，为再保险。”分出业务的一方是原保险人，接受业务的一方是再保险人。原保险人转让部分保险业务的动机是避免过度承担风险责任，目的是稳定经营。再保险是保险人之间的一种业务活动，投保人与再保险人之间没有直接的业务关系。因此，《保险法》第二十九条规定：“再保险接受人不得向原保险的投保人要求支付保险费。原保险的被保险人或者受益人，不得向再保险接受人提出赔偿或者给付保险金的请求。再保险分出人不得以再保险接受人未履行再保险责任为由，拒绝履行或者延迟履行其原保险责任。”

原保险与再保险的区别：一是合同主体不同。原保险合同主体一方是保险人，另一方是投保人与被保险人；再保险合同主体的双方均为保险人。二是保险标的不同。原保险合同中的保险标的既可以是财产及其利益、责任和信用，也可以是人的寿命与身体；再保险合同中的保险标的只能是原保险人承保被保险人的保险合同的责任的一部分。三是合同性质不同。原保险合同中的财产保险合同属于补偿性质，人寿保险合同属于给付性质；再保险合同具有补偿性质，再保险人按合同规定对原保险人所支付的赔款或保险金进行分摊。

（三）共同保险

共同保险又称为联合共保，简称共保，是由两个或两个以上的保险人联合直接对同一保险标的、同一保险利益、同一保险事故提供保险保障的方式。共同保险的保险金额总和小于或等于保险标的的价值，发生保险损失时按照保险人各自的承保比例来进行赔款的支付。

共同保险与再保险的区别：在共同保险中，每一个保险人直接面对投保人，风险在各保险人之间被横向分散；在再保险中，投保人直接面对的是原保险人，原保险人又与再保险人发生业务关系，投保人与再保险人之间没有直接的联系，两者通过原保险人发生间接关系，风险在各保险人之间被纵向分散。

（四）重复保险

重复保险是指投保人对同一保险标的、同一保险利益、同一保险事故分别与两个以上保险人订立保险合同，且保险金额总和超过保险价值的保险（《保险法》第五十六条第四款）。由于重复保险可能诱发道德风险，各国一般通过法律形式对重复保险予以限制，在发生保险事故造成保险标的的损失时，通常要求按一定方式在保险人之间进行赔款的分摊计算。重复保险一般仅限于财产保险。

共同保险与重复保险的区别：在共同保险中，若干保险人事先达成协议，联合起来共同承保，投保人与各保险人之间只有一个保险合同；在重复保险中，投保人与各保险人分别签订保险合同，因而存在多个保险合同。

第二节　人身保险

人身保险是以人的寿命和身体为保险标的的保险。人身保险包括人寿保险、意外伤害保险和健康保险。

一、人身保险概述

（一）人身保险的概念

人身保险是以人的寿命和身体为保险标的的保险。

人身保险以被保险人的寿命和身体为保险标的，以被保险人的生（生存、生育）、老（老年）、病（疾病）、死（死亡）、残（残疾）等为保险事故。

（二）人身保险的合同特征

人身保险作为保险的一大类别，具有其独有的特征。

1. 人身保险合同是普通民事合同

人身保险合同与财产保险合同相比较，两者的法律属性不同，其适用的法律也有所区别。财产保险合同大多数为经济合同，其法律关系适用《合同法》进行调整；但是，人身保险合同基本上不具备经济合同的特点：①其一方当事人———保险人为法人，但另一方当事人——投保人既可以是法人，也可以是自然人。②人身保险合同的内容是为被保险人的生活提供保障，而不是为生产、流通等经济行为提供保障。因此，人身保险合同属于普通民事合同，其法律关系的调整适用民事法律规范。

2. 人身保险合同是定额给付性合同

保险标的的性质决定了保险合同的特点。给付性合同是相对于补偿性合同而言的。补偿性合同是指当发生约定的责任事故致使被保险人遭受经济损失时，保险人根据合同约定，遵循损失补偿原则对被保险人的经济损失进行补偿。各种财产保险合同都属于补偿性合同。而给付性合同是指当发生保险合同约定的责任事故或保险期限届满时，由保险人根据合同的约定给付保险金。人身保险合同的标的是人的寿命或身体，没有客观的价值评判标准，在约定事故发生或被保险人生存至合同期满时，保险人只能按照约定的保险金额给付保险金。因此，除医疗保险合同外，人身保险一般都属于定额给付性合同。

3. 人身保险合同是实践合同

实践合同是相对诺成合同而言的。诺成合同是指合同双方当事人就合同的主要内容达成协议时即成立生效的合同。财产保险合同即属于此类，投保方与保险方就保险的主要事项意思表示一致，达成协议，合同即告成立生效，实际交付保险费并不是保险合同成立生效的实质要件。而实践合同是指合同双方当事人不仅协商一致、达成协议，而且还必须交付标的物才能生效的合同。人身保险合同是实践合同，它不仅要求投保人与保险人就保险标的的主要事项意思表示一致，达成协议，而且要求投保人实际交付保险费，合同才能生效。只要交付了保险费，即使尚未出具正式保险单，发生了保险事故，保险人也要赔付保险金；否则，即使签发了保险单，如果投保人没有交付首期保险费或中途停缴（超过宽限期），保险人也不负给付责任。交付保险费是人身保险合同生效的实质要件，因此它是实践合同。

4. 人身保险合同大多是为他人利益订立的合同

为他人利益订立的合同是相对于为订约人利益订立的合同而言的。订约人为自己的利益订立合同，由订约人本人享受合同权利和承担合同规定的义务，这种合同称为为订约人利益订立的合同。为他人利益订立的合同，是指订约人不是为自己或被代理人的利益，而是为他人的利益订立的合同。保险合同的订约人为保险人和投保人。在保险合同中，凡是投保人为自己的利益订立的合同均是为订约人利益订立的合同；否则，就是为他人利益订立的合同。

财产保险合同一般是为订约人利益订立的合同。财产保险的投保人，一般就是被保险人，是被保险财产的所有人、经营管理人或其他对被保险财产具有保险利益的人；投保人是为自身利益与保险人订立合同，保险事故发生时，保险人向被保险人支付赔款。

人身保险合同大多属于为他人利益订立的合同。人身保险合同的投保人和被保险人既可以合二为一，也可以分属不同的人。在被保险人和投保人合二为一的情况下，死亡类保险合同属于为他人利益订立的合同；生存类保险合同属于为订约人的利益订立的合同，例如，投保人为自己投保养老保险。在投保人与被保险人相分离的情况下，如果死亡类保险合同的投保人同时又是受益人，属为订约人利益订立的合同，例如，债权人以债务人为被保险人投保的死亡保险合同；否则，则属为他人利益订立的合同，例如，丈夫以妻子为被保险人投保死亡保险，妻子指定子女为受益人。生存类保险合同一般属于为他人利益订立的合同，如父母为子女投保教育金、婚嫁金保险等。因此，人身保险合同的投保人既可以为自己的利益订立保险合同，也可以为他人的利益订立保险合同，但大多数合同都是为他人利益订立的。

此外，人身保险合同由于其期限的长期性、许多险种给付的绝对性以及采取均衡保费制，因而，人身保险一般具有长期储蓄的特征。

（三）人身保险的分类

1. 按保障范围分类

按保障范围分类，人身保险可划分为人寿保险、意外伤害保险和健康保险。其中，人寿保险是指以人的生存、死亡为保险事故的人身保险；意外伤害保险通常是指被保险人因意外伤害以致残疾或死亡时，保险人按合同约定给付保险金的人身保险；健康保险是指以人的身体为保险标的，在被保险人出现疾病或意外事故导致医疗费用支出或收入损失等情况时，保险人承担赔偿责任的人身保险。此分类方式是人身保险合同最通常的分类方式。

2. 按投保方式分类

按投保方式分类，人身保险可分为个人人身保险和团体人身保险。前者是指以个人为投保人，一张保单承保一个被保险人的人身风险；后者则是指以法人团体为投保人，一张保单承保一个法人团体的全部或大部分成员的人身风险的保险。团体人身保险又可分为团体人寿保险、团体年金保险、团体意外伤害保险和团体健康保险等。

3. 按能否分红分类

按能否分红分类，人身保险可分为分红保险和不分红保险。分红保险是指保险人将其经营成果的一部分每隔一定时期以一定的方式分配给保单持有人。为了保证红利的分配，分红保险的费率一般高于不分红保单。保单持有人所得红利的高低，取决于寿险业务的盈亏，因此不稳定。不分红保险是与分红保险相对应的，保单持有人所获得的保险利益与保险人经营的效益无关，不分享保险人经营的成果。

4. 按风险程度分类

按风险程度分类，人身保险可分为标准体保险和次健体保险。标准体保险承保的被保险人在身体、职业、道德等方面没有明显的缺陷，是可以用正常费率来承保的保险。标准体又称为健康体或强体，大部分人身保险都是标准体保险。次健体保险就是不能用正常费率来承保的人身保险。次健体又称为弱体、非标准体。被保险人的风险程度超过了标准体的风险程度，因而只能用特殊的条件加以承保。

5. 按被保险人的年龄分类

按被保险人的年龄分类，人身保险可分为成年人保险和未成年人保险。成年人保险是指以年龄超过一定的规定（以各国法律规定的成年人年龄为准，我国民法规定 18 周岁以上的公民是成年人），具有完全民事行为能力的人为被保险人的人身保险。成年人保险合同中的被保险人可独立行使保单赋予的一切权利和承担应尽的义务。未成年人保险是指以不具备完全民事行为能力的人为被保险人的人身保险。保单上的一切权利和义务都由未成年人的法定监护人或代理人代理或征得其同意。为了保护未成年人的身心健康和生命安全，消除道德风险因素，各国法律都严格禁止或限制签订未成年人的死亡保险合同。《保险法》第三十三条规定："投保人不得为无民事行为能力人投保以死亡为给付保险金条件的人身保险，保险人也不得承保。父母为其未成年子女投保的人身保险，不受前款规定限制，但是，因被保险人死亡给付的保险金总和不得超过国务院保险监督管理机构规定的限额。"

除上述各种分类以外，人身保险还可以按合同期限的长短分为长期性人身保险、一年期人身保险和短期性人身保险；按被保险人是否体检，人身保险可分为有体检的人身保险和无体检的人身保险等。各种人身保险都有其自身的特点，因此，各种各样的人身保险合同决定了其分类方法的多样性。然而，如何分类并不是我们研究的目的，我们的目的是要通过对人身保险的分类，了解和掌握各类保险合同的特点以及它们之间的区别和联系，并在此基础上研究、设计、组合成各种新的人身保险，以满足人们日益增长的、变化的保险需求。

二、人身保险的常用条款

（一）宽限期条款

宽限期条款的内容是：投保人如没有按时缴纳续期保险费，保险人可给予一定时间的宽限（通常为 31 天，我国保险法规定为 60 天）。在宽限期内，保险合同仍然有效，若保险事故发生，保险人应按规定承担给付保险金的责任，但应从中扣除所欠缴的保险费连同利息。若超过宽限期，仍未缴付保险费，保险合同即告中止。

规定宽限期的目的在于避免合同非故意失效，保全保险人业务。人身保险的投保人在分期缴费方式下，缴纳首期保险费是合同生效的前提，按时缴纳续期保险费是维持合同效力的条件。在长期的缴费期间中，大多数投保人并非故意不按时缴纳保险费，而是因偶尔遗忘或暂时经济困难等客观原因，未能按时缴费，如果保险人不给予一定时间的宽限，必然导致许多合同于中途停效，进而失效终止，这对被保险人而言，会因其客观原因（并非主观愿望）而使保障毁于一旦。因此，宽限期的规定于合同双方都有利无害。

（二）复效条款

复效条款的基本内容是：投保人在停效（保险合同中止）以后的一段时期内，有权申请恢复保单效力，复效是对原合同法律效力的恢复，不改变原合同的各项权利和义务。

复效须经投保人提出复效申请，并与保险人达成复效协议方可。为了防止逆选择，保险人对于申请复效，一般都规定了条件。主要包括：

（1）申请复效的时间。任何民事法律权利，都有时效限制，投保人申请恢复保单效力的权利也应有时效的限制。人身保险合同申请复效的时间一般规定为保险合同中止后的2年或3年内，我国保险法规定为2年，超过了这个期限，就不能复效，保单终止，保险人应按照合同约定支付保单上的现金价值或退还已缴保费。

（2）申请复效应尽告知义务。与申请投保一样，申请复效仍要履行告知义务，提供可保性证明（生存类保险除外），此时只需告知保险人，被保险人在保险合同中止期间和复效当时的健康状况。只要能证明被保险人的健康状况在保险合同中止后未曾恶化，很少有保险人拒绝复效的情况。

（3）复效时，投保人应补缴保险合同中止期间的保险费及利息，但保险人不承担保险合同中止期间发生的保障责任。因为：①从法律上讲，复效是从复效之日起恢复合同的法律效力，并不追溯以往；②从保险原理上讲，保险承保的只能是未发生的不确定事件，保险合同中止期内发生的保险事故属于已发生的确定事件，保险人不能负责；③从保险经营上讲，如果保险人要承担保险合同中止期的保险责任，那么申请复效者则大多是保险合同中止期间保险事故发生了的被保险人，因为这些人为了取得较多的保险金给付，宁愿补缴少量的保费和利息，这显然对保险人的经营不利。

（4）复效时须还清保单上的一切借款或重新办理借款手续。

（三）贷款条款

贷款条款又称为保单贷款条款或保单质押贷款条款。其基本内容为：人身保险合同在保费缴满一定时期后（一般是1年或2年），投保人可凭保单向保险人申请贷款，其贷款的额度连同利息不得超过该保单上的现金价值。如果贷款本息达到保单上现金价值的数额时，合同终止。

保单质押贷款实际上是投保人处置保单的方式之一，其具体做法是：

（1）只有保单上积存有现金价值时，投保人才能申请贷款。保单贷款实际上是投保人以保单上的现金价值为抵押的贷款。保险人在订立合同之初，投入了大量的原始费用，为了尽快收回投入的原始费用，发展新业务，保险人将订立保险合同后最初的 1 年或 2 年内收取的保险费，在扣除了分摊死亡给付后的余额部分，全部用来摊销这些原始费用，因而保单订约后的一两年内保单上没有积存现金价值，在此期限内，投保人不能向保险人申请贷款。

（2）贷款的数目连同截至下一个缴费日为止的贷款利息，不能超过保单在那时用作保证的现金价值。如果贷款本息超过了保单上的现金价值，保险人向保单持有人发出归还贷款期限（一般为 31 天）的通知，届时如还未归还贷款，保险合同即行终止。合同终止后，无论是否发生保险事故，投保人都不能通过偿还贷款本息恢复其效力；合同终止后，保险人须注销保险合同，向投保人或被保险人发出终止合同的书面通知。

（3）保单贷款应按双方约定的利率计算，如果到结息日没有支付利息，该项利息并入贷款数目内一并计息。

（4）贷款期间保险合同为有效合同，在此期间内发生的保险事故，保险人给付保险金；投保人退保，保险人应支付退保金。不过，保险事故的发生或退保的提出，并不免除投保人偿还债务的义务，所以应从保险金或退保金中扣还贷款本息。

规定贷款条款的主要目的是维持保单的继续率，解决投保人暂时资金紧张的困难。

（四）自动垫缴保费贷款条款

自动垫缴保费贷款条款的基本内容是：投保人如在宽限期内尚未缴付保险费，除非投保人有反对声明，保险人可以在保单的现金价值中自动提供贷款，用以抵缴保险费，使合同继续有效，直到累计的贷款本息达到保单上现金价值的数额为止。届时，投保人如再不缴付保险费，保险合同效力即行终止。

此条款的目的与宽限期条款的目的一样，都是防止保单非故意停效，维持保单的有效率，保全保险人的业务。

（五）不丧失价值任选条款

不丧失价值就是保单上的现金价值。不丧失价值任选条款的基本内容是：规定投保人有权在合同有效期内选择有利于自己的方式处置保单上的现金价值。不丧失价值的处置方式通常有：

（1）解约退保，领取退保金。投保人采用这种方式，虽可得到解约退保金，但解约退保后，保险合同终止，被保险人失去保险保障，也可能会因为以后成为不可保体而永远失去保险保障；再者投保人这时在领取退保金时要扣除解约费用，这对投保人而言也是不利的。

解约退保对于保险人而言，更是有弊无利的，因为：①解约退保可能意味着严重的逆选择。众所周知，解约退保者中极少属体弱多病、健康欠佳或从事较危险行业的被保险人。只有那些身体健康者才会解约退保，这就可能导致实际死亡率较预期增大的逆选择现象。②减少保险人的投资收益。解约退保，保险人从其责任准备金中支付退保金，可能影响到保险人的投资规模，降低投资收益率。③影响到保险人费用成本的收回。人身保险合同的初年成本和费用往往超过第 1 年的保费收入，这些费用除了在合同的最初第一年度或第二年度，由修正制责任准备金收回一部分外，其余的要分摊到以后各年度才能收回，投保人的中途退保解约，会使保险人的这部分成本费用难以收回。④解约退保过多会影响到保险人的声誉和形象，失去潜在的投保人。因此，保险人在经营中，如何防止解约为一重大课题，唯有高的合同继续率，才能维持经营的安全。

（2）减额缴清保险。投保人如不愿继续缴纳保险费，可以减额缴清保险的方式处置保单上的现金价值。减额缴清保险就是投保人利用保单上的现金价值将原合同改变为一次缴清保险费的同类保险，改保后，保险期限和保险内容保持不变，只是保险金额比原合同有所减少。“减额”是指保险金额的减少。“缴清”是指保险费交付完毕，即投保人以当时保单上的现金价值作为趸缴保费投保与原合同种类相同的保险。改保后，投保人不再缴付保险费，但所享受的保障程度降低。这种方式适宜于被保险人身体健康状况良好，需要长期保障而又无力缴付保险费的保险合同。

（3）展延定期保险是指投保人利用保单上的现金价值将保险合同改为一次缴清保险费的定期保险，改保后，保险金额不变，只是保险期限要根据保单上的现金价值进行推算。这种方式对被保险人身体健康状况衰退或职业风险有所增加，又无力缴付保险费的保险合同适用。

上述三种方式的共同之处是：①以保单上积存有现金价值为前提；②必须在保险合同有效期内申请；③以当时保单上的现金价值作为趸缴保费（仅限于后两种方式）；④变更或退保时，如有保单贷款或自动垫缴保费贷款均需先扣除贷款本利。

（六）共同灾难条款

共同灾难是指被保险人和第一受益人同死于共同的意外事故。例如，被保险人与第一受益人同死于一次灾难事故。发生共同灾难，可能出现下列三种情形：

（1）明确知道两者死亡的先后顺序；

（2）明确知道两者为同时死亡；

（3）无法知道两者死亡的先后顺序。

就第一种情况，保险金如何处理，较为明确：如果被保险人先于第一受益人死亡，保险金应归第一受益人；如果相反，保险合同应作为无受益人合同处理，保险金归被保险人，由其继承人领取。

然而对于第二、三种情况，则较麻烦，容易引起许多法律上的纠纷，为了避免争端，美国大部分州通过了统一同时死亡法案，该法案认定在第二、三种情况下，第一受益人先死，被保险人后死，在无指定第二受益人的情况下保险金归被保险人所有，如有则归第二受益人。但是，只要稍能证明第一受益人后死于被保险人，此法案就无法运用。因此，为了解决上述复杂的法律关系，保险人设计了共同灾难条款，作为共同灾难发生时，解决保险金归属问题的法律依据。

共同灾难条款规定：只要第一受益人与被保险人同死于一次事故中，不论谁先死，谁后死，还是同时死亡，都认定第一受益人先死，被保险人后死，因此，保险金不是归第二受益人（保单指定有第二受益人情况下），而是归被保险人，由被保险人的继承人享有。共同灾难条款的产生使问题得以简化，避免了许多无谓的纠纷。因而，2009 年我国也明确将共同灾难条款加入第二次修订的《保险法》（第四十二条）中："受益人与被保险人在同一事件中死亡，且不能确定死亡先后顺序的，推定受益人死亡在先。"这一条款在 2015 年《保险法》修正时仍保留。

（七）不可抗辩条款

不可抗辩条款，又称为不否定条款、不可争条款。其基本内容是：在被保险人生存期间，从保险合同生效之日起满一定时间后（通常为两年），保险人将不得以投保人在投保时违反诚信原则，未如实履行告知义务为理由，而主张解除合同。

不可抗辩条款的规定，是为了防止保险人滥用权利，保护投保人的正当权益。根据诚信原则，要求投保人在投保时应据实告知被保险人有关健康的一切情况，如果投保人没有履行告知义务，法律赋予保险人解除合同的权利。如果对此权利不加以限制，会损害投保方的正当权益，其表现是：①如果被保险人在订立合同多年后才主张解除合同，这时被保险人可能由于健康状况的变化而成为不可保体、丧失获得保险保障的机会，也可能这时被保险人年龄较大，重新投保需要缴付较多的保险费；②如果保险事故发生时，保险人借口告知不实，故意为难，拒付保险金，就会使被保险人失去应有的保障。因此，为了保护投保人的正当权益，维持保险人的信誉，产生了此条款。《保险法》第十六条第三款规定，保险人的合同解除权，自保险人知道有解除事由之日起，超过三十日不行使而消灭。自合同成立之日起超过二年的，保险人不得解除合同；发生保险事故的，保险人应当承担赔偿或者给付保险金的责任。

（八）年龄误告条款

年龄误告条款是处理被保险人年龄申报错误的依据。条款的基本内容是：如果投保时，误报了被保险人的年龄，保险合同仍然有效，但应予以更正和调整。如果被保险人的真实年龄已不符合保险合同规定的年龄限制，则保险合同无效，保险人退还投保人已缴的保险费。《保险法》第三十二条规定："投保人申报的被保险人年龄不真实，并且其真实年龄不符合合同约定的年龄限制的，保险人可以解除合同，并按照合同约定退还保险单的现金价值。"根据此规定，被保险人的年龄不符合承保年龄限制而订立的保险合同属于不可抗辩条款的范围。

被保险人年龄误报可能出现两种情况：一是年龄报大了，二是年龄报小了。年龄误报可能导致的结果也有两种：一是实缴保费多于应缴保险，即溢缴保险费；二是实缴保费小于应缴保费。前者如死亡类保险合同的被保险人申报年龄大于真实年龄，后者则是相反的情况。对上述两种情况应分别进行调整。

被保险人年龄误报导致溢缴保费时，其调整方法有两种：

（1）在保险事故发生或期满生存给付保险金时，如果发现了误报年龄，一般应按真实年龄和实际已缴保费调整给付金额。调整公式为：

$$\text{应付保险金} = \text{约定保险金额} \times \frac{\text{实缴保险费}}{\text{应缴保险费}}$$

公式中的实缴保险费是指投保人按错报年龄实际已缴纳的保险费，应缴保险费是按被保险人真实年龄计算应该缴纳的保险费。

（2）在保险合同有效期间，如果发现了被保险人的年龄误报，既可以按前式调整保险金额，也可以退还溢缴保险费。一般地，保险人都按第一种方式调整保险金额，只有在调整后的保险金额超过了保险合同规定的限度时，才运用退还溢缴保险费的方式进行调整。

保险费少缴时一般分两种情况：①在合同有效期间，保险人可要求投保人补齐少缴的保险费；②在保险事故发生时，保险人则只能按实缴保费调整给付金额，调整公式如上。

三、人寿保险

（一）人寿保险的概念

人寿保险是以被保险人的寿命为保险标的，以生存和死亡为给付保险金条件的人身保险。人寿保险是人身保险的主要组成部分，被保险人在保险期内死亡或期满生存，都可以作为保险事故，即当被保险人在保险期内死亡或达到保险合同约定的年龄、期限时，保险人按照合同约定给付死亡保险金或期满生存保险金。

（二）人寿保险的基本形态

1. 死亡保险

死亡保险是以被保险人在保险有效期内死亡或终身死亡为保险金给付条件的人寿保险。保险人承担的基本责任就是被保险人的死亡。死亡保险如果是有期限的为定期死亡保险，不限定期限的为终身死亡保险。

（1）定期死亡保险。

定期死亡保险又称为定期寿险，它提供的是一特定期间的死亡保障。特定期间有两种表示法：以特定的年数表示（如 5 年期死亡保险）和以特定的年龄表示（保至 50 岁）。无论以哪种方法表示期间，只要被保险人在保险有效期内死亡，保险人就给付保险金于受益人；如果被保险人生存至保险期满，保险合同即告终止，保险人既不退还已交保费，也不进行任何给付；如被保险人想继续获得此种保障，必须重新投保。

定期寿险大多期限较短。除长期性定期寿险外，通常它没有现金价值，不具备储蓄因素。其保险费一般只含保障因素和最低限度的附加费开支，不计利息。根据生命表，在一定时期内，死亡概率小于生存概率，被保险人通常都较保险期间活得更久，其保费也较低。然而根据生命规律，越接近晚年，死亡概率增长的速度越快，从而导致保费的快速增长。因此，定期寿险较低的保费所代表的是较少的给付。事实上，由于定期寿险是在期内死亡的给付保险金，显然大多数投保此险种的被保险人在特定期内的死亡概率都较高。另外，定期寿险满期时，被保险人有继续投保或中止的权利，希望继续投保而情愿缴纳高额保费者，显然不健康者居多。基于上述原因，定期寿期存在着较为严重的逆选择，其费率必然也是较高的。

定期寿险适宜于：①在特定的时期间内对被保险人的生命具有合同上权益关系的人投保，以免被保险人在特定期间内死亡使投保人的利益遭受损失；②对家庭负担较重，经济负担能力较差，又有保险需求的人投保。除此之外，偏重死亡保障的人也适宜于投保定期寿险。

（2）终身死亡保险。

终身死亡保险又称为终身寿险，它是一种不定期限的死亡保险。保单签发后，除非应缴的保费不缴，或因解约而早期停效，被保险人在任何时候死亡，保险人都得给付保险金。由于人固有一死，因此终身寿险的给付是必然要发生的，受益人始终会得到一笔保险金。终身寿险属长期性保险，保单都具有现金价值，带有一定储蓄成分，因而适宜于需要终身保障和中位储蓄的人投保。

2. 生存保险

生存保险是以被保险人于保险期满或达到某一年龄时仍然生存为给付条件的一种人寿保险。生存保险的保费可以趸缴，也可以分期缴付。保险金的给付可以一次付清，也可以分期给付。因此生存保险有两种形态：单纯的生存保险和年金保险。

（1）单纯的生存保险。

单纯的生存保险与定期死亡保险恰好相反，在单纯的生存保险中，保险金的给付是以被保险人在期满时生存为条件，如果被保险人中途死亡，保险人既不给付保险金，也不退还已交的保费。这种纯粹的生存保险如果不加以限制，就会使不幸者更加不幸，有利者更加有利，最后可能导致与赌博性质差不多的结果，因而在现实业务中一般不以单纯的生存保险作为单独的保险形式推行，而是附加死亡保险和其他人身保险。如我国目前开办的独生子女保险以及子女教育婚嫁保险等，都是以生存保险作为基本险而附加了死亡或意外伤害保险。

（2）年金保险。

年金保险是在被保险人生存期间，按合同的规定，每隔一定的周期支付一定的保险金于被保险人的一种生存保险。简言之，以年金的方式支付保险金的生存保险就是年金保险。

习惯上，人们常把年金保险称为年金，实际上两者是不同的。年金是个大概念，年金保险只是年金的一种，年金的收付有确定的期间，与收付人的生命无关；年金保险的给付期则取决于被保险人的生命因素，人的生死是事先不能预料的偶然事件，因而其给付期是不确定的。为了区别两者，我们一般称前者为确定年金，后者为不确定年金。

在年金保险中，领取年金额的人为年金受领人，保险人定期给付的金额为年金领取额（或年金收入），投保人交付的保费又叫年金购进额（或年金现价）。

年金保险的特点主要有：①年金保险是生存保险的特殊形态，其特殊之处在于保险金的给付采取了年金方式，而非一次性给付。②年金保险保单上仍有现金价值。其现金价值与普通生存保险保单上的现金价值一样，随保单年度的增加而增加，至缴费期结束（而非保险期满）时，现金价值为最高。③年金保险的保险期间包括缴费期和给付期（有的包括等待期）。缴费期是指年金保险的投保人分次交纳（年金现价）保费的期间，给付期是指保险人整个给付年金额的期间。无论以何种方式交付，必须缴清全部保费后，才能进入年金的领取期。

年金保险最通常的用途就是提供老年生活保障和作为子女教育基金。

3. 两全保险

两全保险又称为混合保险、储蓄保险、养老保险，它是被保险人无论在保险期内死亡还是生存至期满，保险人都给付保险金的一种人寿保险。两全保险都规定有期间，仍以特定的年数和特定的年龄来表示。人非生即死，被保险人不是在保险期内死亡，就是生存至期满，因此，与终身寿险相似，受益人始终会得到一笔保险金。

两全保险具有如下特点：

（1）两全保险是寿险业务中承保责任最全面的一个险种。它不仅可以保障被保险人由于生存而引起的收支失衡的需要，而且可以排除由于本人死亡给家庭经济生活带来的困难或与其有经济利害关系的人的经济影响的后顾之忧，它是生存保险和死亡保险结合的产物。因而，从精算角度来讲，两全保险的保费等于定期寿险与生存保险两者保费之和。

（2）费率最高。在定期死亡保险和生存保险中，保险人承担的责任要么是死亡，要么是生存。因此，保险金的给付也存在两种可能：或给付或不给付。两全保险则既保生存又保死亡，且一旦投保，给付就必然发生。因此，除了长期的两全保险与终身寿险的费率差不多外，短期两全保险比其他寿险的费率高很多，不适宜于经济负担能力差的人投保。

（3）两全保险的保费当中，既有保障的因素，又有储蓄的因素，而且储蓄因素占主要。保费中储蓄因素的多少与保险期限的长短密切相关，保险期限长的，保费当中储蓄所占的比重小，保险期限短的，储蓄所占的比重大。

（4）两全保险的保额分为危险保额（或保障保额）和储蓄保额。危险保额随保单年度的增加而减少直至期满消失；储蓄保额则随保单年度的增加而增加，到期满全部为储蓄，即“保障递减，储蓄递增”。因此，只有需要低度保障、高度储蓄的人才适宜于投保两全保险。

基于两全保险高度的储蓄性，投保人常将其用于：①教育基金，这是两全保险最普遍的用途之一。通常在此种情况下，附有保费支付者条款，即支付保费者（通常为双亲）如果在缴费期内死亡，可免缴以后的保费而保单继续有效的条款。②老年退休基金，这是两全保险的另一个普遍用途，就是提供老年退休时所需的资金。在此种情况下，其保险期间通常至退休年龄为止，到退休时可获大笔保险金供老年生活所需。从此意义而言，两全保险又称为养老保险。

（三）寿险形态的发展

为了满足人们对特定的各种不同的保险需求、增强寿险产品的竞争能力，保险公司可对寿险的基本形态进行修订和组合或增加其功能，形成内容更为复杂的现代寿险品种。这些产品与传统产品相比较，其通常具有投资功能，被称为投资连结产品，或称为投资理财类保险产品。其主要种类有变额人寿保险、万能人寿保险和变额万能人寿保险。

1. 变额人寿保险

变额人寿保险简称变额寿险，它是一种保额随其保费分离账户的投资收益的变化而变化的终身寿险，于20世纪70年代在美国寿险市场上出现。这种产品可有效抵消通货膨胀给寿险带来的不利影响。变额寿险在各国和各地区的称谓有所不同。英国称其为单位基金连结产品，加拿大称其为权益连结产品，美国称其为变额人寿保险，我国和新加坡称其为投资连结保险，如中国平安保险公司销售的“平安世纪理财投资连结保险”，但需注意的是，该保险产品为定期寿险。

变额寿险在许多方面与传统终身寿险类似。保费仍然为均衡保费，如投保人没缴纳保费，保单就会失效；也可对保单进行某种方式的选择，如可以选择减额缴清保险或展期保险；失效的保单可按复效条款进行复效。

变额寿险有分红型和不分红型两种。由于其利差益扣除投资管理费用后，用于增加保单的现金价值，所以分红型的变额寿险其红利来源为死差益和费差益两部分。

变额人寿保险通常具有以下特点：①保费是固定的，但保单的保险金额在保证一个最低限额的条件下，是可以变动的。②变额寿险通常开立有分离账户，在将保费减去费用及死亡给付分摊额后被存入投资账户。保险人根据资产运用状况，对投资账户的资产组合不断进行调整；保单所有人也可以在各种投资产品中自由选择调整组合。③保单的现金价值随着保险人投资组合和投资业绩的状况而变动，某一时刻保单的现金价值决定于该时刻、该险种的保费投资账户资产的市场价值。

在该种保单的死亡给付中，一部分是保单约定的固定的最低死亡给付额，另一部分是其分离账户的投资收益额。

2. 万能人寿保险

万能人寿保险简称万能寿险。它是为了满足那些要求保费支出较低且方式灵活的寿险消费者的需求而设计的，最早于1979年在美国寿险市场出现。万能寿险的保费缴纳方式很灵活，保险金额也可以调整。投保人在缴纳首期保费后可选择在任何时候缴纳任何数量的保费，只要保单的现金价值足以支付保单的相关费用，有时可以不用缴纳保费。投保人还可以在具有可保性的前提下，提高保额或降低保额。

万能寿险的基本做法是：从投保人缴纳的首期保费中，扣除首期的各种费用、死亡给付分摊、附加优惠条件的费用后的剩余部分为保单最初的现金价值。该部分价值按新投资率计息累积到期末，成为期末现金价值，同时也是下一周期的期初价值额。在第二周期，投保人根据自己的情况缴纳或不缴纳保费，若该周期的期初价值额足以支付第二期的费用及死亡给付分摊额，投保人就不用缴费；若现金价值额不足，投保人缴纳的保费不够，则保单会因此而失效。若投保人在第二期期初缴纳了保费，则第二期的期初现金价值额为上期末现金价值加第二期保费减去费用和死亡给付额。第二期的期初现金价值额按新的投资利率累积到期末，成为第二期的期末现金价值额。该过程不断重复，一旦其保单的现金价值额不足以支付保单的死亡给付分摊和费用，又未有新的保费缴纳，则保单失效。

万能寿险和其他寿险相比较，有以下一些特点：

（1）死亡给付模式的可选择性。万能寿险为投保人提供了两种可供选择的给付模式（通常称为 A 方式和 B 方式）。其中，A 方式的死亡保险金等于保险金额与现金价值两者较大者；B 方式的死亡保险金等于保险金额与现金价值之和。

（2）保费交纳方式的灵活性。万能寿险的保单持有人可在保险公司规定的幅度内，选择任何一个数额，在任何时候交纳保费。通常情况下，保险人规定的首期保费较高，以支付足够的费用和死亡给付，同时也为了避免保单由于对保费缴纳没有严格的限制而造成的过早终止。有时，保险人按保单签订时投保人的意愿建立目标缴费额，按照缴费目标进行开支计划，利用银行自动划拨的方式引导投保人缴费。有些保险人在保单中列入了基于缴纳最低保费时保单不失效条款，即在此条款下，即使保单已无现金价值，只要投保人缴纳年保单规定的最低保费，保单就继续有效。

（3）现金价值的特殊性。万能寿险的现金价值为保费扣除各种分摊额后的累积价值。保单通常都规定一个最低的现金价值累积利率，通常为 4% 或 5%，在长期累积下，保单所有者仍有较大的收益。有的保险人提供滚动式利率，如外界的某一移动平均利率（如 5 年期国债利率）为最低利率；也有的保险人的万能寿险保单的利率基于其投资利率或投资组合收益率。

3. 变额万能人寿保险

变额万能人寿保险简称变额万能寿险。它是针对将寿险保单的现金价值视为投资的保单所有人设计的。变额万能寿险遵循万能寿险的保费缴纳方式，而其投保人也可以根据规定和自己意愿降低保单保额，或在具备可保性的条件下，提高保额；但其资产由分离账户保存，其现金价值的变化与变额寿险相同，且没有现金价值的最低承诺。因此，该类寿险是缴费灵活的万能寿险和投资灵活的变额寿险相结合的寿险。

变额万能寿险的投资与变额寿险一样，是多种投资基金的集合。保单所有人可以在一定时期内将其现金价值从一个账户转移到另一个账户。但其死亡给付采取与万能寿险相同的方式。在 B 方式下，死亡给付随投资资产价值的大小不同而不同；在 A 方式下，为均衡死亡给付额，投资收益的大小只反映保单的现金价值。

在变额万能寿险中，保单所有人承担了保险人管理的投资账户上资产的投资风险。当投资账户的投资收益减少，保单的现金价值可能减少为零，若没有足够的保费缴纳，保单可能会失效。但是，保单的分离账户与保险公司的一般账户的资产分开，可以增加分离账户的变额万能寿险的保单所有人的安全性。

变额万能寿险与传统的保险产品完全不同，具有很强的投资功能，因此，在国外对其最高保额有限制，以区别于其他的金融投资工具；否则，将得不到税收上的优惠。此类保险为高级投资连结产品。

四、意外伤害保险

（一）意外伤害保险的概念和特征

1. 意外伤害保险的概念

从法医学的观点来看，伤害仅仅是指客观外因导致的各种伤害，而不包括人体内部疾病导致的伤害。保险公司在实际业务中承保的伤害基本上沿用了法医学上所称的伤害，但有时也对其外延加以扩大（如中毒等）。

意外是指伤害发生时被保险人事先没有预见到或伤害的发生非被保险人的主观愿望，或伤害的发生对被保险人而言突然出现，即意外事件的发生必须具备非本意、外来、突然这三要素。此三要素互相统一，互相联系，缺一都不能构成意外事件。三要素中尤其以非本意的偶然为核心，外来、突然仅仅是对非本意的限定。现将三要素的含义分别解释如下：

（1）非本意是指意外事件的发生非被保险人的主观愿望，也不是被保险人所能预见的。例如，一架正常航行的飞机因机械失灵坠毁发生空难，这种结果违背乘客乘坐飞机的主观愿望，也不是乘客在搭乘飞机时能够预见的，故属于意外事件。

特别是有的意外事件，尽管本人能够预见到事件将要发生，也可以采取防范措施加以避免，但基于法律的规范或属守职业道德不能躲避。例如，一银行职工面对持刀抢钱的歹徒为保护国家财产挺身与歹徒搏斗受伤，仍属于意外事件导致的伤害。

（2）“外来”一词是强调与前述法医学定义伤害的含义保持一致，即出现意外事件的原因是由被保险人身体外部的因素所引起的。例如，车祸、摔伤、食物中毒等，只要是人体以外的因素导致的事件均视为意外。

（3）突然是指事件的发生对被保险人来讲来不及预防，即指事件发生的原因和结果之间仅具有直接瞬间的关系。例如，爆炸、飞机失事、空中坠落物体等引起的人身伤亡均属于意外。但在生产劳动中发生的铅中毒和硅肺，尽管也属于非本意、外来的因素所造成的，但由于上述两种情况均属于长期接触有毒物质而形成的职业病，结果和原因之间不具有瞬时联系，故不属于意外事件。

值得注意的是，有些事件造成的结果不一定立即显示，即由于伤害后发生继发症所致，而对人体的损伤却是外来剧烈因素所造成的，亦可称为意外事件。例如，发生坠落以致出现内出血，虽然当时没有发现，后来因内伤致死也可作为意外事件。

综上所述，所谓意外伤害是指由于外来的、剧烈的、突然的事故所造成的人身伤害。它包括意外和伤害两个必要条件。例如，爆炸、倒塌、烫灼、碰撞、扭折、雷击、触电、中暑、冻伤、淹溺、窒息、急性中毒、坠跌、被人兽袭击、车船飞机失事以及劳动操作使用机器时发生的工伤事故等。

意外伤害保险可定义为：当被保险人因遭受意外伤害使其身体残疾或死亡时，保险人依照合同规定给付保险金的人身保险。在意外伤害保险中，保险人承保的风险是意外伤害风险，保险人承担责任的条件是被保险人发生意外事故导致残疾和死亡。

2. 意外伤害保险的特征

意外伤害保险的特征可以从它与人寿保险的比较中得出，意外伤害保险和人寿保险两者都是采取定额保险的形式，即在投保时，由投保人和保险人约定一定数额，作为保险金额，当保险事故发生时，由保险人依照保险金额承担给付责任；在保险合同主体方面，两者的投保人与被保险人可以是同一人，亦可以不是同一人，两者都可以指定受益人。它们的区别主要表现为：

（1）就可保风险而言，人寿保险承保的是人的生死、死亡给付、养老金的领取、满期领取等，属人体新陈代谢的自然规律，与人的年龄大小密切相关；而意外伤害保险承保的则是由于外来的、剧烈的、突然的事故对人体造成的伤害而致残疾或死亡，对每个人来说，无论年龄大小如何，其危险程度是大体相同的，因此其风险的发生与年龄关系不大，而与被保险人从事的职业与生活环境密切相关。

（2）就费率制定而言，人寿保险在厘定费率时按人的生死概率，选择不同的生命表进行计算；而意外伤害保险费率的厘定则是根据过去各种意外伤害事件发生概率的经验统计计算，比较注重职业危险。不同的职业，发生意外伤害事故的概率不同，因此，其费率的大小也不同。

（3）就责任准备金提取来看，人寿保险一般均属长期性业务，保险人收取的保费是按均衡办法计算的。照这种计算模式，其保费一部分是作为当年死亡给付的危险保费，另一部分则是专门积存起来作为将来的死亡给付或期满给付的储蓄保险费。储蓄保费连同其按复利方式所产生的利息构成人寿保险的责任准备金，以保证将来履行保险责任。而意外伤害保险其保险期限最长一般为 1 年，属短期性业务，责任准备金的提取是从当年自留保险费中提取未到期责任准备金。

此外，意外伤害保险还具有季节性、灵活性较强以及短期性的特点。就季节性来看，春秋季节，相对而言是旅游人身意外伤害保险的旺季；炎热的夏季，游泳池人身意外伤害保险必然集中。就出险的概率而言，台风季节，轮船事故导致的人身意外伤害相对较多；寒冬腊月，北国冰封，导致跌倒摔伤的人身意外伤害相对较多。就其灵活性来看，实际业务中，许多意外伤害保险保单的订立，大多数是经当事人双方签订协议书，双方协商一致约定一个最高限额，作为保险金额，保险责任范围也显得相对灵活。就其期限来看，意外伤害保险除最长的保险期限为 1 年以外，多数意外伤害保险的期限均属于较短时间，如乘坐火车、轮船、飞机等各种运输工具的旅客，其参加的旅客意外伤害保险，保险期限为一次旅程；游泳池人身意外伤害保险，其保期只限定为一个场次对应的时间。

（二）意外伤害保险的保险责任及给付方式

1. 意外伤害保险的保险责任

意外伤害保险的保险责任是指在保险期限内，当被保险人因遭受意外伤害而造成死亡或残疾，由保险人履行全部或部分保险金的给付。意外伤害保险的保险责任范围分为两大类：一是由意外伤害造成的死亡，其对应给付的保险金为死亡保险金；二是由意外伤害造成的残疾（全部残疾或部分残疾），其对应给付的保险金为残疾保险金。

2. 保险人承担责任的条件

在意外伤害保险中保险人承担责任的条件包括：

（1）在保险有效期内被保险人发生意外伤害事故；

（2）在责任期限内被保险人残疾或死亡；

（3）被保险人的残疾或死亡与意外事故之间存在因果关系。

3. 关于责任期限的规定

责任期限是意外伤害保险特有的概念。它是指自被保险人遭受意外伤害之日起的一定时间期限（如90天、180天、1年），有时亦称观察期。意外伤害保险中有关责任期限的规定，是指被保险人在自遭受意外伤害起多长时间内造成死亡或残疾才构成保险责任。如被保险人先受到伤害，然后导致死亡。这种以伤害为直接原因的被保险人死亡，必须发生于伤害之日起的180天之内。在这种情况下，即使被保险人死亡时间已超出保险期限，保险方仍应承担死亡保险的给付。

特别来讲，在意外伤害保险中，意外伤害事件可能导致被保险人失踪，为了维护投保方的利益，投保人可以在意外伤害保险条款中附失踪条款或在保单中注明有关失踪的特别约定，保险效力应继续到宣告死亡之日，而不受保险期限的约束。

对于意外伤害造成的残疾，所谓责任期限实际上是确定残疾程度的时间界限，当被保险人遭受意外伤害后，往往需要经过一段时间的治疗，才能确定是否造成残疾以及造成何种程度的残疾。如被保险人在保险期限内遭受意外伤害，责任期限尚未结束，治疗过程已终结且被确定为残疾时，保险方应当根据已确定的残疾程度给付残疾保险金。但若被保险人在保险期限内遭受意外伤害，且责任期限结束时治疗过程尚未终结，那么无论被保险人的组织残缺或器官机能的丧失程度将来如何，都应当推定责任期限结束时这一时刻，如果被保险人的残疾程度是永久性的，应据以给付残疾保险金。之后，无论被保险人残疾的程度是减轻或加重，保险人均不再承担残疾保险金的追偿或给付。

4. 意外伤害保险的给付

如前所述，意外伤害保险合同属定额保险合同，所以，当发生保险事件后，保险人是按定额保险合同的方式承担保险责任的。意外伤害保险的保险责任不外乎是死亡保险金和残疾保险金的给付，其中残疾保险金的给付较为复杂。现分别介绍如下：

（1）死亡保险金的给付。一般意外伤害保险条款中，均应明确规定死亡保险金的数额或死亡保险金占保额的比例。例如，规定被保险人因意外伤害死亡时给付保险金额 5 000 元，10 000 元或规定被保险人因意外伤害死亡时给付保险金额全数的 100%、80%、50%等。

（2）残疾保险金的给付。残疾保险金的给付较死亡保险金的给付更为复杂，因此在处理上一定要慎重。在意外伤害保险的合同中，均以“永久完全失明”“永久完全残疾”或“局部永久残疾”作为确定残疾保险金的依据。所谓“永久完全失明”，是指永久不能恢复的失明；“永久完全残疾”是指人体完全丧失生理机能或身体功能状态；“局部永久残疾”是指机体一部分（目、耳、鼻或其他机体）处于丧失工作能力或生活能力的状态。

残疾保险金的给付金额是由保险金额和残疾程度两个因素确定的，残疾程度是指人体永久完全丧失生理机能或身体功能状态的程度，通常用百分比表示。残疾保险金的给付金额的计算公式为：

$$\text{残疾保险金} = \text{保险金额} \times \text{残疾程度百分比}$$

可见，一份意外伤害保险合同，在保险金额一定的情况下，发生意外伤害事件后，依照残疾程度的高低，我们可以很方便地计算出残疾保险金。

五、健康保险

（一）健康保险的概念和特征

1. 健康保险的概念

健康保险是为人类健康提供保障的保险。这是以人的身体作为保险标的，在被保险人因疾病或意外事故产生的医疗费用支出或收入损失时，保险人承担赔偿责任的一种人身保险。从上述定义可知：

（1）健康保险是人身保险的一大分类，它保障的事故包括意外伤害和疾病两种。意外伤害和疾病两者发生的原因和性质是不同的。意外伤害是指突发的、非预期的、身体外部原因造成的；疾病的发生是由身体内在原因间接引起的，虽然疾病多起因于外来原因，但必须于身体内部经一定时间的酝酿，才形成疾病。健康保险将这两者作为其保险事故。

（2）健康保险的责任是承担意外事故或疾病导致的医疗费用或收入损失。在保险给付处理上，意外事故导致的给付与疾病导致的给付有所不同，前者较后者更宽大。这是由于伤害事故发生是较为确定的，如四肢残缺、失明、死亡等，甚为明显；疾病则不然，它可能存在一部分或全部的心理因素，疾病的发生、持续或其严重性，也可能存在较大的道德风险。在疾病发生中，小疾大医，一人保险全家受益的情况也时有发生，因此对疾病的给付必须审慎。

2. 健康保险的特征

健康保险和意外伤害保险同属于短期性保险。它们在基本情况下具有共同的特征，国外则将两者归类为非寿险，在保险期限、保险事故、保费计算及要素、责任准备金的性质等方面，两者共同区别于人寿保险。这里仅将健康保险和意外伤害保险进行比较，以进一步认识健康保险。

（1）保险责任不同。健康保险和意外伤害保险都将意外伤害作为保险事故，但两者的责任范围不同。意外伤害保险的责任限于被保险人因意外事故造成的死亡或残疾，而健康保险则承担因意外事故造成的医疗费用或收入损失的赔偿责任。例如，某被保险人发生车祸受伤住院治疗后残疾，如果此人投保的是意外伤害保险，保险人只承担残疾给付而不负责赔偿医疗费用；如果此人投保的是健康保险，保险人则承担受伤住院的医疗费用和住院期间以及残疾后不能工作的收入损失的赔偿（具体责任视健康保险的险种不同而不同）。

（2）合同性质不同。意外伤害保险大多是定额给付，属给付性合同，保险事故发生后，保险人按合同约定的金额进行给付。健康保险合同大多属于补偿性合同，其保险金的给付基础有定额给付（类似于寿险和意外伤害保险）、实际补偿（按实际所发生的费用给付，但有最高额的限制）和预付服务（由保险人直接支付医疗费用）。

因此，在健康保险中，存在着重复保险和代位追偿的问题。如果保险事故是由第三方责任引起的，保险人既可以在给付了保险金后，要求被保险人将向第三方追偿的权力转交给保险人，也可以在第三方进行了赔偿后，不予给付或补足差额（限于补偿性的健康保险合同）。如果存在着重复保险，保险人也应按重复保险下的赔偿方式进行给付。

（二）健康保险的种类

健康保险主要有医疗保险和收入损失保险两大类。

1. 医疗保险

医疗保险又称为医疗费用保险，是健康保险的一大险种。医疗费用保险是指被保险人因意外事故或疾病所需的医疗费用由保险人进行补偿的健康保险。医疗保险既可以单独承保，也可以附加于人寿保险和意外伤害保险。例如，我国中小学生的平安险中附加了医疗费用保险。

在医疗保险中，保险事故为意外事故和疾病，保险人的责任为负责被保险人支出的医疗费用补偿。医疗费用是被保险人在医疗机构接受各种医治而发生的费用，如医疗费、手术费、住院费、护理费、医院设备费等。按医疗服务的特性划分可将医疗费划分为：门诊费、药费、住院费、护理费、医院杂费、手术费用、各种检查费用等。不同的健康保险单保障的项目不同。

在医疗费用保险中，为了防止逆选择、控制成本，通常有下列规定：

（1）观察期，又称为试保期间。为了防止预有疾病（带病投保）的存在，在医疗费用保险中一般都有观察期的规定。观察期是指从保险合同生效日开始后的一定时期内（一般为半年），被保险人疾病导致的医疗费用，保险人不承担责任，观察期过后，保险人才承担责任；但观察期内意外事故导致的医疗费用仍在保险人的责任范围内，保险人应承担给付保险金的责任。观察期的规定同样适用于后面所讲的收入损失保险。

（2）免赔额。为了避免小额的经常性的医疗费用赔款的支出，节省费用，医疗保险一般都有免赔额的规定，即只有被保险人的实际医疗费用超过一定的额度时，保险人才开始给付。医疗费用保险一般采取绝对免赔额的赔款方式。

（3）保险限额。医疗保险的赔偿总限额是合同上约定的保险金额。除此之外，医疗保险对单项医疗费用也规定了限额。其内容主要是：①规定住院费用的给付限额，包括每天的给付限额和住院天数的限制。②规定外科手术费用的给付限额。对于外科手术费用，在医疗保单中常列表规定各项手术的给付限额，此表被称为外科费用表。③规定每次门诊费用的给付限额。医疗费用保险对每次门诊的医疗费用规定给付限额，并要规定给付门诊的次数。大额的医疗费用保险还对一定时期内的总的医疗费用给付实行限额控制，如每年的医疗费 1 000 元，超过 1 000 元的部分自负。④规定各种疾病的给付限额，即对每种疾病的医疗费用（包括门诊、住院、手术等费）规定一个给付限额。

（4）共保条款。大多数大额医疗费用保险都有共保条款。共保条款的内容是：被保险人要按一定的比例自负一定的医疗费用，如共保比例为 80%，意指被保险人自负 20%的医疗费用，其余 80%由保险人赔偿。如果同一张保单既有免赔额又有共保比例，一般是超过免赔额部分的医疗费用按共保比例给付。共保条款的运用目的在于促使被保险人在发生意外事故或生病时，只支出必要合理的医疗费用，这是保险人控制成本的手段。

（5）除外责任。医疗费用保险都有除外责任的规定，不同的保险具体的除外责任有所差异。但总体说来，医疗费用保险的除外责任包括：①被保险人在投保前患有的疾病不属于保险责任；②战争或战争行为；③自我伤害，不论被保险人精神正常与否，自我伤害均属于除外责任；④各种整容外科手术、牙科治疗、视听检查及眼镜、助听器、怀孕及产科费用；⑤其他社会保险支付的医疗费用。

2. 收入损失保险

收入损失保险又称为工作能力丧失收入保险或收入保障保险。收入损失保险是指在保险合同有效期内，如果被保险人因意外事故或疾病丧失工作能力以致不能获得正常收入或收入减少时，由保险人分期给付保险金的一种健康保险。

在收入损失保险中，保险人承担的责任事故仍旧是意外事故和疾病，保险人的责任是被保险人因保险事故造成的收入丧失或减少。

收入损失保险中的常见规定有：

（1）保险对象。收入损失保险对被保险人的规定一般是：①要有正当职业，而且工作能力丧失时，必须是收入中断；②年龄一般不得低于 18 岁，最高不得大于 55 岁或 60 岁。

（2）试保期间。试保期间是指被保险人在投保开始后的一定时期内，因疾病所导致的收入损失，保险人不承担给付责任。

（3）免责期间。免责期间又称为等待期间，通常是指被保险人于工作能力丧失开始日后的一定时间内（通常在 7~365 天），保险人不负给付责任，待免责期结束后，保险人才视被保险人丧失工作能力的情况，给付保险金。免责期间规定的目的是：①观察被保险人丧失工作能力的持续状态，以判定是否为全部或部分工作能力丧失。②消除许多短暂的完全丧失工作能力的收入保险金给付。

（4）给付期限。在收入损失保险中，给付期限是指保险人对于不能正常工作或需要治疗的被保险人负责给付停工收入损失保险金的最长时间，一般规定为90天、180天、360天等。当被保险人因疾病或意外事故不能工作或需治疗时，保险人按日或按周定额给付收入损失保险金，给付的日数或周数以给付期限为限。给付期限结束时，即使被保险人仍不能工作或仍需治疗保险人也不再负责。给付期限自给付收入损失保险金开始时起算。

（5）除外责任。收入损失保险的除外责任与医疗保险的除外责任差不多，参见前述内容。

（6）附加特约。在收入损失保险中，保险人可采用附加特约的形式增加合同责任或调整合同的某些内容。附加特约的内容包括：①免缴保险费。②双倍保险金给付。③按生活费用变化调整保险金。上述三种特约附加的内容与人寿保险合同中的这些附加特约相同。④意外死亡和致残的一次性保险金给付的责任。这种特约附加中，一般规定意外死亡的一次性保险金给付金额不超过完全丧失工作能力的月收入的保险金的200倍，如完全丧失工作能力的月收入保险金为200元，则意外死亡的附加一次给付的保险金为40 000元以下。意外致残的一次性保险金给付金额为完全丧失工作能力月收入保险金的几倍（半残）或24倍（全残）。⑤没有造成丧失工作能力的意外伤害按伤残程度给付一定数额的保险金，并报销其医疗费用。

收入损失保险的给付有定额给付或按收入比例给付两种方式。其给付的额度视丧失工作能力的程度而定。

（1）定额给付是指不论被保险人丧失工作能力前的收入如何，只要丧失工作能力，就视丧失工作能力的程度，按合同约定的额度分期给付保险金。例如，合同规定全部工作能力丧失，每月给付200元收入损失保险金，某被保险人事故发生前月收入为1 500元，保险人仍按200元每月进行给付。

（2）比例给付是指收入损失保险金视被保险人工作能力丧失的程度，按其原收入的一定比例进行给付。

全部工作能力丧失，给付的保险金一般为工资的一定比例（一般为工资的75%或80%）。例如，某被保险人丧失工作能力前的正常收入为每月800元，伤害发生后，其工作能力全部丧失，不能获得任何收入。这时保险人每月给付给他的保险金为640元（800×80%）。

部分工作能力丧失，保险人给付全部残疾时的一部分保险金。其计算公式为：

$$\text{月度补偿额}=\frac{\text{月度收入损失额}}{\text{以前月收入金额}}\times\text{月度完全丧失工作能力的收入保险金}$$

续上例，如果此人是部分丧失工作能力，每月还能挣得400元收入，此时，他每月能领得的保险金为320元（$\frac{800-400}{800}\times 640=320$）。

大多数的收入损失保险为定额给付。

第三节 财产保险

一、财产保险概述

（一）财产保险的概念和特征

财产是指所有人拥有的金钱、物资、房屋、土地等物质财富，具有经济价值，并受法律保护的权利的总称。财产保险是对财产及其有关利益因灾害事故造成的损失进行补偿的保险。它是保险人集合众多面临同质风险的经济单位，当其中部分经济单位的财产及其利益因合同约定的灾害事故发生造成损失时，保险人对其赔偿保险金的保险行为。

与人身保险比较，财产保险具有以下特征：

1. 财产保险是补偿性保险

（1）保险标的具有可估价性。财产保险的保险标的的价值是可以确定的。对于有形财产而言，其本身就有客观的市场价；对于无形财产而言，投保人对其具有的经济利益也必须是确定的、可以用货币来估算的，否则不能作为保险标的。因此，财产保险合同中有一项特殊的内容——保险价值。

（2）保险金额的确定方法。由于财产保险的保险标的本身具有保险价值，因此，保险金额是在对保险标的估价的基础上来确定的。保险金额既可以按保险标的的市场价确定，也可以按账面价或重置价确定。

（3）保险金的赔偿方式。基于财产保险标的的性质，财产保险是补偿性保险，保险标的的损失可以用货币来衡量，保险事故发生后，保险人对被保险人的赔偿要遵循损失补偿原则，即在保险金额限度内，按保险单约定的赔偿方式，损失多少，赔偿多少，被保险人不能获得超过实际损失的额外利益。

2. 财产风险的性质

（1）与人身风险比较，财产风险较为集中。第一，财产保险承保了一些高额保险，如飞机保险、人造卫星保险等，其保险金额较高，保险事故一旦发生，保险人要支付巨额的保险赔款；第二，财产保险还承保了一些巨灾风险，如洪水、风暴等，这些风险一旦发生，会使大量的保险标的同时受损，导致保险人的赔偿金额剧增。由于财产风险的集中性，为了保证保险经营的稳定，保险人往往要借助再保险安排分散承保风险。

（2）保险人要准确掌握财产风险的规律性有一定难度。财产风险与人身风险不同，首先，财产风险种类繁多、千差万别；其次，受人们的认识能力和科技发展水平的限制，人们对一些灾害事故还无法有效地预测和防范；最后，人们对财产风险的重视程度不够，以及统计资料不健全。基于以上原因，保险人要准确地掌握财产风险的规律性有一定难度，根据所掌握的风险资料所制定的保险费率与所承保的财产实际发生的损失之间往往存在着一定的偏差。

3. 财产保险一般是短期保险

财产保险与人身保险（特别是人寿保险）不同，其保险期限一般为一年或一年以内。由于期限短，保险实务中一般要求投保人投保时一次性交清保险费，保险费不计利息；其形成的保险基金一般不能作为保险人中长期投资的资金来源；财产保险只有保障性，一般不具有储蓄性，保险单没有现金价值。

（二）财产保险标的的损失状态

在保险实务中，财产保险标的的损失可以从不同的角度分类：按遭受损失的程度，其可分为全部损失和部分损失；按损失的形态，其可分为物质损失和费用损失；按损失发生的客体是否是保险标的本身，其可分为直接损失和间接损失。

1. 全部损失和部分损失

（1）全部损失。全部损失简称全损，是指保险标的因保险事故的发生而遭受的全部损失状态。全部损失可分为实际全损和推定全损。

实际全损是指保险标的遭受保险承保范围内的风险事故而造成的全部灭失，或受损程度已使其失去原有形态和特征的一种实质性的物质性损失。

推定全损是指保险标的在遭受保险事故后，虽然尚未达到全部灭失、损毁状态，但是全部灭失是不可避免的，或估计恢复、修复该标的物所耗费用已达到或超过其实际价值。

（2）部分损失。部分损失是指保险标的的损失未达到全部损失程度的一种损失状态。

2. 物质损失和费用损失

物质损失是指保险标的由于保险事故发生所造成的标的物本身的损失；费用损失是保险标的发生保险事故时，被保险人采取施救、保护、整理措施所产生的必要合理费用，以及保险单上约定的保险人承担的其他费用。

3. 直接损失和间接损失

保险事故发生造成保险标的本身的损失是直接损失；保险标的发生保险事故所导致的保险标的以外的损失是间接损失，如汽车受损后导致的在修理期间营运收入的丧失，企业财产受损后在停业期间利润的丧失和费用的增加等。保险人对直接损失要承担赔偿责任，对间接损失是否承担赔偿责任，以保险单上的约定为准。

（三）财产保险合同的保险价值和保险金额

1. 保险价值与保险金额的概念

（1）保险价值。保险价值是保险标的在某一特定时期内或时点用货币估算的经济价值。财产保险的保险标的具有可估价性，保险价值是财产保险合同的特有概念，它是确定保险金额与赔偿计算的依据。

保险价值以什么为标准来确定？财产保险标的有客观的判断标准，这个标准就是市场价（实际价值）。在保险实务中，经保险合同当事人双方约定，保险价值也可以按照保险标的的账面原值、重置重建价值等方式确定。由于市场价在保险合同有效期内会发生涨跌，这样会使投保时依据保险价值确定的保险金额与保险事故发生时的市场价不一致。对有些特殊的保险标的，其价值不易确定或确无市场价可循时，为了明确保险合同当事人的权利与义务，避免保险事故发生后双方因赔款计算而发生争执，可以按双方约定的价值为标准，在保险事故发生时，以事先约定的价值作为赔偿的依据，不再另行估价。另外，在海上保险中，有法定的计算确定保险价值的标准。由于保险价值的存在，财产保险合同在保险金额的确定、承保方式和赔偿计算方式都比人身保险合同复杂。

（2）保险金额。保险金额是指保险人在保险合同中承担赔偿或者给付保险金责任的最高限额。财产保险的保险金额是根据保险标的的保险价值来确定的，一般作为保险人承担对受损标的赔偿的最高限额，以及施救费用的最高赔偿额度，也是保险人计算保险费的依据之一。除合同另有约定外，保险金额不是保险人认定的财产价值，也不是保险事故发生时赔偿的等额，而仅是保险人承担赔偿责任的最高限额。

2. 足额保险、不足额保险和超额保险

（1）足额保险。足额保险是指财产保险合同的保险金额与保险标的出险时的保险价值相等。在足额保险中，除合同另有约定外，一般当保险标的发生保险事故造成损失时，保险人对被保险人按实际损失进行赔偿，损失多少，赔偿多少。

（2）不足额保险。不足额保险是指财产保险合同的保险金额小于保险标的出险时的保险价值。不足额保险的产生一般有两种情况：一是投保时投保人仅以保险价值的一部分投保，使保险金额小于保险价值；二是投保时保险金额等于保险价值，但在保险合同有效期内，保险标的的市场价上涨，造成出险时保险单上约定的保险金额小于保险价值。在不足额保险中，由于投保人只是以保险标的价值部分投保，因此，保险事故发生时，除合同另有约定外，保险人按照保险金额与保险价值的比例承担赔偿责任，被保险人要自己承担一部分损失。

（3）超额保险。超额保险是指财产保险合同的保险金额大于保险标的出险时的保险价值。超额保险的产生一般有两种情况：一是投保时投保人以高于保险价值的金额投保，使保险金额大于保险价值；二是投保时保险金额等于保险价值，但在保险合同有效期内，保险标的的市场价下跌，造成出险时保险单上的保险金额大于保险价值。根据损失补偿原则，保险金额超过保险价值的，其超过部分无效。

3. 定值保险和不定值保险

保险价值是确定保险金额的基础和依据，保险金额应当反映保险标的的实际价值。根据保险价值确定的时间及方式的不同，财产保险的承保方式分为定值保险和不定值保险。

（1）定值保险。定值保险是投保时确定保险价值的承保方式。投保人和保险人签订保险合同时除根据保险价值确定保险金额外，还要约定保险价值并在合同中载明。保险标的发生保险事故时，不论损失当时该保险标的的市场价是多少，保险人均按保险单上约定的保险金额计算赔偿。如果是全部损失，则按保险金额赔偿；如果是部分损失，则按保险金额的损失程度计算赔偿。在财产保险合同中，以定值保险方式承保的主要是不易确定价值或无客观市场价的特殊标的，如艺术品、书画等，一般由双方约定保险价值，以免事后发生纠纷。另一类是运输中的货物等流动性比较大的标的，由于各地货物价格差别较大，保险事故发生后再来估算实际价值既困难又麻烦，而且易引起赔偿纠纷。此种保险方式实际上是以投保时双方约定的保险价值代替了损失发生时的保险价值。

（2）不定值保险。不定值保险是与定值保险相对应的一种承保方式，投保人和保险人签订保险合同时不在合同中载明保险价值，只是订明保险金额作为赔偿的最高限额。当保险标的发生保险事故造成损失时，再来估计其保险价值作为赔款计算的依据。当保险金额等于或高于保险价值时，按实际损失金额赔偿；当保险金额小于保险价值时，其不足的部分视为被保险人自保，保险人按受损标的的保险金额与保险价值的比例计算赔款。

不定值保险方式在财产保险合同中运用得较多，绝大部分险种都是以不定值保险方式承保的。

二、财产损失保险

财产损失保险是以物质财产为保险标的的保险业务，其种类很多，这里只阐述主要的大类险种，并对企业财产保险和机动车辆保险做简单介绍。

（一）财产损失保险的种类

1. 火灾保险

火灾保险是指以存放在固定场所并处于相对静止状态的财产及其有关利益为保险标的的保险，保险人承保被保险人的财产因火灾、爆炸、雷击及其他合同约定的灾害事故的发生所造成的损失。我国目前开展的火灾保险主要有企业财产保险、家庭财产保险等。

2. 货物运输保险

货物运输保险是指保险人承保货物在运输过程中因灾害事故及外来风险的发生而遭受的损失的保险。我国的货物运输保险分为海上货物运输保险、内陆货物运输保险、邮包保险等。

3. 运输工具保险

运输工具保险是指保险人承保因灾害事故发生所造成的运输工具本身的损失及第三者责任的保险，也可以承保各种附加险。我国的运输工具保险主要有机动车辆保险、船舶保险、飞机保险等。

4. 工程保险

工程保险是指保险人承保建筑工程和安装工程等在建设和施工过程中，因灾害事故发生所造成的损失、费用和责任的保险。工程保险是一种包括财产损失保险和责任保险在内的综合性保险，分为建筑工程保险、安装工程保险等。建筑工程保险主要承保各项土木工程建筑，在整个建筑期间由于发生保险事故，造成被保险工程项目的物质损失、列明费用损失以及被保险人对第三者人身伤害或财产损失引起的经济赔偿责任。安装工程保险承保以新建、扩建或改造的工矿企业的机器设备或钢结构建筑物，在整个安装、调试期间由于保险责任内的风险事故造成保险财产的物质损失、列明费用损失及安装期间造成的第三者财产损失或人身伤亡引起的经济赔偿责任。

（二）企业财产保险

企业财产保险是在传统的火灾保险基础上演变而来的，主要承保火灾以及其他自然灾害和意外事故造成保险财产的直接损失。企业财产保险承保企事业单位的财产，分为基本险和综合险，两个险种除保险责任范围不同外，保险合同的其他内容都相同。另外，保险人可以在此基础上加保相应的附加险。

1. 企业财产保险的保险标的

（1）可保财产。这类财产既可以用会计科目来反映，如固定资产、流动资产、账外财产等；也可以用企业财产项目类别来反映，如房屋、建筑物、机器设备、原材料、商品物资等。以上财产在投保时，被保险人应对保险标的具有保险利益。

（2）特约承保财产。下列财产须经被保险人与保险人特别约定，并在保险单上载明，才在保险标的范围以内：①金银、珠宝、钻石、玉器、首饰、古币、古玩、古书、古画、邮票、艺术品、稀有金属等珍贵财物；②堤堰、水闸、铁路、道路、涵洞、桥梁、码头；③矿井、矿坑内的设备和物资。

（3）不保财产。下列财产不在保险标的范围以内：①土地、矿藏、矿井、矿坑、森林、水产资源以及未经收割或收割后尚未入库的农作物；②货币、票证、有价证券、文件、账册、图表、技术资料、电脑资料、枪支弹药以及无法鉴定价值的财产；③违章建筑、危险建筑、非法占用的财产；④在运输过程中的物资；⑤领取执照并正常运行的机动车；⑥牲畜、禽类和其他饲养动物。

2. 企业财产保险基本险和综合险的保险责任

（1）基本险的保险责任。①火灾；②雷击；③爆炸；④飞行物体及其他空中运行物体坠落。

保险标的的下列损失，保险人也负责赔偿：①被保险人拥有财产所有权的自用的供电、供水、供气设备因保险事故遭受损坏，引起停电、停水、停气以致造成保险标的的直接损失；②在发生保险事故时，为抢救保险标的或防止灾害蔓延，采取合理的、必要的措施而造成保险标的的损失。

保险事故发生后，被保险人为防止或者减少保险标的的损失所支付的必要的、合理的费用，由保险人承担。

（2）综合险的保险责任。①火灾、爆炸；②雷击、暴雨、洪水、台风、暴风、龙卷风、雪灾、雹灾、冰凌、泥石流、崖崩、突发性滑坡、地面突然塌陷；③飞行物体及其他空中运行物体坠落。

保险标的的下列损失，保险人也负责赔偿：①被保险人拥有财产所有权的自用的供电、供水、供气设备因保险事故遭受损坏，引起停电、停水、停气以致造成保险标的的直接损失；②在发生保险事故时，为抢救保险标的或防止灾害蔓延，采取合理的、必要的措施而造成保险标的的损失。

保险事故发生后，被保险人为防止或者减少保险标的的损失所支付的必要的、合理的费用，由保险人承担。

3. 企业财产保险基本险和综合险的责任免除

（1）基本险的责任免除。由于下列原因造成保险标的的损失，保险人不负责赔偿：①战争、敌对行为、军事行动、武装冲突、罢工、暴动；②被保险人及其代表的故意行为或纵容所致；③核反应、核子辐射和放射性污染；④地震、暴雨、洪水、台风、暴风、龙卷风、雪灾、雹灾、冰凌、泥石流、崖崩、滑坡、水暖管爆裂、抢劫、盗窃。

保险人对下列损失也不负责赔偿：①保险标的遭受保险事故引起的各种间接损失；②保险标的本身缺陷、保管不善导致的损毁，保险标的的变质、霉烂、受潮、虫咬、自然磨损、自然损耗、自燃、烘焙所造成的损失；③由于行政行为或执法行为所导致的损失；④其他不属于保险责任范围内的损失和费用。

（2）综合险的责任免除。由于下列原因造成保险标的的损失，保险人不负责赔偿：①战争、敌对行为、军事行动、武装冲突、罢工、暴动；②被保险人及其代表的故意行为或纵容所致；③核反应、核子辐射和放射性污染。

保险人对下列损失也不负责赔偿：①保险标的遭受保险事故引起的各种间接损失；②地震所造成的一切损失；③保险标的本身缺陷、保管不善导致的损毁，保险标的的变质、霉烂、受潮、虫咬、自然磨损、自然损耗、自燃、烘焙所造成的损失；④堆放在露天或罩棚下的保险标的以及罩棚，由于暴风、暴雨造成的损失；⑤由于行政行为或执法行为所导致的损失；⑥其他不属于保险责任范围内的损失和费用。

4. 保险金额与保险价值

（1）固定资产的保险金额与保险价值。固定资产的保险金额由被保险人按照账面原值或原值加成数确定，也可按照当时重置价值或其他方式确定。账面原值是指在建造或购置固定资产时所支出的货币总额，可以被保险人的固定资产明细账卡等为依据。账面原值加成数即在固定资产账面原值基础上再附加一定成数，使其趋于重置价格。在账面原值与实际价值差额较大时，保险人可按账面原值加成数确定保险金额。重置价值即重新购置或重建某项财产所需支付的全部费用。按重置价值确定保额，可以使被保险人的损失得到足额的补偿，避免因赔偿不足带来的纠纷。

固定资产的保险价值是出险时的重置价值。

（2）流动资产的保险金额与保险价值。流动资产（存货）的保险金额由被保险人按最近 12 个月任意月份的账面余额确定或由被保险人自行确定。

流动资产的保险价值是出险时的账面余额。

（3）账外财产和代保管财产的保险金额与保险价值。账外财产和代保管财产的保险金额由被保险人自行估价或按重置价值确定。

账外财产和代保管财产的保险价值是出险时的重置价值或账面余额。

5. 企业财产保险的赔偿处理

在企业财产保险中，保险标的发生保险责任范围内的损失，保险人按照保险金额与保险价值的比例承担赔偿责任，即按以下方式计算赔偿金额：

（1）固定资产的赔款计算。固定资产的赔偿需要分项计算，在具体赔偿时有两种情况：①全部损失。受损财产的保险金额等于或高于出险时重置价值的，其赔偿金额以不超过出险时的重置价值为限；受损财产的保险金额低于出险时重置价值的，其赔偿金额不得超过该项财产的保险金额。②部分损失。受损保险标的的保险金额等于或高于出险时重置价值的，按实际损失计算赔偿金额；受损财产的保险金额低于出险时重置价值的，应根据实际损失或恢复原状所需修复费用，按保险金额占出险时重置价值的比例计算赔偿金额。计算公式为：

$$赔款=\frac{保险金额}{出险时重置价值}\times 实际损失或受损财产恢复原状所需修复费用$$

（2）流动资产的赔款计算。流动资产的损失有两种情况：①全部损失。受损财产的保险金额等于或高于出险时账面余额的，其赔偿金额以不超过出险时的账面余额为限；受损财产的保险金额低于出险时账面余额的，其赔款不得超过该项财产的保险金额。②部分损失。受损保险标的的保险金额等于或高于账面余额，按实际损失计算赔偿金额；受损财产的保险金额低于账面余额，应根据实际损失或恢复原状所需修复费用，按保险金额占出险时账面余额的比例计算赔偿额。计算公式为：

$$赔款=\frac{保险金额}{出险时账面余额}\times 实际损失或受损财产恢复原状所需修复费用$$

（3）与赔偿相关的其他事项。①施救费用的赔偿。发生保险事故时，被保险人所支付的必要的、合理的施救费用赔偿金额，在保险标的损失以外另行计算，但最高不超过保险金额的数额；若受损保险标的按比例赔偿时，则该项费用也按与财产损失赔款相同的比例赔偿。②损余价值的处理。保险标的遭受损失后的残余部分价值（简称残值），协议作折价归被保险人，并在赔款中扣除。如果受损财产赔款要进行分摊时，其损余价值部分也要进行分摊。③代位追偿。因第三者对保险标的损害而造成保险事故的，保险人自向被保险人赔偿保险金之日起，在赔偿金额范围内代位行使被保险人对第三者请求赔偿的权利。④保险金额的冲减。保险标的遭受部分损失经保险人赔偿后，其保险金额应相应减少；被保险人需恢复保险金额时，应补交保险费，由保险人出具批单批注。保险当事人均可依法终止合同。⑤重复保险的分摊。若保险人所保财产存在重复保险，则保险人仅负按照比例分摊损失的责任。

6. 厘定费率的主要因素

保险费率根据保险标的风险程度、损失概率、责任范围、保险期限和经营管理费用等确定。在厘定企业财产保险的费率时，保险人主要应考虑以下因素：①建筑结构及建筑等级；②占用性质；③承保风险的种类；④地理位置。

此外，保险人还应在具体确定保险费率时考虑被保险人的防火设备、保险标的所处环境、交通状况等因素的影响。在实际工作中，保险人一般以表定费率为基础，根据具体风险情况等因素，在一定的浮动范围内确定费率。

企业财产保险一般以一年为期，标准费率表是年费率表。如果保险期限不足一年，应按短期费率表计收保费（见表 4-1）。如中途退保，亦适用于短期费率，保险期不足一月的，按一个月收费。

表 4-1　财产保险基本险、综合险短期率表

保险期限/月	1	2	3	4	5	6	7	8	9	10	11	12
按年费率/%	10	20	30	40	50	60	70	80	85	90	95	100

（三）机动车辆保险

我国机动车辆保险的承保对象主要是汽车，也包括电车、电瓶车、摩托车、拖拉机、各种专用机械车、特种车等。机动车辆保险分为多个基本险和一系列附加险。在各国非寿险业务中，机动车辆保险不仅是运输工具保险的主要险别，也是整个非寿险业务的主要来源。我国机动车辆保险也是财产保险业务的第一大险种。

1. 机动车辆保险的特点

与其他财产保险业务比较，机动车辆保险有以下特点：

（1）保险标的的出险概率较大。汽车是陆地上的主要交通工具。由于其经常处于运动状态，它总是载着人或货物不断地从一个地方开往另一个地方，很容易发生碰撞及其他意外事故，造成财产损失和人身伤亡；由于车辆数量的迅速增加，而一些国家交通设施及管理水平跟不上车辆的发展速度，再加上驾驶员的疏忽、过失等人为原因，因而交通事故发生频繁，汽车的出险概率较高。

（2）业务量大，普及率高。由于汽车出险概率较高，汽车的所有者需要寻求以保险方式转嫁风险；各国政府在不断改善交通设施，严格制定交通规章的同时，为了保障受害人的利益，一般对汽车第三者责任保险实施了强制保险；保险人为适应投保人转嫁风险的不同需要，为被保险人提供更全面的保障，在开展车辆损失险和第三者责任险的基础上，推出了一系列附加险，使汽车保险成为财产保险中业务量大、普及率较高的一个险种。

（3）扩大保险利益。在机动车辆保险中，针对汽车的所有者与使用者往往不是同一人的特点，机动车辆保险条款一般规定：不仅被保险人本人使用车辆时发生保险事故保险人要承担赔偿责任，而且凡是被保险人允许的合格驾驶员使用车辆时，也视为其对保险标的具有保险利益，如果发生保险单上约定的事故，保险人同样要承担赔偿责任。这说明机动车辆保险的规定以“从车”为主，凡经被保险人允许的合格驾驶员驾驶被保险人的汽车发生保险事故造成损失的，保险人都须对被保险人负赔偿责任。此规定是为了对被保险人和第三者提供更充分的保障，并非是对保险利益原则的违背。但如果在保险合同有效期内，保险车辆转卖、转让、赠送他人，被保险人应当书面通知保险人并办理批改手续；否则，在保险事故发生时，保险人对被保险人的损失不承担赔偿责任。

（4）被保险人的自负责任与无赔款优待。为了促使被保险人注意维护、保养汽车，使其保持安全行驶的技术状态，并督促驾驶员注意安全行车，以减少事故的发生，保险合同上一般规定：根据驾驶员在交通事故中所负责任，车辆损失险和第三者责任险在符合赔偿规定的金额内实行绝对免赔率；保险车辆在一年保险期限内无赔款，第二年续保时可以享受费率优惠。以上两项规定，虽然分别是对被保险人的惩罚和优待，但所要达到的目的是一致的。

2. 机动车辆保险的主要种类

（1）车辆损失险。车辆损失险的保险责任范围包括以下两个方面：

一方面，被保险人或其允许的合格驾驶员在使用保险车辆过程中，由于保险单上约定的灾害事故发生造成保险车辆的损失，保险人负赔偿责任。这些灾害事故有：碰撞、倾覆；火灾、爆炸；外界物体倒塌、空中运行物体坠落、保险车辆行驶中平行坠落；雷击、暴风、龙卷风、暴雨、洪水、海啸、地陷、冰陷、崖崩、雪崩、雹灾、泥石流、滑坡；载运保险车辆的渡船遭受自然灾害（只限于有驾驶员随车照料者）。

以上的保险责任包括碰撞责任和非碰撞责任。碰撞是指保险车辆与外界静止的或运动中的物体的意外撞击；非碰撞责任包括了一系列自然灾害和意外事故。

另一方面，发生保险事故时，被保险人为防止或减少保险车辆的损失所支付的必要的、合理的施救费用，由保险人承担，但最高不超过保险金额。

（2）第三者责任险。被保险人或其允许的合格驾驶人员在使用保险车辆过程中发生意外事故，致使第三者遭受人身伤亡或财产的直接损毁，依法应当由被保险人支付的赔偿金额，保险人负责赔偿。这里的第三者是指除投保人、被保险人和保险人以外的，因保险车辆发生意外事故遭受人身伤亡或财产损失的受害者。

（3）附加险。机动车辆保险的附加险主要有盗抢险、玻璃单独破碎险、车辆停驶损失险、车上人员责任险、车上货物责任险、无过失责任险、自燃损失险、车身划痕损失险等。

3. 机动车辆保险条款费率管理制度的变化

（1）第一阶段。2003 年 1 月 1 日起，中国保监会对国内机动车辆保险的条款费率管理制度进行了改革，改革的核心是，停止由中国保监会统一制定机动车辆保险条款费率的制度，改由各保险公司自行制定费率水平，经保监会批准实行。新的机动车辆保险条款费率管理制度，允许保险公司按照不同消费者的需求制定条款，机动车辆保险产品将更加多样化。机动车辆保险费率改革的方向是对风险要素进行细分，实施风险等级费率，使投保人所交纳的保险费与其风险状况相匹配。在机动车辆保险的经营中，人、车、路和环境是构成机动车实际风险的四大要素。因此保险公司要改变单一的“从车费率”，实行“从车费率”与“从人费率”和“从地费率”的结合。保险公司在制定调整机动车辆保险费率时，应考虑车辆过去的理赔记录，此外还要考虑以下因素：

①随人因素。“人”是指道路交通参与者的驾驶员、乘车人、骑车人、行人等。而与机动车辆保险等级风险有直接关联的是指机动车驾驶员的风险。驾驶员的风险等级，应考虑驾驶员的年龄、性别、职业、婚姻状况、驾龄、单人还是多人驾驶、违章肇事记录等因素。

②随车因素。保险公司应考虑车辆的使用性质（私人车辆与非私人车辆、营业车辆与非营业车辆等）、类型、厂牌型号、核定吨位（载客数）、使用时间、是否固定停放、事故记录等。

③随地因素。保险公司应考虑车辆行驶区域内的道路状况，是否仅在特定路线行驶等。

（2）第二阶段。2006 年，保监会进行了新一轮的车险条款费率改革，并在同一年推出了机动车交通事故责任强制保险。这一轮的条款费率改革主要是由中国保险行业协会统一制定基本险条款和费率，将基本险条款分为 A、B、C 三款，并厘定相应的费率，各家保险公司只能从这三款条款费率中进行选择并执行，但附加险的条款费率还是由各家保险公司自己制定。2007 年，中国保险行业协会对常见的附加险条款费率也进行了统颁，保监会出台了“限折令”，规定各家保险公司给予车险投保人的所有优惠总和不得超过车险（不包括交强险）基准费率的 30%，也就是保险公司出具的车险保单最低折扣不能低于七折，从而进一步加强了费率的统一性，有利于控制保险公司竞相压低无序竞争的局面，稳定市场秩序。

（3）第三阶段。2012 年 3 月，中国保险行业协会正式发布《机动车辆商业保险示范条款》（以下简称《示范条款》），为保险公司提供了商业车险条款行业范本。《示范条款》立足于解决社会公众关心的重要问题、切实维护社会公众利益，对原有商业车险条款进行了全面梳理，认真筛查不利于保护被保险人权益、表述不清和容易产生歧义之处，并进行了合理修订。

2015 年 2 月，保监会印发《关于深化商业车险条款费率管理制度改革的意见》（以下简称《意见》），积极稳妥推进商业车险条款费率管理制度改革。《意见》立足于我国现阶段商业车险条款费率管理的实际，吸收 2010 年以来商业车险改革试点的经验，参考国际上保险业发达国家车险费率市场化改革的路径，明确商业车险条款费率管理制度改革的指导思想、基本原则和主要目标，提出建立健全商业车险条款费率形成机制的意见，强调加强和改善商业车险条款费率监管的具体举措。

《意见》紧紧围绕建立健全市场化的条款费率形成机制的改革核心目标，一方面强调“放开前端”，逐步扩大财产保险公司定价自主权；另一方面坚持“管住后端”，强化事中事后监管和偿付能力监管刚性约束。《意见》提出三方面的政策措施：一是建立以行业示范条款为主、公司创新型条款为辅的条款管理制度。中国保险行业协会拟订并不断完善示范条款，财产保险公司选择使用；鼓励财产保险公司开发创新型条款，建立健全公平、公开、透明的创新型条款评估机制和创新型条款保护机制。二是建立市场化的费率形成机制。中国保险行业协会按照大数法则要求，建立财产保险行业商业车险损失数据的收集、测算、调整机制，动态发布商业车险基准纯风险保费表，为财产保险公司科学厘定商业车险费率提供参考；由财产保险公司根据自身实际情况科学测算基准附加保费，合理确定自主费率调整系数及其调整标准。根据市场发展情况，逐步扩大财产保险公司商业车险费率厘定自主权，最终形成高度市场化的费率形成机制。三是加强和改善商业车险条款费率监管。建立健全商业车险条款费率回溯分析和风险预警机制，及时验证商业车险费率厘定和使用过程中精算假设的合理性、责任准备金提取的合规性和财务业务数据的真实性，切实防范因商业车险费率拟订不科学、不公平、不合理所带来的风险隐患。不断强化偿付能力监管刚性约束，完善偿付能力监管制度体系，提高偿付能力监管制度执行力。

三、责任保险

责任保险是以被保险人对第三者依法应承担的民事损害赔偿责任或经过特别约定的合同责任为保险标的的保险。责任保险的保险人，承保经济单位和个人在进行各项生产经营活动、业务活动或在日常生活中，因疏忽、过失等行为造成他人的财产损失或人身伤亡，依法应承担的经济赔偿责任。

（一）责任保险的种类

责任保险有两种承保方式：一种是作为各种财产保险合同的组成部分或作为附加险承保，如机动车辆保险第三者责任险、建筑或安装工程保险的第三者责任险、船舶保险的碰撞责任、第三者责任、油污责任等；另一种是单独承保，保险人签发单独的责任保险合同。

单独承保的责任保险一般分为以下四类：

1. 公众责任保险

公众责任保险是指承保被保险人在固定场所或地点进行生产经营活动或进行其他活动时，因意外事故发生使第三者遭受人身伤害或财产损失，依法应由被保险人承担的经济赔偿责任。

2. 产品责任保险

产品责任保险是指承保产品的制造商、销售商、修理商因其制造、销售、修理的产品有缺陷而造成用户、消费者或公众的人身伤亡或财产损失，依法应承担的经济赔偿责任。

3. 雇主责任保险

雇主责任保险是指保险人承保雇主对所雇员工在受雇期间，因发生意外事故或因职业病而造成人身伤害或死亡时，依法或按合同约定应由雇主承担的经济赔偿责任。

4. 职业责任保险

职业责任保险是指承保各种专业技术人员因工作疏忽或过失造成第三者的损害依法应承担的经济赔偿责任。这些专业技术人员包括律师、设计师、医生、会计师、美容师等。

责任保险具有保险人代替致害人向受害人承担经济赔偿责任的特征，是为无辜受害者提供经济保障的一种手段。为了保障社会公众利益，对某些涉及面广的损害赔偿责任，如汽车第三者责任保险、雇主责任保险等，许多国家实行了强制保险。

（二）责任保险的特点

由于责任保险合同承保对象的特殊性，与其他财产保险合同相比，它在产生与发展的基础、保障对象、保险人责任范围、赔偿处理方式等方面有明显的特点。

1. 产生与发展的基础

在现代社会中，责任风险的客观存在及其对经济单位和个人所带来的威胁，使人们对所面临的责任风险产生忧虑并寻求转嫁此类风险的途径，这是责任保险产生的自然基础。人们之所以面临责任风险（各种民事法律风险），是由于社会生产力的发展和人类社会的进步带来的法律制度的不断完善，特别是民事法律制度的建立与完善。正是因为人们在社会经济活动中的行为都在法律制度的一定规范之内，人们才有可能因违反法律而造成他人的财产损失和人身伤害时，依法应承担赔偿责任的问题存在，人们才有转嫁责任风险的必要，责任保险才会被人们所接受。所以，民事法律制度的建立与完善是责任保险产生与发展的基础。事实上，当今世界责任保险最发达的国家和地区，必然是民事法律制度较完善的国家和地区。

2. 责任保险的保障对象

一般财产保险合同中，被保险人因保险事故发生造成经济损失时，保险人对被保险人的经济损失进行补偿，保险金直接支付给被保险人。而在责任保险合同中，保险人承保的是被保险人对第三者依法应承担的民事损害赔偿责任，当保险事故发生时，保险人代替致害人向受害人进行赔偿，保险人支付的保险金最终要落实到受害人手中。这样，即使被保险人避免了经济损失，也使受害人获得了补偿与慰藉。因此，责任保险合同在保障被保险人利益的同时，受害人的合法利益也受到了保障。

3. 保险人赔偿范围的确定

财产损失保险合同的保险标的是物质财产，该类保险标的具有可估价性，在对保险标的估价的基础上确定保险金额，作为保险人赔偿的最高限额和计算保险费的依据。而在责任保险合同中，保险人所承保的是一种特殊的无形标的，由于这种标的无客观市场价，所以合同中无法确定保险金额。但为了限制保险人承担赔偿责任的范围，避免赔偿时合同双方发生争议，我国现行的责任保险合同一般要载明赔偿限额，以此作为保险人承担赔偿责任的最高额度和计算保险费的依据。赔偿限额的大小往往根据被保险人可能面临的损失规模的大小和交付保险费的能力等来确定。例如，我国的机动车辆保险第三者责任险的赔偿限额分为不同档次，由投保人自己选择。同一险种的赔偿限额越高，投保人交纳的保险费越多。

4. 赔偿处理方式的特殊性

与其他财产保险合同相比，责任保险合同的赔偿处理涉及的关系方更为复杂、受制因素较多。

第一，责任保险赔案的处理涉及第三者（受害人）。责任保险合同赔案的发生，以被保险人对第三者造成损害并依法应承担经济赔偿责任为前提，使责任保险的赔偿必然涉及第三者受害方。且按照损失补偿原则，受害人应向被保险人（致害人）索赔，被保险人才能向保险人索赔。如果受害人未向被保险人索赔，被保险人也就不具备向保险人索赔的条件。但由于责任保险合同存在于保险人与被保险人双方，受害人不是责任保险合同的当事人，因此，受害人一般无权直接向保险人索赔（被保险人怠于请求的情况除外），但保险人可以将保险金支付给受害人。《保险法》第六十五条规定："保险人对责任保险的被保险人给第三者造成的损害，可以依照法律的规定或者合同的约定，直接向该第三者赔偿保险金。责任保险的被保险人给第三者造成损害，被保险人对第三者应负的赔偿责任确定的，根据被保险人的请求，保险人应当直接向该第三者赔偿保险金。被保险人怠于请求的，第三者有权就其应获赔偿部分直接向保险人请求赔偿保险金。责任保险的被保险人给第三者造成损害，被保险人未向该第三者赔偿的，保险人不得向被保险人赔偿保险金。"

第二，责任保险的赔偿受制因素复杂。一般的财产保险合同赔案的处理仅涉及保险人与被保险人，当保险事故发生后，保险人根据保险标的的损失状况，按保险单规定的计算方式计算赔款。如果保险事故由第三者责任方造成，保险人向被保险人赔偿后，依法或按合同约定取得向第三者责任方进行追偿的权利。由于责任保险承保的标的是被保险人依法对第三者应承担的民事损害赔偿责任，赔案的处理往往要以法院的判决或执法部门的裁决为依据，保险人在此基础上，再根据保险合同的规定计算赔款。因此，责任保险的赔偿受制因素复杂，除按保险合同的规定外，一个国家的立法、司法制度对它都有影响。保险人经营该险种所面临的风险相对较大。

（三）责任保险合同的共同规定

以上各种责任保险合同，一般有以下三个方面的共同规定：

1. 保险责任范围

责任保险合同承担的保险责任一般有两项：

（1）被保险人依法应对第三者的人身伤亡或财产损失（雇主责任保险仅对雇员的人身伤亡）承担的经济赔偿责任，以及被保险人按照合同规定应承担的违约责任。

（2）因赔偿纠纷引起的诉讼、律师费用及其他事先经保险人同意支付的费用。

2. 除外责任

责任保险合同通常规定有若干除外责任条款，对被保险人由于下列原因引起的赔偿责任作为保险人不予赔偿的责任：战争、罢工；核风险（核责任保险除外）；被保险人的故意行为；被保险人的家属、雇员的财产损失或人身伤害（雇主责任保险除外）；被保险人的违约责任（保险合同有特别约定除外）；被保险人所有或由其控制、照管的财产。

3. 赔偿限额与免赔额

由于责任保险合同的保险标的无客观价值，因此保险单上均无保险金额而仅规定赔偿限额。被保险人根据法院裁决、有关执法当局裁定或在保险公司同意下与受害方商定应对受害人支付的赔款。该赔款如果在赔偿限额内由保险人承担；如果超出赔偿限额，保险人仅在赔偿限额内承担赔偿责任，超出赔偿限额部分由被保险人自己承担。保险单规定的赔偿限额通常有两项，即每次事故或同一原因引起的一系列事故的赔偿限额，以及保险期内累计的赔偿限额。这两种限额，保险单上可以只规定一种，也可以同时规定。

为了使被保险人恪尽职责，防止事故发生和减少小额零星赔偿，除赔偿限额外，保险单上一般还有免赔额的规定。免赔额一般以金额表示，也可以规定为赔偿金额的一定比例。责任保险的免赔额通常为绝对免赔额。

四、信用保证保险

信用保证保险是以担保为实质的承保信用风险等风险的保险，即由保险人作为保证人为被保证人向权利人提供担保的一类保险业务。当被保证人的作为或不作为致使权利人遭受经济损失时，保险人负经济赔偿责任。理解信用保证保险应注意以下三点：

（一）信用保证保险是一种担保行为

信用保证保险的性质类似于银行的担保业务，也是一种担保业务，是保险人替被保证人向权利人提供担保。

（二）信用保证保险的保险标的是被保证人的信用风险

所谓信用风险，是指义务人不能按规定履行义务，可能给权利人造成的损失。这种保险标的与有形的财产标的不同，是一种无形的经济利益。较之其他财产保险，保险人在信用保证保险中承担的风险较广，除承保各种信用风险本身外，还承保一些经济因素、社会因素乃至政治因素造成的信用风险。

（三）信用保证保险的范围

在保险业务中，承保信用风险的业务有两类：一类是保证保险，另一类是信用保险。亦即信用保证保险分为保证保险和信用保险。应该说，保证保险与信用保险两者的性质是相同的，在承保内容与承保方式上也大同小异，它们的区别仅在于保证对象的不同。凡被保证人根据权利人的要求，要求保险人担保自己（被保证人）信用的保险，属保证保险；凡权利人要求保险人担保对方（被保证人）信用的保险，属信用保险。信用保证保险主要有合同保证保险、忠诚保证保险、商业信用保证保险、投资保险、出口信用保险等。

五、农业保险

农业保险有广义与狭义之分。广义的农业保险是指农村保险，包括农村的两业保险、农村的财产保险和农村的人身保险。狭义的农业保险仅指两业保险，即种植业保险和养殖业保险。通常意义上的农业保险是指狭义的农业保险，包括种植业保险和养殖业保险两类。在农业保险中，保险人承保种植业、养殖业标的因灾害事故的发生造成的经济损失。种植业保险以农作物和林木为保险标的，承保保险标的因保险责任范围内的灾害事故造成的经济损失。按保险标的分类，种植业保险可以分为农作物保险和林木保险。养殖业保险是承保被保险人在进行各种养殖业生产活动中保险事故所导致损害的一种农业保险。养殖业保险可以分为畜牧保险和水产养殖保险两大类，亦可细分为大牲畜保险、中小家畜家禽保险、牧畜保险、淡水养殖保险和海水养殖保险等险种。

农业保险一般是指两业保险，通常被纳入财产保险业务中。农业保险的高风险、高赔付等特征，决定了其属于政策性保险业务，一般由专门的农业保险公司经营或商业保险公司经营，并需要政府专门的扶持政策。

总之，财产保险是以财产及其有关利益为保险标的的保险。广义的财产保险可以包括财产损失保险、责任保险、信用保证保险和农业保险；狭义的财产保险一般是指财产损失保险，可以包括火灾保险、货物运输保险、运输工具保险和工程保险等险种。

复习思考题

1. 概念比较：

（1）社会保险与商业保险（或人身保险）；

（2）财产保险与人身保险；

（3）原保险与再保险；

（4）再保险与共同保险；

（5）共同保险与重复保险；

（6）信用保险与保证保险。

2. 财产保险具有哪些特点？

3. 财产保险的保险价值和保险金额有什么关系？

4. 定值保险和不定值保险有什么不同？

5. 广义的财产保险一般包括哪三大类业务？人身保险一般又包括哪三大险种？财产保险和人身保险的第一大险种分别是什么险种？

6. 什么是农业保险？农业保险是不是政策性保险？

7. 简述火灾保险的保险标的和保险风险。

8. 简述机动车辆保险的特点。

9. 什么是责任保险？责任保险具有哪些特点？简述责任保险种类和责任保险合同的共同规定。

10. 什么是信用保证保险？

11. 什么是人寿保险？

12. 什么是两全保险？其经济性质如何？

13. 什么是年金和年金保险？其特点有哪些？

14. 什么是万能寿险？有何特点？

15. 试讨论下列一句话："定期寿险为最廉价的寿险形态"。

16. 什么是宽限期、停效及复效？并简述申请复效必备的条件。

17. 年龄误报条款的内容是什么？

18. 什么是意外伤害保险？简述构成意外伤害事件的三要素及其关系。

19. 什么是健康保险？它与意外伤害保险主要有什么区别？

20. 什么是医疗保险？它与收入损失保险有何区别？

21. 人身保险的常用条款有哪些？简述这些条款的基本内容及规定目的。

第五章 保险合同

内容提示：保险合同是投保人与保险人约定保险权利、义务关系的协议。保险合同具有自身的特征。保险合同的主体、客体和内容是保险合同的三要素。保险合同的当事人、关系人和辅助人共同构成保险合同的主体；保险合同的客体是保险利益；保险合同的内容主要体现为保险条款的各项内容。保险合同必然经历从订立到终止的过程，其中一些合同可能因种种原因而变更，人身保险合同可能出现中止和复效。保险合同双方对于赔付等问题存在争议，需要通过保险合同争议处理的方式，根据条款解释原则进行处理。本章是全书的重点章，学习时应深入理解、全面而系统地掌握。

第一节 保险合同概述

一、保险合同的概念

保险合同又称为保险契约，是合同的一种形式。《保险法》第十条第一款规定："保险合同是投保人与保险人约定保险权利、义务关系的协议。"

投保人和保险人是直接签订保险合同的人，是保险合同的双方当事人。按照保险合同的约定，投保人应向保险人交付约定的保险费，保险人则应在约定的保险事故发生时，履行赔偿或给付保险金的义务。

按照保险合同的性质，保险合同可以分为两种类型。一类是补偿性合同，即当发生约定的保险事故使被保险人遭受经济损失时，保险人根据保险合同的约定，对保险标的的实际损失给予被保险人经济补偿。财产保险合同一般属于补偿性合同。另一类是给付性合同，即只要发生了保险合同约定的事故，保险人就应该按照保险合同的约定履行给付保险金的义务。人身保险合同一般属于给付性合同。

二、保险合同的特征

（一）保险合同是最大诚信合同

“重合同、守信用”是任何经济合同的当事人都必须遵循的原则。任何合同从订立到履行都应该诺守诚信，而保险合同对保险双方当事人的诚信要求更甚于一般合同。保险合同从订立到履行都要求保险双方当事人最大限度地诚实守信。因为根据保险合同的约定，保险人是对未来可能发生的保险事故承担赔偿或者给付保险金责任，而未来是不确定的，保险双方当事人对保险标的的信息是不对称的。一方面，保险人承保及赔付，很大程度上是以投保人或被保险人的告知和保证事项为依据。如果投保人或被保险人不如实告知保险标的的风险情况，不履行保证事项，会影响到保险人的合法权益。另一方面，保险合同一般是保险人单方面拟订的，投保人可能对保险合同的专业术语及相关内容不清楚、不熟悉，保险人及其代理人在进行展业宣传及承保时，如果不向投保人说明保险合同的条款内容（如免责条款），势必损害投保人、被保险人的合法权益。因此，无论是从保险人的角度，还是从投保人或被保险人的角度，保险双方都必须有最大诚信，才能保证对方的合法权益，并最终保障保险业的健康发展，因而，保险合同具有最大诚信的特征。

（二）保险合同是双务合同

根据合同当事人对权利和义务的承担方式，我们可以将合同分为单务合同和双务合同。单务合同是当事人一方只有权利，而另一方只承担义务的合同；双务合同是合同当事人双方相互承担义务、享有权利的合同。在等价交换的经济关系中，绝大多数合同都是双务合同。一般认为，保险合同是双务合同，保险双方相互承担义务、享有权利。在保险合同中，投保人有按照合同约定支付保险费的义务，被保险人在保险事故发生时享有请求保险人赔偿或者给付保险金的权利；保险人应承担保险合同约定的保险事故发生时赔付保险金的责任，享有收取保险费的权利。

（三）保险合同是有偿合同

有偿合同是相对无偿合同而言的。根据合同当事人取得权利是否偿付代价划分，我们可以将合同分为无偿合同和有偿合同。有偿合同是指因为享有一定的权利而必须偿付一定对价的合同。所谓对价，其含义是合同中任何一方权利的取得，都应该给付对方当事人认可的相对应的代价。在这个基础上建立的关系就是对价关系。保险合同具有对价关系。在保险合同中，保险双方的对价是相互的，投保人的对价是支付保险费，保险人的对价是对保险合同约定风险的承担。值得注意的是，保险人并不一定或必然要赔偿损失或给付保险金，而是只有在发生了保险合同约定的保险事故时，保险人才会承担赔付保险金的责任。换言之，保险合同是有偿合同，体现为投保人以支付保险费为代价换取保险人在保险事故发生时承担赔偿或者给付保险金责任的承诺。

（四）保险合同是附合合同

根据合同的一方当事人对合同的内容是否只能表示附合来划分，我们可以将合同分为商议合同和附合合同。商议合同是缔约双方就合同的重要内容，充分协商而订立的合同。大多数经济合同都属于商议合同。附合合同是指合同的双方当事人不是充分协商合同的重要内容，而是由合同的一方当事人提出合同的主要内容，另一方当事人只能做出取舍的决定而订立的合同。保险业的自身特点使保险合同趋于定型性、技术化、标准化。保险合同的基本条款一般是由保险人事先拟定并统一印制出来，投保人对其内容若同意则投保，若不同意一般也没有修改其中的某项条款的权利。即使有必要修改或变更保险单的某项内容，通常也只能采用保险人事先准备的附加条款，而不能完全按投保人的设想做出改变。也就是说，对于保险人单方面制定的保险合同内容，投保人一般只能做出“取或舍”的决定，因此，保险合同是附合合同。

（五）保险合同是射幸合同

根据合同的一方给予对方的报偿是否与对方所给予的报偿具有对等的价值来划分，我们可以将合同分为交换合同和射幸合同。交换合同是指合同的任何一方给予对方的报偿都具有对等的价值，如买卖合同即一种典型的交换合同。射幸合同是指合同的效果在订约时不能确定的合同。所谓射幸，就是侥幸、碰运气的意思。保险合同之所以是射幸合同，源于保险事故发生的不确定性，或者说是因为保险合同履行的结果是建立在保险事故可能发生，也可能不发生的基础上的。就单个保险合同而言，在订立保险合同之时，投保人交纳保费换取的只是保险人的承诺，而保险人是否履行赔偿或给付保险金的义务，取决于约定的保险事故是否发生。所以，就单个保险合同而言，保险合同具有射幸性。但是，保险合同的射幸性并不意味着保险人可能履行合同或不履行合同，因为在保险期限内如果发生了保险事故，保险人要承担赔付保险金的责任，这就意味着保险人履行了保险合同约定的赔付义务，而且，保险人支付给被保险人或受益人的保险金一般会大大超过其收取的保险费；如果在保险期限内没有发生保险事故，尽管投保人支付了保险费而被保险人或受益人未得到赔付的保险金，但保险人在保险期间承担的风险及其保障责任，也是保险人在履行合同。保险合同的射幸性一般是针对单个保险合同来说的，就某类保险合同整体而言，保险人收取的保险费与实际赔付的保险金，原则上应是大体平衡的。

（六）保险合同是要式合同

根据合同的成立是不是需要采取特定方式来划分，我们可以将合同分为要式合同和非要式合同。要式合同是指需要采取特定方式才能成立的合同，即需要履行特定的程序或采取特定的形式合同才能成立，如必须采取书面形式，需要签证、公证或经有关机关批准登记才能生效的合同。非要式合同是指不需要特定方式即可成立的合同。由于保险合同的成立标志着保险双方权利和义务关系的确立，关系到责任的认定，因而如果保险双方就合同条款达成一致意见，投保人应填写投保单，保险人应及时向投保人签发保险单或其他保险凭证，并在保险单或其他保险凭证中载明当事人双方约定的合同内容。因此，保险合同应该是要式合同。

第二节 保险合同的主体、客体和内容

保险合同的主体、客体和内容共同构成了保险合同的三大要素。

一、保险合同的主体

保险合同的主体与一般的合同的主体不同，它可以包括保险合同的当事人、关系人和辅助人。从与保险合同发生的直接关系来看，保险合同的主体就是保险合同的当事人，包括保险人与投保人；从与保险合同发生的间接关系来看，保险合同的主体还包括保险合同的关系人，即被保险人与受益人。此外，由于保险业务涉及面较广，具有一定的技术性和专门知识，因此，保险合同的主体还可以包括保险合同的辅助人，即保险代理人、保险经纪人和保险公估人。

（一）保险合同的当事人

保险合同的当事人是指直接订立保险合同的人，是具有权利能力和行为能力的人。在保险合同中，通常约定了保险合同当事人的权利和义务。保险合同的当事人是投保人和保险人。

1. 投保人

《保险法》第十条第二款规定："投保人是指与保险人订立保险合同，并按照合同约定负有支付保险费义务的人。"可见，相对于保险人而言，投保人是订立保险合同的另一方当事人；保险合同成立后，投保人应该按照保险合同的约定承担交付保险费的义务。投保人可以是自然人，也可以是法人。

按照《保险法》及民法的相关规定，作为投保人还应该具备两个条件：

（1）投保人应该具有相应的民事行为能力。公民的民事行为能力因年龄及精神状况的不同而不同。《中华人民共和国民法典》（以下简称《民法典》）规定：无民事行为能力人实施的民事行为或限制民事行为能力人依法不能独立实施的民事行为，在法律上无效；十八周岁以上的公民具有完全民事行为能力，可以独立进行民事活动，是完全民事行为能力人；十六周岁以上不满十八周岁的公民，以自己的劳动收入为主要生活来源的，视为完全民事行为能力人；不满八周岁的未成年人和不能辨认自己行为的精神病人是无民事行为能力人；八周岁以上的未成年人和不能完全辨认自己行为的精神病人是限制民事行为能力人。按照《民法典》的规定，作为投保人的公民，应具有完全民事行为能力，其与保险人订立的保险合同在法律上才是有效的。

法人是具有民事权利能力和民事行为能力，依法独立享有民事权利和承担民事义务的组织。因此，法人可以成为投保人。

（2）投保人应该对保险标的具有保险利益。根据各国保险法的规定，投保人对保险标的应具有法律上承认的利益，即保险利益；否则，保险合同无效。做此严格限制，主要是为了保障保险标的的安全、防范道德风险、限制赔偿额度，以保证保险业的健康发展。《保险法》也采用了国际惯例，例如，基于人身保险的保险标的是被保险人的寿命和身体，《保险法》在第十二条和第三十一条中明确规定：人身保险的投保人在保险合同订立时对被保险人应当具有保险利益。订立合同时，投保人对被保险人不具有保险利益的，合同无效。

需要注意的是：在一般的合同中，当事人通常为自己的利益订立合同；而在保险合同中，投保人既可以为自己的利益投保，又可以为他人的利益投保（只要具有保险利益）。

2. 保险人

保险人又称为承保人，按照《保险法》第十条第三款的规定，保险人是指与投保人订立保险合同，并按照合同约定承担赔偿或给付保险金责任的保险公司。即保险人是订立保险合同的一方当事人，它依法设立，专门经营保险业务，按保险合同的约定向投保人收取保险费，对于保险合同约定的可能发生的事故因其所造成的财产损失承担赔偿保险金责任，或者当被保险人死亡、伤残、疾病或者达到合同约定的年龄、期限时承担给付保险金责任。世界上绝大多数国家，对保险人的资格都限定为法人，只有个别国家（如英国）允许个人经营保险业务。按照《保险法》的规定，保险人主要是保险公司（若其他保险组织经营保险业务，须符合法律、行政法规规定，参见《保险法》第六条），目的在于使保险人有严密的组织、雄厚的财力，以保证保险业的稳健经营并承担起对广大的被保险人的经济保障的重大责任。《保险法》对保险公司的设立、变更和终止，保险公司的业务经营范围以及其他经营规则等都有明确的规定。

（二）保险合同的关系人

保险合同的关系人是指与保险合同的订立间接发生关系的人。在保险合同约定事故发生时，保险合同的关系人享有保险金的请求权。保险合同的关系人包括被保险人和受益人。

1. 被保险人

《保险法》第十二条第五款规定：“被保险人是指其财产或者人身受保险合同保障，享有保险金请求权的人。”也就是说，被保险人的财产、寿命或身体受到保险合同的保障，如果在保险期限内发生了保险事故，被保险人有权向保险人请求赔偿或者给付保险金。在财产保险中，被保险人是保险标的的所有人或具有经济利益的人。在人身保险中，被保险人就是保险的对象。

被保险人与投保人的关系，一般有两种情况。第一种情况是投保人为自己的利益订立保险合同，投保人就是被保险人。例如，在财产保险中，投保人以自己具有所有权的财产为保险标的向保险人投保；在人身保险中，投保人以自己的寿命或者身体作为保险标的与保险人订立保险合同。这些都是投保人与被保险人为同一人。第二种情况是投保人为他人的利益订立保险合同，投保人与被保险人相分离。在这种情况下，只要投保人对保险标的具有保险利益，其订立的保险合同在法律上就有效。

2. 受益人

《保险法》第十八条规定："受益人是指人身保险合同中由被保险人或者投保人指定的享有保险金请求权的人。"按照《保险法》的规定，受益人的概念仅限于人身保险合同，受益人享有保险金的请求权。

在人身保险合同中，投保人和被保险人都可以成为受益人。

人身保险的受益人由被保险人或者投保人指定。但是，为了保障被保险人的生命安全，投保人指定受益人须经被保险人同意。

被保险人一般可以任意指定受益人。但被保险人为无民事行为能力人或者限制民事行为能力人的，可以由其监护人指定受益人。

被保险人或者投保人可以指定一人或者数人为受益人。受益人为数人的，被保险人或者投保人可以确定受益顺序和受益份额；未确定受益份额的，受益人按照相等份额享有受益权。

被保险人或者投保人可以变更受益人并书面通知保险人。投保人变更受益人时须经被保险人同意。保险人收到变更受益人的书面通知后，应当在保险单上批注。

一般而言，只要人身保险合同中指定了受益人，被保险人死亡后，就只有受益人享有保险金请求权。在特殊情况下，被保险人的继承人有权享有保险金。《保险法》第四十二条规定："被保险人死亡后，有下列情形之一的，保险金作为被保险人的遗产，由保险人依照《中华人民共和国继承法》的规定向被保险人的继承人履行给付保险金的义务：（一）没有指定受益人，或者受益人指定不明无法确定的；（二）受益人先于被保险人死亡，没有其他受益人的；（三）受益人依法丧失受益权或者放弃受益权，没有其他受益人的。"

为了减少道德风险，保障被保险人的生命安全，世界各国的保险法一般都规定：受益人故意造成被保险人死亡或者伤残的，或者故意杀害被保险人未遂的，丧失受益权。

由于涉及受益人的纠纷较多，《保险法》第三十九条至第四十三条对受益人做了较为详细的法律规定。

（三）保险合同的辅助人

保险合同的辅助人是指辅佐、帮助保险双方当事人订立及履行保险合同的人，通常包括保险代理人、保险经纪人和保险公估人。在我国，一般又将保险合同的辅助人称为保险中介人。

1. 保险代理人

《保险法》第一百一十七条规定："保险代理人是根据保险人的委托，向保险人收取佣金，并在保险人授权的范围内代为办理保险业务的机构或者个人。"

保险人委托保险代理人代为办理保险业务的，应当与保险代理人签订委托代理协议，依法约定双方的权利和义务及其他代理事项。

保险代理人的行为，通常视为被代理的保险人的行为。在保险人的授权范围内，保险代理人的行为对其所代理的保险人有法律约束力。为保障被保险人的合法权益，《保险法》第一百二十七条规定：“保险代理人根据保险人的授权代为办理保险业务的行为，由保险人承担责任。保险代理人没有代理权、超越代理权或者代理权终止后以保险人名义订立合同，使投保人有理由相信其有代理权的，该代理行为有效。保险人可以依法追究越权的保险代理人的责任。”

我国的保险代理人有三种形式：专业代理人、兼业代理人和个人代理人。保险代理人的基本业务范围是代理推销保险产品、代理收取保险费。

2. 保险经纪人

《保险法》第一百一十八条规定：“保险经纪人是基于投保人的利益，为投保人与保险人订立保险合同提供中介服务，并依法收取佣金的机构。”

保险经纪人主要是投保人利益的代表。保险经纪人的法律地位与保险代理人截然不同。因保险经纪人在办理保险业务中的过错，给投保人、被保险人或其他委托人造成损失的，由保险经纪人承担赔偿责任。

保险经纪人一般可以经营下列业务：为投保人拟订投保方案、选择保险人、办理投保手续；协助被保险人或受益人进行索赔；再保险经纪业务；为委托人提供防灾、防损或风险评估、风险管理咨询服务；保险监督管理机构批准的其他业务。

3. 保险公估人

按照《保险法》第一百二十九条的规定，保险活动当事人可以委托保险公估机构等依法设立的独立评估机构或者具有相关专业知识的人员，对保险事故进行评估和鉴定。在我国，保险公估人主要以保险公估机构的方式从事业务。《保险公估机构监管规定》[①] 中规定：保险公估机构是指接受委托，专门从事保险标的或者保险事故评估、勘验、鉴定、估损理算等业务，并按约定收取报酬的机构。保险公估人基于公正、独立的立场，凭借丰富的专业知识和技术，办理保险公估业务。保险公估人既可以接受保险人的委托，又可以接受被保险人的委托。保险公估人向委托人（保险人或被保险人）收取公估费用。保险公估人应当依法公正地执行业务。保险公估人因故意或者过失给保险人或者被保险人造成损害的，依法承担赔偿责任。

二、保险合同的客体

保险合同的客体是指保险双方当事人权利和义务所共同指向的对象。

保险合同的客体不是保险标的，而是保险利益。保险利益是指投保人或被保险人对保险标的具有的法律上承认的利益。保险利益与保险标的不同。保险标的是保险合同中所载明的投保对象，是保险事故发生的客体，即是指作为保险对象的财产及其有关利益或者人的寿命或身体。保险合同并非保障保险标的在保险有效期内不受损害，而是当被保险人的保险标的发生约定的保险事故时给予经济上的赔偿或给

① 《保险公估机构监管规定》由中国保险监督管理委员会于 2009 年 9 月 25 日发布，2009 年 10 月 1 日起施行。

付。保险标的是订立保险合同的必要内容，是保险利益的载体，而保险合同保障的是投保人或被保险人对保险标的所具有的合法利益，没有保险利益，保险合同将会失去客体要件而无效。

如前所述，《保险法》第十二条和第三十一条明确规定：人身保险的投保人在保险合同订立时对被保险人应当具有保险利益。订立合同时，投保人对被保险人不具有保险利益的，合同无效。此外，《保险法》第四十八条还规定："财产保险合同保险事故发生时，被保险人对保险标的不具有保险利益的，不得向保险人请求赔偿保险金。"

三、保险合同的内容

保险合同的内容有广义和狭义之分。广义的保险合同的内容是指以保险合同双方权利和义务关系为核心的全部事项，包括保险合同的主体、客体、权利和义务及其他声明事项；狭义的保险合同的内容是指以保险合同双方当事人依法约定的权利和义务，即表现为保险合同的条款。在此，我们主要对狭义的保险合同的内容进行阐述。

（一）保险条款

保险合同的条款简称保险条款，是保险合同双方当事人依法约定各自的权利和义务的条款。保险条款是对保险双方权利和义务的具体约定，在保险合同中居于核心地位。保险条款对保险合同的双方当事人具有法律约束力。

1. 基本条款和特约条款

保险条款一般分为基本条款和特约条款。

保险合同的基本条款是指约定保险合同双方权利和义务的基本事项的条款。在任何保险合同中，基本条款是不可缺少的条款，一般是由保险人在法定的必须载明事项的基础上事先拟定好并印在保险单上。保险的险种不同，其基本条款也不同。

保险合同的特约条款是由保险双方当事人根据特殊需要，共同约定的条款。特约条款可以包括附加条款、保证条款和协会条款。

附加条款是指保险合同当事人在保险合同基本条款的基础上，约定的补充条款，以增加或限制基本条款所规定的权利与义务。由于保险标的的风险状况不同，投保人对保险的需求也有所不同，附加条款就是应投保人的要求而增加的内容。附加条款的灵活运用，弥补了基本条款的不足，如利用附加条款来变更或者补充原保险单的内容，变更原保险单的约定事项等。附加条款是保险合同的特约条款中使用最普遍的条款。

保证条款是指投保人或被保险人对特定事项进行保证，以确认某项事实的真实性或承诺某种行为的条款。保证条款是投保人或被保险人必须遵守的条款。

协会条款是指保险行业为满足某种需要，经协商一致而制定的条款。如伦敦保险人协会制定的有关船舶和货物运输的条款。

2. 法定条款与任意条款

根据合同约束力的不同，保险条款还可以分为法定条款与任意条款。

法定条款是指根据法律必须在保险合同中明确规定的条款。也就是说，法定条款是法定的必须载明的事项。如按照《保险法》第十八条的规定，保险合同条款应当包括：保险标的；保险责任和责任免除；保险期间和保险责任开始时间；保险金额；保险费以及支付办法；保险金赔偿或者给付办法；违约责任和争议处理等事项。基于此，我国的所有保险合同条款对以上各项内容均不得偏废。保险合同的基本条款必须包括法定条款的各项内容。

任意条款又称为任选条款，是指由保险合同当事人根据需要约定的条款。

（二）保险合同的主要内容

保险合同的内容主要有以下各项：

1. 保险人的名称和住所

《保险法》明确规定保险人为保险公司，因此，保险人的名称一般就是保险公司的名称，保险人的住所就是保险公司的营业场所。在保险合同中对保险人的名称和住所应当准确、清楚地加以记载，以便于保险人行使收取保费的权利、履行赔偿或者给付保险金的义务。

2. 投保人、被保险人的姓名或名称和住所，以及人身保险的受益人的姓名或名称和住所

投保人是保险合同的一方当事人，在保险合同中明确记载其姓名和住所，有利于投保人履行交纳保险费的义务；被保险人作为保险合同的关系人，载明其姓名、名称和住所，有利于被保险人在保险事故发生时行使保险金的请求权，并履行保险合同规定的义务；如果在人身保险合同中约定了受益人，也应将受益人的姓名、名称和住所记载清楚，以利于受益人享受请求保险金的权利。

3. 保险标的

保险标的是指作为保险对象的财产及其有关利益，或者人的寿命或身体。保险标的是保险利益的载体。不同的保险合同，有不同的保险标的。财产保险合同的保险标的是财产及其有关利益，即财产保险合同的保险标的既包括有形的财产，又包括无形的责任及利益。人身保险合同的保险标的是人的寿命或身体。在保险合同中载明保险标的，有利于确定保险合同的种类、判断投保人对保险标的是否具有保险利益、明确保险人承担责任的对象及范围、确定保险金额、确定诉讼管辖等。

4. 保险责任和责任免除

保险责任是指保险合同中载明的风险事故发生后保险人应承担的赔偿或者给付责任，即是保险双方当事人在保险合同中对保险人所应承担的风险责任范围的具体约定。保险责任因保险的险种不同而不同。

责任免除又称为除外责任，是指保险人按照法律规定或者合同约定，不承担保险责任的范围，它是对保险责任的限制，也是对保险人不负赔偿或给付保险金责任范围的具体规定。在保险合同中应明确列明责任免除，以对保险人承担责任的范围加以明确限制，更好地确定双方当事人的权利和义务关系。责任免除条款一般涉及的损害有：战争或军事行动所造成的损害、保险标的物的自然损耗、被保险人及其

关系人的故意行为导致的损害以及其他不属于保险责任范围的损害等。

5. 保险期限

保险期限又称保险期间，是指保险人对保险事故承担赔付责任的起止期限。保险期间规定了保险合同的有效期限，是对保险人为被保险人提供保险保障的起止日期的具体规定。保险期限既可以按年、月、日计算，如以一年为期，也可以按一定事件的起止时间来计算，如建筑工程保险的保险期限就是以一个工程的工期来确定的。保险期限是保险人履行赔付义务的依据。保险标的只有在保险期限内发生的保险事故，保险人才承担赔付保险金的责任。

6. 保险价值

保险价值是财产保险中的特有概念，是指保险标的在某一特定时期内以货币估计的价值额。保险价值是保险金额确定的依据。保险价值的确定有三种方法：一是由投保人和保险人约定并在合同中载明保险价值，若保险事故发生，保险人在计算赔款时不需再对保险标的另行估价；二是按市场价格确定，保险事故发生后，保险人的赔偿金额不得超过保险标的的市场价格；三是按法律规定确定，如《中华人民共和国海商法》（以下简称《海商法》）第二百一十九条规定，船舶的保险价值包括船壳、机器、设备的价值，以及船上燃料、物料、索具、给养、淡水的价值和保险费的总和。

7. 保险金额

保险金额简称保额。《保险法》第十八条规定："保险金额是指保险人承担赔偿或者给付保险金责任的最高限额。"也就是说，保险金额是保险当事人双方约定的，在保险事故发生时，保险人应赔偿或给付的最高限额。保险金额是保险人计算保险费的重要依据。在财产保险中，保险金额的确定以保险标的的价值为依据；在人身保险中，由于人的价值无法用货币衡量，因而一般是由保险合同双方自行约定保险金额。

财产保险合同中的保险金额不得超过保险价值，若超过保险价值，则超过的部分无效；保险金额低于保险价值的，除合同另有约定外，保险人按照保险金额与保险价值的比例承担赔偿责任。

8. 保险费及其支付办法

保险费是指投保人为使被保险人获得保险保障，按保险合同约定支付给保险人的费用。保险费是保险基金的来源，缴纳保险费是投保人应履行的基本义务。保险费的多少，由保险金额、保险费率和保险期限等因素决定。

保险费率一般用百分率或千分率表示。保险费率由纯费率和附加费率组成，其中，纯费率是保险费率的基本组成部分。在财产保险中，保险公司主要依据保险标的的损失率确定纯费率；在人身保险中，保险公司则是依据人的死亡率或生存率、利率等因素确定纯费率。而附加费率主要是依据保险企业在一定期限内的各种营业费用及预定利润确定的。

保险费既可以一次性支付，也可以分期支付；既可以现金支付，也可以转账支付。但不论采取什么方式支付保险费，都应在保险合同中载明。

9. 保险金赔偿或者给付办法

保险金赔偿或给付办法是指保险人承担保险责任的方法。保险金赔偿或给付方法，原则上应采取货币形式，但也有一些财产保险合同约定对特定的损失，可以采取修复、置换等方法。保险金赔偿或给付办法的明确约定及记载，有利于保险人更好地履行保险赔付责任，减少保险双方的赔付纠纷。

10. 违约责任和争议处理

违约责任是指保险活动当事人因其过错，不能履行或不能完全履行保险合同规定的义务时，根据法律规定或合同约定所必须承担的法律后果。在保险合同中任何一方违约都会给对方造成损失，因此，应在合同中明确规定哪些行为是违约行为以及违约应承担的法律责任，以保障保险双方的合法权益。

争议处理是指保险双方解决保险合同纠纷的方式。保险合同的争议处理方式，一般包括协商、仲裁和诉讼三种方式。

11. 订立合同的时间

保险合同应注明订立的时间，以便确认保险责任开始时间、投保人对保险标的是否具有保险利益以及其他涉及保险当事人之间的权利和义务关系。注明订立保险合同的时间，还有助于确认保险合同订立前是否已经发生保险事故，以便查明事实真相、避免骗赔事件的发生。

第三节 保险合同的订立、变更、中止、复效和终止

一、保险合同的订立

保险合同的订立是投保人与保险人意思表示一致而进行的法律行为。

（一）保险合同的订立程序

与其他合同一样，保险合同的订立，大致可分为两个程序，即要约和承诺。

1. 要约

要约是要约人以缔结合同为目的而进行的意思表示。它是合同当事人一方向另一方表示愿与其订立合同的提议。一个有效的要约应具备三个条件：①要约应明确表示订立合同的愿望；②要约应具备合同的主要内容；③要约在其有效期内对要约人具有约束力。在保险合同中，一般投保人为要约人，投保人填写投保单，并交给保险人的行为被视为要约。投保单一经保险人接受，便成为保险合同的一部分。

2. 承诺

承诺是受约人对要约人提出的要约全部接受的意思表示，即受约人向要约人表示愿意完全按照要约内容与其订立合同的答复。一个有效的承诺也应具备三个条

件：①承诺不能附带任何条件；②承诺应由受约人本人或其合法代理人做出；③承诺应在要约的有效期内做出。在保险合同的订立过程中，一般是投保人提出要约，保险人根据投保单的内容签发保险单、保险凭证或暂保单，合同即告成立。但有时情况并不这么简单，因为在签订合同过程中，双方当事人往往有一个协商过程，如要约人对受约人提出要约，受约人对要约人的要约提出修改或附加条件，这时受约人的行为就被认为是提出了新的要约，原要约人与受约人的法律地位互换，即原要约人成为新的受约人，原受约人成为新的要约人。一个合同的签订可能经过要约—新要约……直至承诺的过程，保险合同也不例外。如果保险人对投保人的要约附加了新的内容或条件，则保险人成为新要约人，投保人成为新受约人。合同能否成立，则要看最后一位要约人的要约能否得到最后一位受约人的承诺。

（二）保险合同的成立与生效

一般而言，保险合同的订立意味着保险合同的成立，但是，保险合同的成立与保险合同的生效不是一个概念。

保险合同的成立是保险双方当事人就保险合同条款达成协议。《保险法》第十三条规定："投保人提出保险要求，经保险人同意承保，保险合同成立。"

保险合同的生效是指保险合同对保险双方当事人产生法律约束力。保险合同的生效意味着保险合同具有了法律效力，保险合同的双方当事人、关系人都应按照保险合同的约定承担义务、享有权利；否则，将承担相应的法律后果。

一般而言，合同一成立就立即生效。但是，保险合同较为特殊，它往往是在合同成立后的某一时间生效。如保险条款特别约定：保险费的交纳是合同生效的条件。在保险合同成立后生效前发生的保险事故，保险人不承担赔偿或者给付保险金的责任。

（三）保险合同的订立形式

订立保险合同应该采取书面形式。保险合同的书面形式主要有投保单、保险单、保险凭证和暂保单等。

1. 投保单

投保单是指投保人向保险人申请订立保险合同的一种书面形式的要约。投保单上应列明订立保险合同所必需的项目。投保单一般有统一的格式，由保险人事先准备好，投保人应按保险人所列项目据实逐一填写。投保单一经保险人承诺，即成为保险合同的重要组成部分。投保人对在投保单中所填写的内容，应承担相应的法律后果。例如，投保人在填写投保单时未履行如实告知义务，足以影响到保险人决定是否同意承保或者提高保险费率的，保险人有权解除保险合同，并不承担赔偿或者给付保险金的责任。

2. 保险单

保险单简称保单，是指保险人与投保人之间订立保险合同的正式的书面证明。保险单通常是由保险人签发的，是对投保人要约的一种承诺。保险单是保险双方履约的依据。在保险单上应将保险合同的全部内容详尽列明，包括保险双方当事人、关系人的权利和义务。因而，保险单上除应列明保险项目（被保险人的名称、保险标的、保险费、保险金额、保险期限等）外，还应附上保险合同条款，以便保险双方明确各自应享有的权利、应承担的义务。

3. 保险凭证

保险凭证又称为小保单，是一种简化了的保险单，是保险人向投保人签发的证明保险合同已经成立的一种书面凭证。保险凭证与保险单具有同等的法律效力。保险凭证没有列明的内容，以保险单的条款为准；保险凭证与保险单的内容相冲突时，以保险凭证为准。保险凭证只在少数几种业务中使用，如货物运输保险等。采用保险凭证的主要目的在于简化手续。

4. 暂保单

暂保单又称为临时保单，是保险单或保险凭证出立前发出的临时性的保险单证。使用暂保单主要是基于三种情况：①保险代理人已招揽到保险业务但尚未向保险人办妥保险手续时；②保险公司的分支机构接受投保，但尚需请示上级公司时；③保险双方当事人已就合同的主要条款达成协议，但有些条件尚需进一步商榷时。在以上情况下，保险人可先出具暂保单，作为投保人已保险的证明。暂保单的法律效力与正式保单相同，但其有效期较短，一般为 30 天。在暂保单的有效期间，保险人一旦确定承保并签发保险单，暂保单即自动失效而为保险单所取代；保险人如果确定不予承保，则有权随时提前终止暂保单的效力。

二、保险合同的变更

保险合同的变更是指在保险合同有效期内，保险合同当事人、关系人对合同所做的修改或补充。保险合同成立并生效后，具有法律约束力，保险双方一般不得擅自变更。但是，如果主观意愿或客观情况发生变化，保险双方也可以依法变更保险合同。保险合同的变更，主要是保险合同主体的变更或内容的变更。

（一）保险合同的主体变更

保险合同的主体变更是指保险合同的当事人或关系人的变更，主要是指投保人、被保险人或受益人的变更，保险人一般不会变更。保险合同的主体变更，不改变保险合同的客体和内容。

1. 财产保险合同主体的变更

财产保险合同主体的变更是指投保人或被保险人的变更。财产保险合同主体的变更意味着财产保险标的的转让。财产保险标的的转让可以因买卖、继承、赠予等法律事实的出现而发生，从而使保险标的从一个所有权人转移至另一个所有权人。在这种情况下，要使保险合同继续有效，就需要变更保险合同中的被保险人。

（1）一般财产保险合同主体的变更。在一般情况下，财产保险标的的转让应当通知保险人，经保险人同意继续承保后，依法变更被保险人。保险人可以根据财产保险合同主体变更引起的风险状况的变化，加收或退减部分保险费。

（2）货物运输保险合同主体的变更。在财产保险中，货物运输保险合同由于其标的流动性大，运输过程中经常通过货物运输单据的转让而发生物权转移。因此，法律允许货物运输保险合同不经保险人同意即可变更被保险人，但可由被保险人记名背书。

2. 人身保险合同主体的变更

人身保险合同主体的变更，一般取决于投保人或被保险人的主观意愿，而不以保险标的的转让为前提。人身保险合同主体的变更可以是投保人、被保险人或受益人的变更。

（1）投保人的变更。如果投保人与被保险人是同一人，要变更投保人应通知保险人；如果投保人与被保险人不是同一人，要变更投保人应征得被保险人的同意并通知保险人。被保险人为无民事行为能力人或限制民事行为能力人时，投保人的变更应符合法律法规的相关规定①。投保人的变更应经过保险人的核准及办理相关手续，方能有效。

（2）被保险人的变更。人身保险的被保险人是保险的标的，因而一般不能轻易变更。如果要变更，通常是在团体人身保险中，由于作为团体投保人的员工处于流动状态，投保人可以根据合同的约定，将员工的流动情况通知保险人变更被保险人。被保险人的变更应该采取书面形式。

（3）受益人的变更。人身保险合同主体的变更主要是指受益人的变更。被保险人或者投保人可以变更受益人并书面通知保险人。保险人收到变更受益人的书面通知后，应当在保险单上批注或附贴批单。投保人变更受益人时则须经被保险人同意。

（二）保险合同的内容变更

在保险合同的有效期内，投保人或被保险人与保险人经协商同意，可以变更保险合同的有关内容。

保险合同的内容变更是指合同约定事项的变更，也就是保险关系双方各自所承担的义务和享有的权利的变更。如保险合同中的保险责任、保险金额、保险期限等发生变化，财产保险的保险标的的价值、数量、存放地点、危险程度等发生变化，人身保险的被保险人的职业、投保人的交费方式等发生变化，都可以属于保险合同的内容变更的范围。

（三）保险合同变更的形式

保险合同发生变更，投保人或被保险人应主动向保险人申请办理批改手续，保险人同意后，应在原保单或者其他保险凭证上批注或附贴批单，或者由投保人和保险人订立变更的书面协议。

保险合同的变更往往意味着保险人承担风险的增加或减少，为此可能需要加收或退减部分保险费。

为了明确保险双方当事人在保险合同变更后的权利和义务，按照国际惯例，合

① 参见《保险法》第三十三条、第三十四条规定。

同变更后的有效性按下列顺序认定：手写批注优于打印批注；加贴的附加条款优于基本条款；加贴的批注优于正文的批注。

三、保险合同的中止与复效

保险合同的中止与复效仅适用于人身保险合同。

（一）保险合同的中止

保险合同的中止是指保险合同暂时失去效力。在人身保险中，保险期限一般较长，投保人可能因为种种主客观原因不能按期缴纳续期保险费，为了保障保险双方的合法权益，并给投保人一定的回旋余地，各国的保险法一般都对缴费的宽限期及合同中止做了明确规定。《保险法》第三十六条规定："合同约定分期支付保险费，投保人支付首期保险费后，除合同另有约定外，投保人自保险人催告之日起超过30日未支付当期保险费，或者超过约定的期限60日未支付当期保险费的，合同效力中止，或者由保险人按照合同约定的条件减少保险金额。"即人身保险的保险合同生效后，如果投保人未按期缴纳保险费，并超过了60天的宽限期，保险合同的效力中止。在保险合同中止前的宽限期内如果发生了保险事故，保险人应承担赔付责任；但是如果是在保险合同中止后发生的保险事故，保险人不承担赔付责任。保险合同的中止并不意味着保险合同的解除，经过一定的程序仍然可以恢复法律效力。

（二）保险合同的复效

保险合同的复效是指保险合同效力的恢复。保险合同效力中止后，经保险人与投保人协商并达成协议，在投保人补交保险费后，可以恢复保险合同的效力。但是按照《保险法》的规定，自合同效力中止之日起两年内双方未达成协议的保险人有权解除合同。

四、保险合同的终止

保险合同的终止是指合同双方当事人确定的权利和义务关系的消灭。保险合同的终止主要包括下面几种情况：

（一）保险合同的解除

保险合同的解除是指在保险合同的有效期限届满前，当事人依照法律规定或者合同约定提前终止合同效力的法律行为。

保险合同的解除按解约的主体可以分为投保人解除保险合同、保险人解除保险合同和保险双方约定解除保险合同三种情况。

1. 投保人解除保险合同

由于保险合同是在平等自愿的基础上订立的，因而在一般情况下，投保人可以随时提出解除保险合同。

《保险法》第十五条规定："除本法另有规定或者保险合同另有约定外，保险合同成立后，投保人可以解除合同。"根据《保险法》的规定，保险合同成立后，投保人一般可以解除保险合同，而不需承担违约责任。但是，某些保险合同具有特殊性，如货物运输保险合同和运输工具航程保险合同，保险责任开始后，难以确定终止责任的具体时间、空间，因此，投保人不能要求解除保险合同。如果保险双方当事人通过合同约定，对投保人的合同解除做出限制的，投保人也不得解除保险合同。

2. 保险人解除保险合同

按照各国的保险法规定，保险人一般不能解除保险合同；否则，应承担违约责任。因为如果允许保险人任意解除保险合同，这可能严重损害被保险人的利益。例如，保险人可能在得悉风险增大（洪灾预报）时解除保险合同，使被保险人得不到应有的保险保障。《保险法》第十五条规定："除本法另有规定或保险合同另有约定外，保险合同成立后……保险人不得解除合同。"也就是说，为了保障被保险人的合法权益，在一般情况下，保险人不能随意解除保险合同，但是，如果《保险法》另有规定或保险合同另有约定的，保险人仍然可以解除保险合同。

根据《保险法》的规定，保险人在下列情况下有权解除保险合同①：

（1）投保人故意或者因重大过失未履行如实告知义务，足以影响保险人决定是否同意承保或者提高保险费率的，保险人有权解除合同。

（2）被保险人或者受益人在未发生保险事故的情况下谎称发生了保险事故，向保险人提出赔付保险金的请求，保险人有权解除保险合同，并不退还保险费。

（3）投保人、被保险人故意制造保险事故的，保险人有权解除保险合同，不承担赔付责任，并不退还保险费。

（4）保险标的转让导致危险程度显著增加的，保险人自收到被保险人或者受让人的通知之日起三十日内，可以按照合同约定增加保险费或者解除合同。被保险人、受让人未履行保险标的转让的通知义务的，转让导致保险标的危险程度显著增加而发生的保险事故，保险人不承担赔偿保险金的责任。

（5）投保人、被保险人未按约定履行其对保险标的的安全应尽责任的，保险人有权要求增加保险费或解除保险合同。

（6）在保险合同有效期内，保险标的的危险程度显著增加的，被保险人按照合同约定应及时通知保险人，保险人有权要求增加保险费或者解除保险合同。被保险人未履行通知义务的，因保险标的危险程度显著增加而发生的保险事故，保险人不承担赔偿保险金的责任。

（7）人身保险的投保人申报的被保险人年龄不真实，并且其真实年龄不符合合同约定的年龄限制的，保险人可以解除合同，并按照合同约定退还保险单的现金

---

① 对于第（1）和第（7）种情况下的保险合同解除权，《保险法》第十六条做了明确的限制性规定："合同解除权，自保险人知道有解除事由之日起，超过三十日不行使而消灭。自合同成立之日起超过二年的，保险人不得解除合同；发生保险事故的，保险人应当承担赔偿或者给付保险金的责任。""保险人在合同订立时已经知道投保人未如实告知的情况的，保险人不得解除合同；发生保险事故的，保险人应当承担赔偿或者给付保险金的责任。"

价值。

（8）自保险合同效力中止之日起满两年，保险双方当事人未达成复效协议的，保险人有权解除保险合同。

（9）保险标的发生部分损失的，自保险人赔偿之日起三十日内，除合同另有约定外，保险人可以解除合同，但应当提前十五日通知投保人。合同解除的，保险人应当将保险标的未受损失部分的保险费，按照合同约定扣除自保险责任开始之日起至合同解除之日止应收的部分后，退还投保人。

《保险法》的上述规定，赋予了保险人在投保人、被保险人和受益人严重违反法律规定及合同约定的情况下解除保险合同的权利，这既是对被保险人及其关系人违法行为的惩戒，又是对保险人合法权益的维护，体现了诚实信用原则和公平互利原则。

3. 保险双方约定解除保险合同

这种情况简称为约定解除或协议注销。保险合同当事人在不违反法律法规或公共利益的前提下，可以在合同中约定当一定的事实发生时，一方或双方当事人有权解除合同，并且可以约定行使解除权的期限。如我国的船舶战争险条款规定，对于定期保险，保险人有权在任何时候向被保险人发出注销战争险的通知，在发出通知后十四天期满时终止战争险责任。又如，我国的简易人身保险条款规定，交付保险费一周年以上，并且保险期已满一周年的，投保人或被保险人不愿继续保险的，可向保险人申请退保。

可见，约定解除是指保险双方经过协商可以在保险合同中规定一方或双方当事人以一定条件注销保险合同的权力。

保险合同解除的程序是：在法律规定或保险合同约定的条件下，具有解约权的一方当事人，可以单方决定解除保险合同，但解约方应将解除保险合同的通知做成书面文件并及时通知对方当事人。任何一方不符合法律的规定或保险合同约定，擅自解除保险合同的，应当承担相应的违约责任及其他法律责任。

（二）保险合同的期满终止

这是保险合同终止的最普遍的原因。保险期限是保险人承担保险责任的起止时限。如果在保险期限内发生了保险事故，保险人按照合同约定赔偿了保险金额的一部分，保险合同期满时，保险合同的权利和义务关系终止；如果在保险期限内没有发生保险事故，保险人没有赔付，保险合同载明的期限届满时，保险合同自然终止。一般而言，只要超过了保险合同规定的责任期限，保险合同就终止，保险人就不再承担保险责任。

（三）保险合同的履约终止

保险合同是保险双方当事人约定在一定的保险事故发生时，保险人承担赔偿或给付保险金责任的合同。因此，当保险合同约定的保险事故发生，保险人履行完赔偿或者给付保险金责任后，无论保险期限是否届满，保险合同即告终止。

第四节 保险合同的争议处理

一、保险合同争议处理的方式

保险合同争议的处理主要采取协商、仲裁和诉讼的方式。

（一）协商

协商一般是指主体间就共同关心的事项和利益进行协调和取得谅解的方式。

在经济合同中，协商是合同双方当事人在自愿互谅的基础上，按照法律规定和合同约定，进行协调和商议的方式。

在保险双方发生争议时，首先应该通过协商的方式进行解决。在协商下，双方各自做出一定的让步，在共同能够接受的结果下达成和解的协议。协商是解决保险合同争端的一种好的方式。通过协商方式处理保险合同争议，具有简便、易行的特点，可以节约仲裁或诉讼费用，有助于化解保险双方的矛盾，进一步增进保险双方的了解、信任与合作。

（二）仲裁

仲裁也称“公断”，是指当事人双方在某一问题上争执不决时，自愿地由第三者（一般为依法设立的仲裁机构的仲裁员）居中调解，做出裁决的方式①。在古罗马时代就已经出现了以仲裁方式解决商品买卖中争议的做法。1697 年，英国颁布了世界上第一部仲裁法。到了 19 世纪，世界各国纷纷制定了有关仲裁的法律，将仲裁作为解决民商事争议的方式，并以法律的形式固定下来。在 20 世纪之后，仲裁已成为世界各国公认的解决民商事争议的最有效的手段之一。仲裁裁决与法院判决一样，对当事人具有法律约束力。

按照《中华人民共和国仲裁法》②（以下简称《仲裁法》）的规定，平等主体的公民、法人和其他组织之间发生的合同纠纷和其他财产权益纠纷，可以仲裁；当事人双方采用仲裁方式解决纠纷，应当自愿达成仲裁协议，没有仲裁协议，一方申请仲裁的，仲裁委员会不予受理；仲裁不实行地域管辖和级别管辖；仲裁实行一裁终局的制度，裁决做出后当事人就同一纠纷再申请仲裁或向人民法院起诉的，仲裁委员会或者人民法院不予受理。

（三）诉讼

诉讼是指法院、检察机关以及民事、刑事案件的当事人，依照法定程序处理案件时所进行的活动。在诉讼过程中，司法机关、当事人和其他诉讼参与人都依法具

---

① 根据曾庆敏主编的《精编法学辞典》第 344 页及《辞海（缩印本）》第 219 页对仲裁的解释归纳得出。

② 即 1994 年 8 月 31 日第八届全国人民代表大会第九次会议通过，1994 年 8 月 31 日中华人民共和国主席令第 31 号公布，1995 年 9 月 1 日施行的《中华人民共和国仲裁法》。

有各自特定的诉讼地位，各自享有法定的诉讼权利、履行一定的诉讼义务[①]。

在保险双方当事人发生保险合同纠纷时，保险双方当事人可以通过诉讼方式寻求法律上的保护。人民法院应以事实为依据、以法律为准绳，独立、客观、公正地行使宪法赋予的审判权，维护保险双方当事人的合法权益。按照《中华人民共和国民事诉讼法》第二十六条的规定："因保险合同纠纷提起诉讼，通常由被告所在地或者保险标的物所在地人民法院管辖。"

我国现行的保险合同条款中一般明确约定：发生争议时，由保险双方当事人协商解决；协商不成的，提交合同中约定的仲裁委员会仲裁或者依法向人民法院提起诉讼。

二、保险合同的条款解释原则

保险合同订立后，可能因种种原因，从而使保险双方当事人及关系人对保险合同条款的内容有不同的理解以致双方产生争议。在有争议的情况下，一般由当事人双方协商解决，若协商不能达成一致，则应通过仲裁机关或者法院做出裁决或判决。为保证裁决或判决的客观和公正，保险公司需要依照法律的规定或行业习惯确定一定的条款解释原则。保险合同的条款解释原则，可以概括为以下三点。

（一）文义解释

文义解释是指对合同条款的文字应按照其通常的含义并结合上下文来解释；同一个合同中出现的同一个文句，前后的解释应当相同；条款中出现的专业术语，应按照其所属行业的通常含义进行解释。在保险合同中，对一般条文的解释，应该按照该文字通常的含义并结合合同的整体内容来解释；对保险专业术语、法律术语及其他专业术语，可以依据保险法及相关的法律、法规或行业惯例等进行解释。

（二）意图解释

意图解释是指解释保险合同条款应遵循签约当时双方当事人的真实意图，以当时的客观情况为出发点来进行解释。保险合同的条款是保险双方当事人意思表示一致而确立的，因此，保险公司在解释时应充分尊重双方当事人订立合同时的真实意图。在双方对合同条款有歧义而又无法运用文义解释原则时，保险公司应通过分析背景材料等方式，对签约当时双方当事人的真实意图进行逻辑上的推断。

（三）解释应有利于被保险人和受益人

由于保险合同一般是由保险人事先拟定的，是附合合同，保险合同条款主要是格式条款，在订立保险合同时，投保人往往只能表示接受或不接受，使保险人在条文的拟定上处于主动地位，被保险人则居于被动地位；而且，保险条款的专业性较强，有些保险专业术语一般人难以理解，因此，对保险条款有两种或两种以上的解释时，应当做出不利于提供格式条款一方的解释，即解释应有利于被保险人和受益

① 根据曾庆敏主编的《精编法学辞典》第 535 页及《辞海（缩印本）》第 385 页对诉讼的解释归纳得出。

人。对此，《保险法》第三十条做了明确的法律规定："采用保险人提供的格式条款订立的保险合同，保险人与投保人、被保险人或者受益人对合同条款有争议的，应当按照通常理解予以解释。对合同条款有两种以上解释的，人民法院或者仲裁机构应当做出有利于被保险人和受益人的解释。"

复习思考题

1. 名词解释：

保险人	被保险人	受益人
保险代理人	保险经纪人	保险利益
保险标的	保险金额	

2. 什么是保险合同？保险合同具有哪些特征？
3. 什么是投保人？作为投保人需要具备哪些条件？
4. 在《保险法》中，我国对保险公估人有何规定？
5. 简述保险合同的订立程序，说明保险合同订立的主要形式有哪些？
6. 保险合同的主体变更有哪几种情况？保险合同的变更应该采取什么形式？
7. 保险合同终止有哪几种情况？
8. 简述保险合同解除的主体、原因及程序。
9. 简述保险合同争议处理的方式。
10. 简述保险合同的条款解释原则，说明为什么保险合同的解释要有利于被保险人和受益人？

第六章 保险的基本原则

内容提示：在保险业务的长期发展过程中，为了规范保险行为，保证保险制度的健康运行，业界逐渐形成了一些公认的原则，这些原则一般在法律或保险合同中做了相应的规定或约定。本章阐述了保险合同的六项原则，其中前三项原则是财产保险合同和人身保险合同共同的基本原则，后三项原则是财产保险合同特有的原则。本章是重点章，学习时应系统掌握、深入理解各原则的含义、主要内容及其基本要求。

第一节 最大诚信原则

一、最大诚信原则的基本含义和产生的原因

（一）最大诚信原则的基本含义

诚信即诚实、守信用，具体而言就是要求一方当事人对另一方当事人不得隐瞒、欺骗，做到诚实；任何一方当事人都应该善意地、全面地履行自己的义务，做到守信用。诚实信用原则是各国立法对民事、商事活动的基本要求。例如，《中华人民共和国合同法》① 第六条规定："当事人行使权利、履行义务应当遵循诚实信用原则。"当事人在订立合同过程中故意隐瞒与订立合同有关的重要事实或者提供虚假情况，以及有其他违背诚实信用原则的行为，给对方造成损失的，应当承担损害赔偿责任。

由于保险经营活动的特殊性，保险交易中对诚信的要求更为严格，要求合同双方在订立和履行保险合同过程中做到最大诚信。最大诚信原则的基本含义是：保险

① 1999年3月15日第九届全国人民代表大会第二次会议通过，1999年10月1日起施行。

双方在签订和履行保险合同时，必须保持最大的诚意，互不欺骗和隐瞒，恪守合同的承诺，全面履行自己应尽的义务；否则，将导致保险合同无效，或承担其他法律后果。

（二）最大诚信原则产生的原因

在商业保险的发展过程中，最大诚信原则起源于海上保险。海上保险发展初期，当投保人与保险人签订保险合同时，投保的船舶和货物可能已在异地，保险人不能对保险财产进行实地了解，只能凭投保人对保险标的风险情况的描述，来决定是否承保，以什么条件承保等。这就客观上要求投保人对保险标的及风险状况的描述必须真实可靠；否则，将影响保险人对风险的判断。随着海上保险业务的发展，最大诚信逐步成为海上保险的一项基本准则。最早把最大诚信原则以法律进行规范的是英国1906年颁布的《海上保险法》，该法第十七条规定：海上保险合同是建立在最大诚信基础上的合同。如果合同任何一方不遵守最大诚信，另一方就可宣告合同无效。后来，各国制定的保险法大都规定了这一原则。《保险法》第五条规定："保险活动当事人行使权利、履行义务应当遵循诚实信用原则。"

保险交易活动必须坚持最大诚信原则的主要原因在于保险合同双方信息的不对称性，其主要表现在以下两个方面：

1. 保险人对保险标的的非控制性

在整个保险经营活动中，投保人向保险人转嫁的是保险标的未来面临的特定风险，而非保险标的本身。无论承保前还是承保后，保险标的始终控制在投保人、被保险人手中，投保人对保险标的及风险状况最为了解，保险人在承保时虽然要对保险标的进行审核，但往往因没有足够的人力、物力、时间对投保人、被保险人及保险标的进行详细的调查研究，其对保险标的及风险状况的判断主要依靠投保人的陈述。这就要求投保人或被保险人在合同订立与履行过程中对有关保险标的的情况如实告知保险人，投保人对保险标的及风险程度等情况陈述的完整、准确与否，直接影响到保险人是否承保、保险费率的确定和保险合同履行过程中对保险标的风险状况的把握，投保人的任何欺骗或隐瞒行为，必然会侵害保险人的利益。因此，为保证保险经营活动的正常进行，维护保险人的利益，投保人或被保险人要遵循最大诚信原则。

2. 保险合同的专业性

保险合同因投保人与保险人意思表示一致而成立，并以双方相互诚实信用为基础，投保人向保险人支付保险费转移风险，相当程度上是基于信赖保险人对保险条款所做的解释和说明。保险合同是附和合同，合同条款一般由保险人事先拟定，具有较强的专业性和技术性，投保人不熟悉保险业务知识，在签约时会处于不利地位。这就要求保险人也应坚持最大诚信原则，将保险合同的主要内容告知投保人、被保险人。

二、最大诚信原则的主要内容及相关法律规定

最大诚信原则的基本内容包括告知、保证、说明、弃权与禁止反言。告知与保证主要是对投保人或被保险人的约束；说明、弃权与禁止反言主要是对保险人的约束。

（一）告知

1. 告知的含义

告知是投保人或被保险人在保险合同签订和履行的过程中对保险标的及其相关重要事项向保险人所做的陈述。告知分广义告知和狭义告知两种。广义告知是指保险合同订立时，投保方必须就保险标的的风险状态等有关事项向保险人进行口头或书面陈述，以及合同订立后，保险标的风险增加或事故发生等的通知。狭义告知仅指投保方对保险合同成立时就保险标的的有关事项向保险人进行口头或书面陈述。事实上，在保险实务中所称的告知，一般是指狭义告知。关于保险合同订立后保险标的风险增加或保险事故发生时的告知，一般称为通知义务。

2. 告知的形式和内容

告知的形式一般有两种，即事实告知和询问告知。事实告知又称无限告知，即法律或保险人对告知的内容没有明确规定，投保方须主动地将保险标的的状况及有关重要事实如实告知保险人。询问告知又称有限告知、主观告知，是指投保方只对保险人询问的问题如实告知，对询问以外的问题投保方无须告知。早期保险活动中的告知形式主要是事实告知。随着保险技术水平的提高，目前世界上许多国家，包括我国在内的保险立法都是采用询问告知的形式。《保险法》第十六条第一款规定："订立保险合同，保险人就保险标的或者被保险人的有关情况提出询问的，投保人应当如实告知。"可见，《保险法》采取的是询问告知形式。在保险实务中，一般操作方法是保险人将需投保人告知的内容列在投保单上，要求投保人如实填写。要求投保方告知的主要内容是在保险合同订立时，投保人应将那些足以影响保险人决定是否承保和确定费率的重要事实如实告知保险人。例如，将人身保险中被保险人的年龄、性别、健康状况、既往病史、家族遗传史、职业、居住环境、嗜好等如实告知保险人；将财产保险中保险标的的价值、使用性质、风险状况等如实告知保险人。

3. 违反告知义务的法律后果

投保人对保险人询问的事项，未尽如实告知义务时，根据各国保险法的规定，保险人有解除保险合同的权利。因为，投保人违反如实告知义务，会使得保险人在承保后处于不利的地位，若继续维持保险合同的效力，不仅对保险人不公平，会损害保险人的利益，而且也会助长投保人不履行告知义务的不良行为。基于此，《保险法》第十六条第二、四、五款规定："投保人故意或者因重大过失未履行前款规定的如实告知义务，足以影响保险人决定是否同意承保或者提高保险费率的，保险人有权解除合同。投保人故意不履行如实告知义务的，保险人对于合同解除前发生

的保险事故，不承担赔偿或者给付保险金的责任，并不退还保险费。投保人因重大过失未履行如实告知义务，对保险事故的发生有严重影响的，保险人对于合同解除前发生的保险事故，不承担赔偿或者给付保险金的责任，但应当退还保险费。"从以上的规定可以看出：①投保人无论是故意不履行如实告知义务，还是因重大过失未履行如实告知义务，保险人都可以解除保险合同，保险人对于保险合同解除前发生的保险事故不承担赔付保险金的责任；②由于投保人的故意与过失在性质上的不同，《保险法》在是否退还保险费的问题上做了不同的规定，其目的在于惩戒故意不履行告知义务的行为。

4. 及时通知

所谓及时通知，是指投保人或被保险人在保险标的的危险程度增加或保险事故发生时应尽快通知保险人，使保险人知悉有关情况。通知主要有三方面的内容：①保险合同有效期内，若保险标的危险程度增加，应及时通知保险人，以便保险人决定是否继续承保，或以什么条件接受这种变化。因为在保险合同中，危险程度的大小是保险人决定承保以及确定保险费率的重要依据，而危险程度又取决于保险标的所处的不同条件或状态。如果保险标的所处的条件或状态发生了变化，导致当事人订立合同所无法预见的有关危险因素及危险程度的增加，势必影响到保险人的根本利益。因此，投保人或被保险人应当将危险增加之事实告知保险人。被保险人未履行通知义务的，因保险标的的危险程度增加而发生的保险事故，保险人不承担赔偿责任。②被保险人在知道保险事故发生后，应及时通知保险人，以便保险人及时查勘定损，并有义务根据保险人的要求提供与确认保险事故的性质、原因、损失程度等有关的证明和资料。③其他有关通知事项。在财产保险合同中，重复保险的投保人应当将重复保险的有关情况通知各保险人；保险标的的转让应当通知保险人，经保险人同意继续承保后，依法变更合同。因为保险标的的转让可能会使保险标的面临的风险状况发生变化，增加保险人承担的风险责任范围，影响保险人的经营稳定，所以，被保险人在保险标的转让时，应当通知保险人，经保险人同意后，变更合同中的被保险人后继续承保。

（二）保证

1. 保证的含义

保证是最大诚信原则的另一项重要内容。所谓保证，是指保险人要求投保人或被保险人对某一事项的作为或不作为，某种事态的存在或不存在做出许诺。保证是保险人签发保险单或承担保险责任的条件，其目的在于控制风险，确保保险标的及其周围环境处于签约时的状态中。保证属于保险合同的重要内容。

2. 保证的形式

从保证的表现形式上看，保证可分为明示保证与默示保证两种。

明示保证是指以文字形式记载于保险合同中的保证事项，成为保险合同的条款。例如，我国机动车辆保险条款规定，被保险人及其驾驶人应当做好保险车辆的维护、保养工作，并按规定检验合格；保险车辆装载必须符合法律法规中有关机动车辆装载的规定，使其保持安全行驶技术状态；被保险人及其驾驶人应根据保险人提出的消除不安全因素和隐患的建议，及时采取相应的整改措施。明示保证是保证的重要表现形式。

默示保证是指在保险合同中虽然没有以文字形式加以规定，但习惯上是社会公认的或法律规定的投保人或被保险人应该保证的事项。默示保证在海上保险中运用比较多，例如，海上保险的默示保证事项：①保险的船舶必须有适航能力；②要按预定的或习惯的航线航行；③必须从事合法的运输业务。默示保证与明示保证具有同等的法律效力，被保险人都必须严格遵守。

从保证的内容上看，保证可分为承诺保证与确认保证。

承诺保证是指投保人或被保险人对将来某一事项的作为或不作为的保证，即对未来有关事项的保证。例如，投保家庭财产保险时，投保人或被保险人保证不在家中放置危险物品；投保家庭财产盗窃险时，投保人或被保险人保证家中无人时，门窗一定要关好、上锁。

确认保证是指投保人或被保险人对过去或现在某一特定事实的存在或不存在的保证。确认保证是要求对过去或投保当时的事实做出如实的陈述，而不是对该事实以后的发展情况做保证。例如，投保人身保险时，投保人保证被保险人在过去和投保当时健康状况良好，但不保证今后也一定如此。正是被保险人未来面临患病的风险，现在才有投保的必要。

3. 违反保证的法律后果

在保险活动中，无论是明示保证还是默示保证，保证的事项均属重要事实，因而被保险人一旦违反保证的事项，保险合同即告失效，或保险人拒绝赔偿损失或给付保险金，而且除人寿保险外，保险人一般不退还保险费。

（三）说明

1. 说明的含义

此处的说明是指保险人的说明义务，即保险人应当向投保人说明保险合同条款的内容，特别是免责条款内容。

2. 说明的内容和形式

保险人说明的内容，主要是影响投保人决定是否投保及如何投保的一切事项。保险人有义务在订立保险合同前向投保人详细说明保险合同的各项条款，并对投保人提出的有关合同条款的提问做出直接、真实的回答，就投保人有关保险合同的疑问进行正确的解释。保险人可以书面或口头形式对投保人做出说明，也可以通过代理人向投保人做出说明。保险人应当就其说明的内容负责，对其代理人所做的说明，亦负同一责任。保险人说明义务的重心，是保险合同的免责条款。因为免责条款直接关系到保险人对被保险人是否承担赔付责任的范围，对投保决策具有决定性的作用，如果不对这些条款予以说明，投保人的投保决策可能与其真正的需要发生冲突，会影响投保人或被保险人的利益。

保险人履行说明义务的形式有两种：明确列明和明确说明。明确列明是指保险人把投保人决定是否投保的有关内容，以文字形式在保险合同中明确载明；明确说明则不仅要将有关保险事项以文字形式在保险合同中载明，而且还须对投保人进行明确的提示，对重要条款做出正确的解释。《保险法》采取后一种方式，《保险法》第十七条第二款规定："对保险合同中免除保险人责任的条款，保险人在订立合同时应当在投保单、保险单或者其他保险凭证上作出足以引起投保人注意的提示，并对该条款的内容以书面或者口头形式向投保人作出明确说明；未做提示或者明确说明的，该条款不产生效力。"

（四）弃权与禁止反言

弃权是指合同一方任意放弃其在保险合同中的某种权利。禁止反言又称禁止抗辩，是指合同一方既然已经放弃这种权利，将来就不得反悔，再向对方主张这种权利。此条主要用以约束保险人。例如，在海上保险中，保险人已知被保险轮船改变航道而没提出解除合同，则视为保险人放弃对不能改变航道这一要求的权利，因改变航道而发生的保险事故造成的损失，保险人就要赔偿。弃权与禁止反言的情况可能产生于保险代理关系中，保险代理人是基于保险人利益并以保险人名义从事保险代理活动，他们在业务活动中可能会受利益驱动而不按保险单的承保条件招揽业务，即放弃保险人可以主张的权利，保险合同一旦生效后，保险人不得以投保人未履行告知义务而解除保险合同。《保险法》第十六条第六款规定："保险人在合同订立时已经知道投保人未如实告知的情况的，保险人不得解除合同；发生保险事故的，保险人应当承担赔偿或者给付保险金的责任。"《保险法》第一百二十七条规定："保险代理人根据保险人的授权代为办理保险业务的行为，由保险人承担责任。保险代理人没有代理权、超越代理权或者代理权终止后以保险人名义订立合同，使投保人有理由相信其有代理权的，该代理行为有效。保险人可以依法追究越权的保险代理人的责任。"

第二节　保险利益原则

一、保险利益原则的含义及其意义

（一）保险利益的含义

保险利益是指投保人或被保险人对保险标的具有的法律上承认的利益。这里的利益一般是指保险标的的安全与损害直接关系到被保险人的切身经济利益。表现为：保险标的存在，这种利益关系存在；如果保险标的受损，则投保人或被保险人的经济利益也会受损。如果保险事故发生导致保险标的的损害，而投保人或被保险人的经济利益毫无损失，则投保人或被保险人对保险标的没有保险利益。例如在财产保险合同中，保险标的的毁损灭失直接影响到投保人的经济利益，视为投保人对该保险标的具有保险利益；在人身保险合同中，保险利益关系既可以表现为经济利益关系，也可以表现为亲缘关系等。

《保险法》第十二条第一、二、三、四、六款规定："人身保险的投保人在保险合同订立时，对被保险人应当具有保险利益。财产保险的被保险人在保险事故发生时，对保险标的应当具有保险利益。人身保险是以人的寿命和身体为保险标的的保险。财产保险是以财产及其有关利益为保险标的的保险。保险利益是指投保人或者被保险人对保险标的具有的法律上承认的利益。"

一般而言，保险利益是保险合同生效的条件，也是维持保险合同效力的条件（不同的险种有一定的差异）。因此，保险利益原则是保险合同的一项基本原则。

（二）保险利益成立的条件

保险利益是保险合同得以成立的前提，无论是财产保险合同，还是人身保险合同，都应以保险利益的存在为前提。保险利益应符合下列条件：

1. 保险利益应为合法的利益

投保人对保险标的所具有的利益要为法律所承认。只有在法律上可以主张的合法利益才能受到国家法律的保护，因此，保险利益必须是符合法律规定的、符合社会公共秩序的、为法律所认可并受到法律保护的利益。例如，在财产保险中，投保人对保险标的所有权、占有权、使用权、收益权或对保险标的所承担的责任等，必须是依照法律、法规、有效合同等合法取得、合法享有、合法承担的利益，因违反法律规定或损害社会公共利益而产生的利益，不能作为保险利益。例如，因盗窃、走私、贪污等非法行为所得的利益不得作为投保人的保险利益而投保。

2. 保险利益一般应为经济利益

由于保险保障是通过货币形式的经济补偿或给付来实现其职能的，因此如果投保人或被保险人的利益不能用货币来反映，则保险人的承保和赔付就难以进行。因此，投保人对保险标的的保险利益在数量上应该可以用货币来计量，无法定量的利益不能成为可保利益。在财产保险中，由于保险标的本身是可以估价的，保险利益也可以用货币来衡量。由于人身无价，一般情况下，人身保险合同的保险利益有一定的特殊性，只要求投保人对被保险人具有法律上承认的利害关系，就认为投保人对被保险人具有保险利益，保险利益不能用货币来衡量；在个别情况下，人身保险的保险利益也可加以计算和限定，如债权人对债务人生命的保险利益可以确定为债务的金额。

3. 保险利益一般应为确定的利益

确定的利益是指投保人对保险标的在客观上或事实上已经存在或可以确定的利益。这种利益不仅是可以确定的，而且是客观存在的利益，不是当事人主观臆断的利益。这种客观存在的确定利益一般包括现有利益和期待利益。现有利益是指在客观上或事实上已经存在的经济利益；期待利益是指在客观上或事实上尚未存在，但根据法律、法规、有效合同的约定等可以确定在将来某一时期内将会产生的经济利益。在投保时，现有利益和期待利益均可作为确定保险金额的依据；但在保险财产受损索赔时，期待利益必须已成为现实利益才属索赔范围，保险人的赔偿或给付，以实际损失的保险利益为限。

（三）坚持保险利益原则的意义

1. 防止道德风险的诱致

投保人对与自己毫无利害关系的保险标的投保，就可能出现投保人为了谋取保险赔偿而任意购买保险，并希望事故发生的现象；甚至为了获得巨额赔偿或给付，采用纵火、谋财害命等手段制造事故。这些都增加了道德风险发生的可能性。在保险利益原则的规定下，由于投保人与保险标的之间存在着利害关系，投保的目的是为了获得一种经济保障，因而能在较大程度上防范道德风险。

2. 避免赌博行为的发生

保险和赌博都具有射幸性，若对与自己毫无利害关系的保险标的投保，被保险人就可能因保险事故的发生而获得高于所交保险费若干倍的额外收益，如果没有发生事故则丧失保险费，这种以小的损失谋取较大的经济利益的投机行为是一种赌博行为。坚持保险利益原则，就会把保险与赌博从本质上区分开来。英国保险发展历史上曾出现过保险赌博事件，投保人对与自己毫无利害关系的标的投保，一旦发生保险事故就可获得相当于保险费千百倍的巨额赔款，于是人们就像在赛马场上下赌注一样买保险，这严重影响了社会的安定。于是英国政府于17世纪中叶通过立法禁止了这种行为，维护了正常的社会秩序，保证了保险事业的健康发展。

3. 限制损失赔偿金额

财产保险合同是补偿性合同，保险合同保障的是被保险人的经济利益，补偿的是被保险人的经济损失，而保险利益以投保人对保险标的的现实利益以及可以实现的预期利益为范围，因此是保险人衡量损失及被保险人获得赔偿的依据。保险人的赔偿金额不能超过保险利益，否则被保险人将因保险而获得超过其损失的经济利益，这既有悖于损失补偿原则，又容易诱发道德风险和赌博行为。另外，如果不以保险利益为原则，还容易引起保险纠纷。

二、财产保险利益与人身保险利益的比较

（一）保险利益的认定

虽然一切保险利益均来源于法律、合同、习惯或惯例，但由于两大险种保险标的性质不同，保险利益产生的条件各异。

1. 财产保险利益的认定

一般来说，财产保险的保险利益主要产生于投保人或被保险人对保险标的的各项权利和义务。它主要包括现有利益、期待利益和责任利益。现有利益是指投保人或被保险人对保险标的在投保时已享有的利益，包括所有利益、占有利益、抵押利益、留置利益、债权利益等，是保险利益最为通常的形态。期待利益又称希望利益，是指通过现有利益而合理预期的未来利益，如盈利收入利益、租金收入利益、运费收入利益等。责任利益主要是针对责任保险而言的。但基于财产保险标的的可估价性和保险合同的补偿性特点，保险利益的成立要求符合以下条件：①可以用金

钱计算；②必须是合法利益；③必须是确定的利益，即无论是现有利益还是预期利益，都必须在客观上是确定的、能够实现的利益，而不是凭主观臆测或推断可能获得的利益。

2. 人身保险利益的认定

各国保险立法对人身保险利益的规定有共同之处，即投保人对自己的寿命和身体具有保险利益。但当投保人为他人投保时，保险利益的认定采取了不同的方法：①利益主义。以投保人和被保险人之间是否存在金钱上的利害关系或者其他利害关系为判断标准，如英美的保险法就以此方式认定保险利益。②同意主义。不论投保人和被保险人之间有无利益关系，均以取得被保险人同意为判断标准，如韩国、德国、法国等的保险法就以此方式认定保险利益。③折中主义。将以上两者结合起来，如我国台湾地区的保险立法。

《保险法》第三十一条规定：“投保人对下列人员具有保险利益：①本人；②配偶、子女、父母；③前项以外与投保人有抚养、赡养或者扶养关系的家庭其他成员、近亲属；④与投保人有劳动关系的劳动者。除前款规定外，被保险人同意投保人为其订立合同的，视为投保人对被保险人具有保险利益。订立合同时，投保人对被保险人不具有保险利益的，合同无效。”

从以上规定可以看出，《保险法》在人身保险保险利益的认定上将投保人与被保险人具有利害关系和被保险人同意两者结合起来，既可以有效地防范道德风险，又具有较强的灵活性。

（二）保险利益的量

1. 财产保险的保险标的具有可估价性，决定了投保人或被保险人对保险标的的保险利益都有量的规定

投保人或被保险人对保险标的的保险利益，在量上表现为保险标的的实际价值，如果保险金额超过保险标的的实际价值，超过部分将因无保险利益而无效。这是因为财产保险合同是补偿性合同，投保人以其财产向保险公司投保的目的，在于财产因保险事故受损时能获得补偿。如果补偿金额不受保险利益的限制，被保险人以较少的损失获得较多的赔偿，则与损失补偿原则相悖，也易诱发道德风险。因此，财产保险的损失补偿，以被保险人对保险标的具有的保险利益为限。

2. 人身保险的保险标的不可估价，因此保险利益一般没有客观的评判标准

投保人为自己投保，保险利益可以无限，但保险金额大小要受到缴费能力的限制；投保人为他人投保，保险利益的量取决于投保人与被保险人在法律上的相互关系或经济上的相互关系和依赖程度，但除法律或保险合同对保险金额有限制和缴费能力制约外，保险利益一般没有严格的量的规定。在个别情况下，人身保险的保险利益也可加以计算和限定，如债权人对债务人生命的保险利益可以确定为债务的金额加上利息及保险费。

（三）保险利益存在的时间和归属主体

此问题既涉及保险利益是在签约时存在，还是在保险合同有效期内和保险事故

发生时皆应存在，也涉及保险利益是对谁的要求，是对投保人还是被保险人。

1. 财产保险中，保险合同订立时不一定严格要求投保人必须具有保险利益，但保险事故发生时被保险人对保险标的应该具有保险利益

财产保险合同保险利益的规定，主要目的在于衡量是否有损失以及损失的大小，并以此为赔偿计算的依据，从而防止道德风险的发生。因此，财产保险合同强调保险事故发生时被保险人对保险标的必须具有保险利益。如果签约时投保人对保险标的具有保险利益，而保险事故发生时，被保险人对保险标的不具有保险利益，意味着被保险人无损失，依据补偿原则保险人将不负赔偿责任；否则，即使某些情况下签约时投保人对保险标的没有保险利益，但只要保险事故发生时被保险人对保险标的具有保险利益，保险人仍要承担赔偿责任。这种情况在海上保险中比较典型，在其他财产保险合同中也可能出现。例如，在国际贸易中以 CFR① 条件进行货物买卖时，买方在接到卖方的装货通知后即可投保海洋货物运输险。但此时买方并未取得作为物权凭证的提单，严格说来对货物不具有保险利益，但只要保险事故发生时对保险标的具有保险利益，保险人就要承担赔偿责任，这在世界各国基本上是一条公认的准则。

从另一个角度分析，财产保险合同在多数情况下投保人与被保险人为同一人，但在特殊的情况下投保人与被保险人不是同一人，如在保险实务中出现的商场为购物顾客附赠财产保险、单位为职工购买家庭财产保险等。类似这种投保人与被保险人不是同一人的情况，投保人对于保险标的实际上并没有保险利益，保险合同是否有效关键看被保险人对保险标的是否具有保险利益。因为在此情况下投保人只有缴纳保险费的义务，一旦保险标的发生保险事故，投保人无从获取非分之利。只要被保险人对保险标的具有保险利益，就可以有效地防范道德风险的发生。

2. 人身保险着重强调签约时投保人对保险标的具有保险利益，至于保险事故发生时是否存在，并不影响保单的效力和保险金的给付

当投保人为自己买保险时，投保人当然对保险标的具有保险利益，在保险合同有效期内也具有保险利益。但人身保险合同投保人与被保险人不是同一人的情况比较多见，如丈夫为妻子投保、企业为职工投保等。如果投保人签约时对被保险人具有保险利益，那么保险合同生效后即使投保人与被保险人的关系发生了变化，如夫妻离婚、职工离开原单位等，投保人对被保险人没有了保险利益，不影响保险合同的效力，保险事故发生时保险人应承担保险金给付责任。原因在于：其一，人身保险合同不是补偿性合同，因而不必要求保险事故发生时投保人对保险标的一定具有保险利益。人身保险对保险利益的规定，其目的在于防止道德风险和赌博行为，如果签约时做了严格的控制，道德风险一般较少发生于保险合同有效期内。其二，人

① CFR（Cost and Freight）是国际贸易的一种价格术语，指卖方交付货物于船舶之上，卖方应当承担并支付必要的成本加运费以使货物运送至目的港。参见：国际商会. 2010 年国际贸易术语解释通则［M］. 北京：中国民主法制出版社，2011：31.

身保险合同的保险标的是人，且寿险合同多数具有储蓄性，被保险人受保险合同保障的权利不能因为投保人与被保险人保险利益的丧失而被剥夺；否则，有违保险宗旨，也有失公平。

第三节　近因原则

一、近因及近因原则的含义

任何一张保险单上保险人承担风险责任的范围都是有限的，即保险人承担赔付责任是以保险合同所约定的风险发生所导致保险标的的损失为条件的，但在保险实务中，有时导致保险标的损失的原因错综复杂，为了维护保险合同的公正，近因原则应运而生。近因原则是判断风险事故与保险标的损失之间的因果关系，从而确定保险赔付责任的一项基本原则。长期以来，它是保险实务中处理赔案时所遵循的重要原则之一。

近因是指引起保险损失最有效的、起主导作用或支配作用的原因，而不一定是在时间上或空间上与保险损失最接近的原因。近因原则是指保险赔付以保险风险为损失发生的近因为要件的原则，即在风险事故与保险标的损失关系中，如果近因属于保险风险，保险人应负赔付责任；近因属于不保风险，则保险人不负赔偿责任。自从英国1906年《海上保险法》第五十五条规定了这一原则至今，该原则被各国保险法律法规所采用。

《保险法》至今对近因原则未做出明确的规定，只是在相关条文中体现了近因原则的精神。

二、近因的判定及近因原则的应用

近因判定的正确与否，关系到保险双方当事人的切身利益。前面虽然对近因原则在理论上做了表述，但由于在保险实务中，导致损害的原因多种多样，对近因判定也比较复杂，因此，如何确定损失近因，要根据具体情况做具体的分析。一般而言，在损失的原因有两个以上，且各个原因之间的因果关系未中断的场合，其最先发生并造成一连串事故的原因即为近因。保险人在分析引起损失的原因时应以最先发生的原因为近因。从近因的判断看，可能会有以下几种情况：

（一）单一原因造成的损失

单一原因致损，即造成保险标的损失的原因只有一个，那么，这个原因就是近因。若这个近因属于保险风险，保险人就负赔付责任；若该项近因属不保风险或除外责任，则保险人不承担赔付责任。例如，某人投保了企业财产保险，地震引起房屋倒塌，使机器设备受损。若此险种列明地震属不保风险，保险人不予赔偿；若地震列为保险风险，则保险人应承担赔偿责任。

（二）同时发生的多种原因造成的损失

多种原因同时导致损失，即各原因的发生无先后之分，且对损失结果的形成都有直接与实质的影响效果，那么，原则上它们都是损失的近因。至于是否承担保险责任，可分为两种情况：

一是多种原因均属保险风险，保险人负责赔偿全部损失。例如，暴雨和洪水均属保险责任，其同时造成家庭财产损失，保险人负责赔偿全部损失。

二是多种原因中，既有保险风险，又有除外风险，保险人的责任视损失的可分性如何而定。如果损失是可以划分的，则保险人就只负责保险风险所导致的损失部分的赔偿；如果损失难以划分，则保险人按比例赔付或与被保险人协商赔付。

（三）连续发生的多种原因造成的损失

多种原因连续发生，即各原因依次发生，持续不断，且具有前因后果的关系。若损失是由两个以上的原因所造成的，且各原因之间的因果关系未中断，那么最先发生并造成一连串事故的原因为近因。如果该近因为保险风险，保险人应负责赔偿损失；否则，就不赔偿损失。具体分析如下：

一是连续发生的原因都是保险风险，保险人承担赔付责任。例如，在财产保险中，火灾、爆炸都属于保险责任，如爆炸引起火灾，火灾导致财产损失这样一个因果关系过程，保险人应赔偿损失。

二是连续发生的原因中既有保险风险又有除外风险，这又分为两种情况：①若前因是保险风险，后果是除外风险，且后因是前因的必然结果，保险人承担全部赔付责任；②若前因是除外风险，后因是保险风险，后果是前因的必然结果，保险人不承担赔付责任。

（四）间断发生的多项原因造成的损失

在一连串连续发生的多种原因中，有一项新的独立的原因介入导致损失。若新的独立的原因为保险风险，保险人应承担赔付责任；否则，保险人不承担赔付责任。

第四节　损失补偿原则

一、损失补偿原则的含义

财产保险合同本质上是一种补偿性合同，损失补偿原则是保险人理赔时应遵循的基本原则。

损失补偿原则可以这样表述：在财产保险合同中，当被保险人具有保险利益的保险标的遭受了保险责任范围内的损失时，保险人要对被保险人的经济损失给予补偿，且补偿的数额以恰好弥补被保险人因保险事故而造成的经济损失为限，被保险人不能获得额外利益。理解该原则应注意两点：

（一）只有被保险人在保险事故发生时对保险标的具有保险利益，才能获得补偿，这是损失补偿原则的前提

按照保险利益原则，投保人与保险人签订保险合同时，对保险标的具有保险利益是保险合同生效的前提条件。但对财产保险合同而言，其不仅要求投保时投保人对保险标的具有保险利益，而且要求在保险事故发生时，被保险人应当对保险标的具有保险利益，才能获得保险赔偿。因为投保人向保险人投保的目的是转移财产未来的损失风险，以确保其不因保险事故发生而丧失对保险标的具有的经济利益。当保险事故发生时，被保险人如果对保险标的无保险利益，对他来讲就无经济损失，也就不能从保险人那里获得经济补偿。因此，损失补偿原则是以保险利益原则为依据的，保险人是否对被保险人进行补偿，是以保险事故发生时被保险人是否对保险标的具有保险利益为前提条件。

（二）保险人补偿的数额以恰好弥补被保险人因保险事故造成的经济损失为限

这包括两层含义：一是被保险人以其财产足额投保的话，其因保险事故造成的经济损失，有权按照保险合同规定获得充分的补偿；二是保险人对被保险人的补偿数额，仅以被保险人因保险事故造成的实际损失为限，通过补偿使被保险人能够保全其应得的经济利益或使受损标的迅速恢复到损失前的状态，任何超过保险标的实际损失的补偿，都会导致被保险人获得额外利益，违背损失补偿原则。

二、损失补偿原则量的规定

损失补偿原则的基本含义如上所述。但在保险实务中，要贯彻损失补偿原则，保险人要对其赔偿金额进行限制，保险理赔中一般要受三个量的限制。

（一）以实际损失金额为限

衡量实际损失是多少，首先要确定保险标的发生损失时的市场价（实际价值）是多少，保险人的赔偿金额不能超过损失当时的市场价（定值保险、重置价值保险例外）；否则，将导致被保险人获得额外利益。由于保险标的的市场价在保险合同有效期内会发生波动，当市场价下跌时，保险人应以损失当时财产的市场价作为赔偿的最高限额，如果保险人按照保险金额进行赔偿，将会使被保险人获得额外利益。例如，一台空调年初投保时，当时的市场价为 7 000 元，保险金额定为 7 000 元。保险标的在年中因保险事故发生造成全损，这时的市场价已跌为 5 000 元。尽管保险单上的保险金额仍是 7 000 元，但如果保险单上没有特别约定，保险人最高只能赔偿被保险人 5 000 元的损失。假如保险人赔偿 7 000 元给被保险人，那么被保险人用 5 000 元购买一台同样的空调后，还可赚得 2 000 元，其因保险事故发生而获得额外利益，显然违背了损失补偿原则。

（二）以保险金额为限

保险金额是财产保险合同中保险人承担赔偿责任的最高限额，也是计算保险费的依据。保险人的赔偿金额不能高于保险金额；否则，将扩大保险责任，使保险人收取的保险费不足以抵补赔偿支出，影响保险人的经营稳定。例如，在上例中，如

果年中空调全损时，市场价上涨为 8 000 元，由于保险单上的保险金额只有 7 000 元，被保险人最多只能获得 7 000 元的赔偿。

（三）以被保险人对保险标的具有的保险利益为限

被保险人在保险事故发生时对保险标的具有的保险利益是其向保险人索赔的必要条件，保险人对被保险人的赔偿金额要以被保险人对保险标的具有的保险利益为限。保险事故发生时，如果被保险人已丧失了对保险标的的全部保险利益，保险人则不予赔偿；如果被保险人丧失了对保险标的的部分保险利益，那么保险人对被保险人的赔偿仅以仍然存在的那部分保险利益为限。

综上所述，财产保险合同中约定的保险事故发生时，保险人对被保险人的赔偿金额要受实际损失金额、保险金额和保险利益三个量的限制，而且当三者金额不一致时，保险人的赔偿金额以三者中最小者为限。以上讨论的内容中，以实际损失金额为限仅对于不定值保险适用，对定值保险并不适用。因为定值保险是按照财产保险合同双方当事人约定的价值投保，在保险事故发生时，无论该财产的市场价如何涨跌，保险人均按约定的价值予以赔偿，不再对财产重新进行估价。

三、被保险人不能获得额外利益

财产保险合同适用损失补偿原则，遵循该原则的实质是保险标的损失多少补偿多少，其最终结果是被保险人不能通过保险人的赔偿而获得额外利益，各国在法律上都有相应的规定。如果允许被保险人获得大于其实际损失金额的赔偿，将可能导致被保险人故意损毁保险财产以获利，诱发道德风险，增加保险欺诈行为，不仅影响保险业务的正常经营，而且会对社会造成危害。因此，为了防止被保险人获得额外利益，在法律上和保险合同中要做以下规定：

（一）超额保险中超额部分无效

《保险法》第五十五条第一、二、三款规定："投保人和保险人约定保险标的的保险价值并在合同中载明的，保险标的发生损失时，以约定的保险价值为赔偿计算标准。投保人和保险人未约定保险标的的保险价值的，保险标的发生损失时，以保险事故发生时保险标的的实际价值为赔偿计算标准。保险金额不得超过保险价值。超过保险价值的，超过部分无效，保险人应当退还相应的保险费。"在财产保险合同中，无论何种原因造成的超额保险，除非合同上有特别约定，否则保险人在计算赔款时一律采取超过部分无效的做法。

（二）重复保险各保险人的赔偿金额总和不得超过财产损失金额

一个投保人虽然可以将其同一保险标的及其利益，同时向两个或两个以上的保险人投保同类保险，但在保险事故发生时，他从各个保险人处获得的赔偿金额总和不得超过其保险财产的实际损失金额。

（三）被保险人不能获得双重赔偿

因第三者对保险标的的损害而造成保险事故的，被保险人从保险人处获得全部或部分赔偿后，应将其向第三者责任方享有的赔偿请求权转让给保险人。

（四）保险标的残余价值的处理

如果保险标的受损后仍有残值，保险人要在赔款中作价扣除；或在保险人履行了全部赔偿责任后，被保险人将损余物资转给保险人所有。

以上的（二）（三）（四）条便是下一节要讨论的代位原则和分摊原则。

第五节　代位原则和分摊原则

代位原则和分摊原则是损失补偿原则的派生原则，也是遵循损失补偿原则的必然要求和结果。

一、代位原则

代位原则是指保险人对被保险人因保险事故发生造成的损失进行赔偿后，依法或按保险合同约定取得对财产损失负有责任的第三者进行追偿的权利或取得对受损标的的所有权。代位原则包括权利代位和物上代位两项内容。

（一）权利代位

权利代位又称为代位求偿权，是指保险事故由第三者责任方所致，被保险人因保险标的受损而从保险人处获得赔偿以后，其向第三者责任方享有的赔偿请求权依法转让给保险人，由保险人在赔偿金额范围内代位行使被保险人对第三者请求赔偿的权利。

权利代位是遵循损失补偿原则的必然要求和结果。被保险人因保险事故发生而遭受的损失固然应该得到补偿，保险人对被保险人应承担的赔偿责任不应该因第三者的介入而改变。但若被保险人在得到保险金后又从第三者责任方获得赔偿，则其可能反因损失而获利，这显然与损失补偿原则相违背。为了避免被保险人获得双重利益，也为了维护保险人的利益，被保险人在获得保险金后应将其对第三者责任方的赔偿请求权转让给保险人。这正是权利代位的立法本意。基于此，《保险法》第六十条第一款规定："因第三者对保险标的损害而造成保险事故的，保险人自向被保险人赔偿保险金之日起，在赔偿金额范围内代位行使被保险人对第三者请求赔偿的权利。"

1. 权利代位的产生

权利代位的产生是有一定条件的，保险人要获得代位求偿权必须具备两个条件：一是由于第三者的行为使保险标的遭受损害，被保险人才依法或按合同约定对第三者责任方有赔偿请求权，也才会因获得保险金而将该赔偿请求权转让给保险人。因此，如果没有第三者的存在，就没有代位求偿的对象，权利代位就失去了基础。二是由于保险人向被保险人赔偿了保险金。只有保险人按保险合同规定履行了赔偿责任以后，才取得代位求偿权。换言之，对第三者求偿权的转移是随保险人赔偿保险金而发生，而不是随保险事故的发生而发生。因此，在保险人赔偿保险金之前，被保险人可以行使此权利，从第三者处获得全部或部分赔偿，但他应该将此情况告知保险人，以减免保险人的赔偿责任。《保险法》第六十条第二款规定："前款规定的保险事故发生后，被保险人已从第三者取得损害赔偿的，保险人赔偿保险金时，可以相应扣减被保险人从第三者已取得的赔偿金额。"

2. 权利代位的范围

保险人行使权利代位的范围，即其向第三者责任方求偿的金额，以其赔偿的保险金为限。这是由权利代位与保险赔偿之间的关系所决定的，保险人对被保险人赔偿保险金是其获得权利代位的条件，权利代位的目的是避免被保险人获取双重利益，而非对被保险人享有保险标的权利的剥夺。所以，保险人从第三者那里可以得到的代位求偿金额以赔偿的保险金为限，超出保险金的部分仍归被保险人所有。《保险法》第六十条第三款规定："保险人依照本条第一款规定行使代位请求赔偿的权利，不影响被保险人就未取得赔偿的部分向第三者请求赔偿的权利。"

3. 第三者的范围

如上所述，第三者责任方的存在是权利代位产生的前提条件。因此，应对第三者的范围做出界定，以明确保险人代位求偿的对象。这里的第三者是指对保险事故的发生和保险标的损失负有民事赔偿责任的人，既可以是法人，也可以是自然人。无论是法人还是自然人，保险人都可以实施代位求偿权。但对保险人代位求偿的范围，许多国家的保险立法都有限制，其共同的规定是保险人不得对被保险人的家庭成员或雇员行使代位求偿权，我国法律上也有类似的规定。《保险法》第六十二条规定："除被保险人的家庭成员或者其组成人员故意造成本法第六十条第一款规定的保险事故外，保险人不得对被保险人的家庭成员或者其组成人员行使代位请求赔偿的权利。"为什么做这样的限制？因为他们与被保险人有一致的经济利益关系，若因其过失行为造成的保险财产损失，保险人对其有求偿权的话，实际上意味着向被保险人求偿。也就是说，保险人一只手将保险金支付给被保险人，另一只手又把保险金收回，实质上保险人并未对被保险人履行赔偿责任。

4. 权利代位中被保险人的义务

保险人在权利代位中对第三者责任方的求偿权是因履行保险赔偿责任而由被保险人转移的。也就是说，保险人对第三者的求偿权始于被保险人，保险人只是代替被保险人行使此权利。被保险人是受害者也是知情者，被保险人有义务协助保险人向第三者责任方进行追偿，以维护保险人的利益。为此，《保险法》第六十三条规定："保险人向第三者行使代位请求赔偿权利时，被保险人应当向保险人提供必要的文件和其所知道的有关情况。"

5. 被保险人不得妨碍保险人行使代位求偿权

代位求偿权是保险人向被保险人履行赔偿责任后所获得的一项权利，此权利受法律保护，被保险人有义务协助保险人向第三者责任方进行追偿，不得妨碍保险人行使该权利，以维护保险人的利益。因此，《保险法》第六十一条规定："保险事故发生后，保险人未赔偿保险金之前，被保险人放弃对第三者的请求赔偿的权利的，保险人不承担赔偿保险金的责任。保险人向被保险人赔偿保险金后，被保险人未经保险人同意放弃对第三者请求赔偿的权利的，该行为无效。被保险人故意或者因重大过失致使保险人不能行使代位请求赔偿的权利的，保险人可以扣减或者要求返还相应的保险金。”

（二）物上代位

物上代位是指所有权的代位。保险人对被保险人全额赔偿保险金后，即可取得对受损标的的权利。物上代位通常有两种情况：一种情况是委付，另一种情况是受损标的的损余价值（残值）的处理。

委付是指放弃物权的一种法律行为。在财产保险合同中，当保险标的受损按推定全损处理时，被保险人用口头或书面形式向保险人提出申请，明确表示愿将保险标的的所有权转让给保险人，并要求保险人按全损进行赔偿。保险人如果接受这一要求，被保险人签发委付书给保险人，委付即告成立。保险人一旦接受委付，就不能撤销；被保险人也不得以退还保险金的方式要求保险人退还保险标的。由于委付是受损标的所有权的转移，因此，保险人接受了委付后，可以通过处理受损标的获得利益，而且所获利益可以大于其赔偿的保险金。但保险人如果接受了委付，就接受了受损标的的全部权利和义务。因此，保险人一般在接受委付前，要进行调查研究，查明损失发生的原因以及对受损标的可能承担的义务，权衡利弊得失，慎重地考虑是否接受委付。

在保险实务中，物上代位的另一种情况是受损标的的损余价值（残值）的处理。保险标的遭受损失后，有时尚有损余价值存在，保险人对被保险人的损失进行全额赔偿以后，受损标的的损余价值应归保险人所有；否则，被保险人将通过处置受损标的而获额外利益。保险人通常的做法是将保险标的的损余价值从赔款中扣除，保险标的仍留给被保险人。

《保险法》对物上代位的问题也做了相应规定。《保险法》第五十九条规定：“保险事故发生后，保险人已支付了全部保险金额，并且保险金额相等于保险价值的，受损保险标的的全部权利归于保险人；保险金额低于保险价值的，保险人按照保险金额与保险价值的比例取得受损标的的部分权利。”

二、分摊原则

分摊原则是指在重复保险存在的情况下，各保险人按法律规定或保险合同约定共同承担赔偿责任。但各保险人承担的赔偿金额总和不得超过保险标的的实际损失金额，以防止被保险人获额外利益。

（一）重复保险的存在是分摊的前提

《保险法》第五十六条第四款规定：“重复保险是指投保人对同一保险标的、同一保险利益、同一保险事故分别与两个以上保险人订立保险合同，且保险金额总和超过保险价值的保险。”重复保险的存在是分摊的前提，因为只有在重复保险存在的情况下，才涉及各保险人如何分别对被保险人进行赔偿的问题。《保险法》并未对重复保险行为加以禁止，但为了防止重复保险的存在所产生的不良后果，防止被保险人获得额外利益，对各保险人如何承担赔偿责任做了规定，并对各保险人的赔偿金额总和做了限制。

（二）重复保险的分摊方法

为了防止被保险人在重复保险存在的情况下获得额外利益，明确各保险人的责任，保险法律或保险合同上要对分摊方法做出具体的规定。重复保险的分摊方法主要有以下三种：

1. 保险金额比例责任制

这种方法是指以每个保险人的保险金额与各保险人的保险金额总和的比例来分摊损失金额。计算公式为：

$$\text{某保险人的赔偿金额}=\text{损失金额}\times\frac{\text{某保险人的保险金额}}{\text{各保险人的保险金额总和}}$$

例如：甲、乙二家保险公司同时承保同一标的的同一风险，甲保险单的保险金额为 8 万元，乙保险单保险金额为 12 万元，损失金额为 10 万元。两个保险人的保险金额总和为 20 万元。

$$\text{甲保险人的赔偿金额}=10\times\frac{8}{20}=4\text{（万元）}$$

$$\text{乙保险人的赔偿金额}=10\times\frac{12}{20}=6\text{（万元）}$$

2. 赔偿限额比例责任制

这种方法是指各保险人的分摊金额不是以保险金额为基础，而是依照每个保险人在没有其他保险人重复保险的情况下单独承担的赔偿限额与各保险人赔偿限额总和的比例来分摊损失金额。计算公式为：

$$\text{某保险人的赔偿金额}=\text{损失金额}\times\frac{\text{某保险人的独立责任限额}}{\text{各保险人独立责任限额之和}}$$

例如，依照前面的例子，甲保险人的独立责任限额为 8 万元，乙保险人的独立责任限额为 10 万元，则：

$$\text{甲保险人的赔偿金额}=10\times\frac{8}{8+10}\approx4.44\text{（万元）}$$

$$\text{乙保险人的赔偿金额}=10\times\frac{10}{8+10}\approx5.56\text{（万元）}$$

3. 顺序责任制

这种方法是指按保险合同订立的先后顺序由各保险人分摊损失金额。即由先出保险单的保险人首先负赔偿责任，第二个保险人只有在承保的财产损失金额超出第一张保险单的保险金额时，才依次承担超出部分的赔偿责任，以此类推。用此方式计算上例，甲保险人的赔偿金额为 8 万元，乙保险人的赔偿金额为 2 万元。

《保险法》第五十六条第二款规定：“重复保险的各保险人赔偿保险金的总和不得超过保险价值。除合同另有约定外，各保险人按照其保险金额与保险金额总和的比例承担赔偿保险金的责任。”显然，《保险法》规定的重复保险的分摊方法主要采用的是保险金额比例责任制。

复习思考题

1. 简述最大诚信原则的含义、主要内容及《保险法》的相关法律规定。
2. 什么是保险利益？坚持保险利益原则有何意义？
3. 财产保险利益与人身保险利益有哪些差异？
4. 什么是近因和近因原则？在保险实务中应如何判定近因？
5. 简述损失补偿原则质与量的规定。
6. 简述权利代位的有关事项。
7. 权利代位与委付有何关系？
8. 什么是重复保险？保险人应如何分摊赔款？

第七章 保险经营及其过程

内容提示：保险作为经营风险的特殊行业，其主要经营活动包括展业、承保、再保险、理赔等环节。本章在介绍保险经营原则和经营主体的基础上，对主要的经营环节做了介绍、分析。

第一节 保险经营概述

一、保险经营的基本原则

（一）风险大量原则

风险大量原则是指保险人在可保风险的范围内，应根据自己的承保能力，争取承保尽可能多的保险标的。风险大量原则是保险经营的首要原则。这是因为：①保险的经营过程实际上就是风险管理过程，而风险的发生具有偶然性、不确定性，保险人只有承保尽可能多的保险标的，才能建立雄厚的保险基金，以保证保险经济补偿职能的履行。②保险经营是以大数法则为基础的，只有承保大量保险标的，才能使风险发生的实际情形更接近预先计算的风险损失概率，以确保保险经营的稳定性。③扩大承保数量是保险企业提高经济效益的一个重要途径。因为承保标的越多，保险费的收入就越多，单位的营业费用就相对降低。

（二）风险选择原则

为了保证保险经营的稳定性，保险人对投保的标的和风险并非来者不拒，而是有所选择。这是因为：①任何保险合同对保险标的和可保风险范围都做了规定，保险费率是在对面临同质风险的同类标的的损失概率测定的基础上制定的，为了保证保险经营的稳定，保险人必然要进行选择。②防止逆选择。所谓逆选择，是指那些有较大风险的投保人试图以平均的保险费率购买保险。逆选择意味着投保人没有按照应支付的公平费率去转移自己的风险，如居住在低洼地区的居民按照平均费率选择投保洪水保险。这样一来，由于某些更容易遭受损害的投保人或被保险人购买保险而无须支付超过平均费率的保险费，保险人就成了逆选择的牺牲品，会影响到保险人的财务稳定。因此，保险人要按照风险选择原则，准确评价承保标的的风险种类和风险程度，以及投保金额的恰当与否，从而决定是否接受投保，以及以什么费率承保。保险核保是风险选择的重要环节。

（三）风险分散原则

风险分散原则是指保险人承保风险分散的范围应尽可能扩大。因为风险单位过于集中，保险标的的金额过大，一次保险事故发生可能使保险人支出巨额赔款，可能导致保险企业偿付能力不足，从而损害被保险人利益，也威胁到保险人的生存和发展。因此，保险人除了应对风险进行有选择的承保外，还要遵循风险分散的原则，尽可能地将风险分散，以确保保险经营的稳定。保险人对风险的分散一般采用承保时的风险分散和承保后的风险分散两种手段。

1. 承保时的风险分散

承保时的风险分散主要表现在保险人对风险的控制方面，即保险人对将承保的风险责任要适当加以控制。控制风险的目的是减少被保险人对保险的过分依赖，同时也是防止因保险而可能产生的道德风险。保险人控制风险的方法主要有以下三种：

（1）控制保险金额，即保险人在承保时对保险标的要合理划分危险单位，按照每个危险单位的最大可能损失确定保险金额。例如，对市区密集地段建筑群，应分成若干地段，并科学地估测每一地段的最大可能损失，从而确定保险人对每一地段所能承保的最高限额。如果保险价值超过保险人的承保限额，保险人对超出部分不予承保。这样一来，保险人所承担的保险责任就能控制在可承受的范围之内。

（2）实行比例承保，即保险人按照保险标的实际价值的一定比例确定保险金额，而不是全额承保。例如，在农作物保险中，保险人通常按平均收获量的一定成数确定保险金额，如按正常年景的平均收获量的六成或七成承保，其余部分由被保险人自己承担责任。

（3）规定免赔额（率），即对一些保险风险造成的损失规定一个额度或比率由被保险人自己承担，保险人不负责赔偿。例如，在机动车辆保险中，对车辆损失险和第三者责任保险，每次保险事故发生，保险人赔偿时要根据驾驶员在交通事故中所负的责任实行绝对免赔方式，以起到分散风险和督促被保险人加强安全防范的作用。

2. 承保后的风险分散

承保后的风险分散以再保险为主要手段。再保险是指保险人将其承担的业务中超出自己承受能力的风险转移给其他保险人承担。

二、经营保险业务的组织

（一）保险股份有限公司

保险股份有限公司是世界各国保险业广泛采取的一种组织形式，也得到各国保险法的认可。股份有限公司是指由一定数量的股东依法设立的，全部资本分为等额的股份，其成员以其认购的股份金额为限对公司的债务承担责任的公司。股份有限公司因其具有集聚闲散资金为大规模资金的功能，易于筹集巨大规模资本金来组建大的企业，不仅有利于规模经营，而且能够有效地分散投资风险，因而为广大投资者青睐，并为组建现代大型企业推崇。

保险股份有限公司具有以下特征：

1. 保险股份有限公司是典型的资合公司

保险股份有限公司股东的股权体现在股票上，并随股票的转移而转移。股份具有有限性，股东拥有多少股份就承担多少责任。若公司破产，股东仅以出资的股份承担有限责任。

2. 保险股份有限公司易于积聚资金

保险股份有限公司能积聚大量闲散资金，财力雄厚，经营规模较大，经营效率较高，使保险风险能在较广的范围内分散，满足保险基本的经营原则。

3. 灵活的经营机制

保险股份有限公司的经营以盈利为目标，促使其不断开发新产品，努力降低保险经营成本，具有较强的市场竞争力。

4. 采用固定保费制

保险股份有限公司采用相对固定的保费制度，使被保险人没有增加额外负担的忧虑，有利于保险业务的拓展。

由于保险业的特殊性，为防止因股份过于集中而引发的少数大股东操纵或者控制股份有限保险公司，保护其他股东的利益和被保险人利益，有些国家在法律上规定了每个股东所持股份的最高限额。

（二）国有独资保险公司

国有独资保险公司的股东只有一个——国家。它本质上是有限责任公司，其资本金源于国家投资，因此是一种特殊形式的有限责任公司。根据《中华人民共和国公司法》（以下简称《公司法》）（2018）的规定，国有独资公司是指国家单独出资、由国务院或者地方人民政府授权本级人民政府国有资产监督管理机构履行出资人职责的有限责任公司。

与股份有限保险公司相比，国有独资保险公司具有以下特征：

1. 投资主体单一

国有独资保险公司的投资主体只有国家或者国家的投资部门。除此之外，没有任何其他投资者。

2. 无股东大会，遵循谁投资谁受益和谁投资谁承担投资风险的原则

国有独资保险公司因无其他投资主体，一切投资利益和风险都应由投资者独立享有和承担，因此无股东大会。国有独资保险公司只设立董事会、监事会等，董事会成员由国家授权的投资部门委派、变更，公司职工经选举进入董事会。公司的最高权力归于国家授权的投资部门。因此，有关公司的合并、分立、解散以及临时性增减资本金、发行债券等都应由国家授权的投资部门决定。也就是说，凡是股份公司股东大会的权利，在国有独资公司都归于国家授权的投资部门。当然，国家为了维护国有独资公司的独立性，也可以将股份公司的股东大会的其他权利授予董事会行使。

（三）相互保险公司

相互保险公司是保险业特有的一种公司形态，一般是非营利性保险组织。公司由具有相同保险需求的人员组成，每个成员既是投保人和被保险人，同时又是保险人。这种保险组织没有股东，公司由保单持有人拥有，他们以缴付保险费为条件，只要缴付保险费，就可以成为公司成员；而一旦解除保险关系，也就自然脱离公司，公司成员资格就随之消失。

相互保险公司没有资本金，以各成员缴付的保险费来承担全部保险责任，并以缴付的保险费为根据，参与分配公司盈余。如果发生亏空，也以所缴付的保险费为依据，计算各自的承担额进行弥补。

相互保险公司的权力机关是会员大会或者会员代表大会。会员的一切权利与义务都建立在缴付保险费的基础上，但其理事不限于会员，可以是非会员。之所以以非会员为理事，是在于能够充分利用非会员的关系开展业务。在设立相互保险公司时，由会员或者非会员出资，以支付开业费用和担保资金，但其性质属于借入资金，由设立后所筹集的保险费归还，在归还时，应支付利息。早期的相互保险公司，保险费的筹集采取赋课方式，现在则改为固定方式。若经营结果有盈余，以分红方式分配给会员；如果营运结果发生亏空，因现在的保险费筹集已经改为固定保险费方式，不能采取追加方式弥补，因此，公司应采取减少保险金的方式弥补。

最初的相互保险公司充分体现了相互性，即会员直接管理公司，实行公司自治，由所有会员相互承担风险责任。但是，随着规模的扩大，会员很难真正参与管理，现在已经演变为委托具有法人资格的代理人营运管理，负责处理一切保险业务。代理人通常由会员大会选举的指导委员会控制，但不承担任何责任，实际责任仍由所有会员承担。因此，过去的相互性已经部分消失，与股份制保险公司在内部组织机构的设置、保险业务的拓展、保险费率的拟定、保险基金的投资运用等，已无明显的差异。

相互保险公司比较适宜于长期性的人寿保险业务，会员间的相互关系能够较为长久维系。正因为如此，现在世界上一些规模大的人寿保险公司是相互保险公司。然而，由于股份制保险公司推出了分红保单，相互保险公司的分红优势也日渐消失。

（四）保险合作社

保险合作社也是一种非营利的保险组织。保险合作社由社员共同出资入股设立，被保险人只能是社员 。社员对保险合作社的权利以其认购的股金为限。社员一方面全部为保险合作社的股东；另一方面又作为保险合作社的被保险人，保险合作社是保险人。社员关系为社团关系，而保险关系依据保险合同而产生。要作为保险合作社的社员才有可能作为被保险人，但社员可以不与保险合作社建立保险关系。也就是说，保险关系的建立必须以社员为条件，但社员不一定必须建立保险关系。保险关系的消灭既不影响社员关系的存在，也不会使社员丧失社员身份。

（五）个人保险组织

个人保险组织就是个人充当保险人的组织。这种组织形式在各国都比较少见，迄今为止，以英国伦敦的劳合社最典型。劳合社至今仍是世界上最大的保险组织之一，它是从劳埃德咖啡馆演变而来，劳合社的每个社员就是一个保险人。他们常常是组成承保小组，以组为单位对外承保，每个成员以其全部财产承担保险责任。现在，劳合社开始接纳法人作为保险人，并承担有限责任。

虽然在我国现行保险法中未直接规定我国保险公司的组织形式，但从有关出资额变更规定中可以看出保险公司的组织形式主要为有限责任公司或股份有限公司（《保险法》第八十四条第七项规定："变更出资额占有限责任公司资本总额百分之五以上的股东，或者变更持有股份有限公司股份百分之五以上的股东。"）。我国保险市场上的保险组织主要是股份有限公司。现有的几家国有保险公司，除政策性保险公司外，已进行股份制改革。国有保险公司通过股份制改造，实现股权主体多元化、股权结构科学化和股份运作市场化，建立产权清晰、权责分明、政企分开、管理科学的规范的现代企业制度，成为真正意义上的市场竞争主体；在此基础上形成科学高效的公司治理结构，健全内部制度，创新管理体制，为公司的可持续发展提供了制度保障。

第二节 保险展业和承保

一、保险展业

展业又称为推销保险单，它是保险经营活动的起点，也是争取保险客户的过程。展业对于保险人来说意义重大，没有稳定且日益扩大的保险客户群体，保险公司就难以维持经营。任何一家保险企业都要投入大量的人力和物力进行展业，以求扩大自己的业务量和占有市场。

（一）保险展业的主要内容

1. 加强保险宣传

保险宣传是保险展业的重要内容。保险宣传的目的是保险人展业后的承保奠定基础，使更多的人了解保险知识，树立保险意识，并了解保险公司及保险公司提供的保险产品，最终促使其向保险公司投保。保险宣传可以通过多种途径，如销售人员上门宣传，在一些公共场所设点进行宣传，利用网络、电视、广播、报刊等媒体进行宣传等。

2. 帮助准客户分析自己面临的风险

每个人或每个企业的工作生活状况、健康状况或生产状况都会不同，因此他们面临的风险也会不同。例如，准客户面临财产损失风险、责任风险、意外伤害风险、疾病风险、残疾风险、死亡风险以及退休后的经济来源风险等，保险销售人员就要指导准客户去分析自己面临的风险，以及如何应对这些风险。

3. 帮助准客户确定自己的保险需求

准客户确认自己面临的风险及其严重程度后，需要进一步确定自己的保险需求。保险销售人员应当将准客户面临的风险分为必保风险和非必保风险，那些对生产经营和生活健康将会产生严重威胁的风险，应当属于必保风险。有些风险事故虽然会给企业和个人带来一定的损失和负担，但是企业和个人尚可承受的，因此，如果有能力投保，就可以投保；如果没有足够的资金，也可以不投保。

4. 帮助准客户估算投保费用和制定具体的保险计划

对于准客户来说，确定保险需求后，其还需要考虑自己究竟能拿出多少资金来投保。资金充裕，便可以投保额较高、保障较全的险种；资金不足，就先为那些必须保险的风险投保。在此基础上，保险销售人员应替准客户设计保险规划书。设计的保险规划书的内容应包括：保险标的情况、投保的险种、保险金额的多寡、保险费率的高低、保险期限的长短、险种的搭配等。

（二）保险展业的方式

保险展业的方式主要有直接展业和间接展业两种。

1. 直接展业

直接展业是指保险公司业务部门的专职业务人员直接向准客户推销保险，招揽保险业务。这种展业方式的优点是保险业务的质量较高；缺点是受保险公司机构和业务人员数量的限制，保险业务开展的范围较窄，数量有限。此外，采用这种方式支出的成本较高。所以，直接展业方式适用于那些规模较大，分支机构较为健全的保险公司。团体保险业务和金额巨大的保险业务，也适合采用此方式。

2. 间接展业

间接展业是指由保险公司利用保险专职业务人员以外的个人或单位，代为招揽保险业务。代保险公司展业的主要是保险中介人中的保险代理人和保险经纪人。保险代理人是根据保险人的委托，向保险人收取代理手续费，并在保险人授权的范围内代为办理保险业务的单位或者个人。保险代理人分为专业代理人、兼业代理人和个人代理人。保险代理人的一般业务范围是为保险人推销保险产品和代理收取保险费。保险经纪人是基于投保人的利益，为投保人与保险人订立保险合同提供中介服务，并依法收取佣金的单位。保险经纪人一般为投保人拟订投保方案、选择保险人、办理投保手续等。保险经纪人在开展业务的过程中，客观上为保险公司招揽了保险业务。间接展业的优点是：范围广、招揽的业务量大，而且费用较少，成本相对较低。其不足之处是：由于保险代理人和保险经纪人的素质参差不齐，业务质量会受到一定的影响。

二、承保

承保是指保险人与投保人对保险合同的内容协商一致，并签订保险合同的过程。它包括核保、签单、收费、建卡等过程。而核保是承保工作的重要组成部分和关键环节。

（一）核保的主要内容

核保又称为风险选择，是指保险人评估和划分准客户及其投保标的的风险状况的过程。根据不同的风险程度，保险公司决定是拒保还是承保、怎么承保和核定保险费率。核保的目的在于通过评估和划分不同客户反映的不同风险程度，将保险公司的实际风险事故发生率维持在精算预计的范围以内，从而规避风险，保证保险公司稳健经营。

1. 审核投保申请

对投保申请的审核主要包括对投保人的资格、保险标的、保险费率等项内容的审核。

（1）审核投保人。这一项主要是对投保人资格的审核，例如，审核投保人对保险标的是否具有保险利益等。一般来说，在财产保险合同中，投保人对保险标的的保险利益源自所有权、管理权、使用权、抵押权、保管权等合法权益；在人身保险合同中，保险利益的确定是采取限制家庭成员关系范围并结合被保险人同意的方式。例如，审核投保人是否具有法定的民事行为能力、投保人的资信等。保险人对投保人进行审核，是为了防范道德风险。

（2）审核保险标的。这一项主要是对照投保单或其他资料核查保险标的的使用性质、结构性能、所处环境、防灾设施、安全管理等。例如，承保企业财产险时，要了解厂房结构、占用性质、建造时间、建筑材料、使用年限以及是否属于危险建筑等，并对照事先掌握的信息资料核实，或对保险标的进行现场查验后，保险人方可予以承保。

（3）核定保险费率。根据事先制定的费率标准，按照保险标的风险状况，使用与之相适应的费率。

2. 承保控制

承保控制是指保险人在承保时，依据自身的承保能力进行风险责任控制。

（1）控制逆选择。保险人控制逆选择的方法是：对不符合保险条件者不予承保，或者有条件地承保。事实上，保险人并不愿意对所有不符合可保风险条件的投保人和投保标的一概拒保。例如，投保人以一幢消防设施较差的房屋投保火灾保险；保险人就会提高保险费率承保。这样一来，保险人既不会失去该业务，又可以在一定程度上抑制投保人的逆选择。

（2）控制保险责任。只有通过风险分析与评价，保险人才能确定是否属于承保责任范围，才能明确对所承担的风险应负的赔偿责任。一般来说，对于常规风险，保险人通常按照基本条款予以承保；对于一些具有特殊风险的保险标的，保险人需要与投保人充分协商保险条件、免赔金额、责任免除和附加条款等内容后特约承保。特约承保是指在保险合同中增加一些特别约定，其作用主要有两个：一是为了满足被保险人的特殊需要，以加收保险费为条件适当扩展保险责任；二是在基本条款上附加限制条件，限制保险责任。通过保险责任的控制，将使保险人所支付的保险赔偿金额与其预期损失额接近。

3. 控制人为风险

避免和防止逆选择和控制保险责任是保险人控制承保风险的常用手段。但是，有些风险往往是保险人在承保时要加以防范的，如道德风险和心理风险。

（1）道德风险。道德风险一般是指以不诚实或故意欺诈的行为促使保险事故发生，以从保险活动中获取额外利益的风险因素。投保人产生道德风险的原因主要有两个方面：一是道德沦丧，二是遭遇财务上的困难。从承保的角度来看，保险人控制道德风险发生的有效方法就是将保险金额控制在适当的额度内。例如，在财产保险中应避免超额保险；在人寿保险的核保中，如果投保人为他人购买保险而指定自己为受益人时，也应注意保险金额的多少是否与投保人的收入状况相适应。

（2）心理风险。心理风险是指由于人们的粗心大意和漠不关心，以至于增加了风险事故的发生机会并扩大损失程度的风险因素。例如，投保了火灾保险，就疏于对火灾的防范；投保了盗窃险，就不再谨慎防盗。从某种意义上说，心理风险是比道德风险更为严重的问题。任何国家的法律对道德风险都有惩罚的方法，而且保险人对道德风险尚可在保险条款中规定，凡被保险人故意造成的损失不予赔偿。但心理风险既非法律上的犯罪行为，而保险条款又难以制定适当的规定限制它。因此，保险人在核保时，通常采用的控制手段有：①实行限额承保。即对于某些风险，采用不足额承保的保险方式，规定被保险人自己承担一部分风险。保险标的如果发生全部损失，被保险人最多只能够获得等于保险金额的赔偿；如果只发生部分损失，被保险人则按保险金额与保险标的实际价值的比例获得赔偿。②规定免赔额（率）。这两种方法都是为了刺激被保险人克服心理风险因素，主动防范损失的发生。

（二）承保的程序

1. 投保人填写投保单

投保人购买保险，首先要提出投保申请，即填写投保单，交给保险人。投保单是投保人向保险人申请订立保险合同的依据，也是保险人签发保险单的依据。投保单的内容包括：投保人的名称、投保日期、被保险人名称、保险标的的名称与种类和数量、投保金额、保险标的坐落地址或运输工具名称、保险期限、受益人以及保险人需要向投保人了解的其他事项等。

2. 审核验险

审核是保险人收到投保单后，详细审核投保单的各项内容；验险是对保险标的风险进行查验，以便达到对风险进行分类的目的。验险的内容因保险标的的不同而有差异。

（1）财产保险的验险内容。财产保险的验险内容主要包括以下五个方面：①查验投保财产所处的环境；②查验投保财产的主要风险隐患和重要防护部位及防护措施情况；③查验有无正处在危险状态中的财产；④查验各种安全管理制度的制定和落实情况，若发现问题，应督促其及时改正；⑤查验被保险人以往的事故记录，包括被保险人发生事故的次数、时间、原因、损害后果及赔偿情况。

（2）人身保险的验险内容。人身保险的验险内容包括医务检验和事务检验。医务检验主要是检查被保险人的健康情况，如检查被保险人过去的病史，包括家庭病史，以了解各种遗传因素可能给被保险人带来的影响。有时也会根据投保险种的需要进行全面的身体检查。事务检验主要是对被保险人的工作环境、职业性质、生活习惯、经济状况以及社会地位等情况进行调查了解。

3. 接受业务

保险人按照规定的业务范围和承保权限，在审核验险之后，有权做出拒保或承保的决定。如果投保金额或标的风险超出了保险人的承保权限，展业公司只能报上级公司核保，而无权决定是否承保或是否分保。

4. 缮制单证

缮制单证是指在接受业务后填制保险单或保险凭证等手续的过程。保险单或保险凭证是载明保险合同双方当事人权利和义务的书面凭证，是被保险人向保险人索赔的主要依据。因此，保险单质量的好坏，往往影响保险合同能否顺利履行。填写保险单的要求主要有以下四点：①单证相符；②保险合同要素明确；③数字准确；④复核签章、手续齐备等。

第三节　再保险

一、再保险及其特征

再保险又称为分保，是指保险人将其承担的保险业务，部分转移给其他保险人承担的保险关系。即再保险是保险人将自己承担的风险和责任向其他保险人进行保险的一种方式。从保险经营的角度看，保险人为了分散自己承保的风险，通过签订再保险合同的方式，将其所承保的风险和责任的一部分转移给其他保险公司或再保险公司。分出业务的保险公司称为分出公司、分保分出人或原保险人；接受再保险业务的保险公司称为分入公司、分保接受人或再保险人。分保接受人将接受的再保险业务再分保出去，称为转分保，分出方为转分保分出人，接受方为转分保接受人。一个保险人既可以是分保分出人，又可以是分保接受人。

再保险的基础是原保险，再保险的产生是基于原保险人业务经营中分散风险的需要。再保险具有两个重要特征：①再保险是保险人之间的一种业务经营活动；②再保险合同是一种独立合同。

在再保险业务中，分保双方责任的分配与分担是通过确定自留额和分保额来体现的，分出公司根据偿付能力所确定承担的责任限额称为自留额或自负责任额；经过分保由接受公司所承担的责任限额称为分保额、分保责任额或接受额。自留额与分保额可以用百分率表示，如自留额与分保额分别占保险金额的25%和75%；或者用绝对值表示，如超过100万元以后的200万元。而且，根据分保双方承受能力的大小，自留额与分保额均有一定的控制，如果保险责任超过自留额与分保额的控制线，则超过部分应由分出公司自负或另行安排分保。

自留额与分保额的计算可以保额为基础，也可以赔款为基础。计算基础不同，决定了再保险的种类不同。以保险金额为计算基础的分保方式称为比例再保险；以赔款金额为计算基础的分保方式称为非比例再保险。

自留额和分保额都是按危险单位来确定的。危险单位是指保险标的发生一次灾害事故可能造成的最大损失范围。危险单位的划分既重要又复杂，应根据不同的险种和保险标的来决定。危险单位的划分关键是要和每次事故最大可能损失范围的估计联系起来考虑，而不一定和保单份数相等同。危险单位的划分并不是一成不变的。危险单位的划分有时需要专业知识。对于每一危险单位或一系列危险单位的保险责任，分保双方通过合同按照一定的计算基础对其进行分配。

二、再保险的业务种类

（一）比例再保险

比例再保险是指以保险金额为基础来确定原保险人的自负责任和再保险人的分保责任的再保险方式。在比例再保险中，分出公司的自负责任和分入公司的分保责任都表示为保险金额的一定比例。分出公司与分入公司要按这一比例分割保险金额，分配保险费和分摊赔款。比例再保险包括成数再保险和溢额再保险两种。

1. 成数再保险

成数再保险是指原保险人与再保险人在合同中约定保险金额的分割比率，将每一危险单位的保险金额，按照约定的比率在分出公司与分入公司之间进行分割的再保险方式。在成数再保险合同已经成立的前提下，不论原保险人承保的每一危险单位的保险金额大小，只要该保险金额在合同规定的限额之内，都要按合同规定的比率来分割保险金额，每一危险单位的保险费和所发生的赔款，也按这一比率进行分配和分摊。总之，成数再保险最大的特征是“按比率”的再保险，即原保险人与再保险人对保险金额的分割、保险费的分配、赔款的分摊都是按照合同规定的同一比例来进行的。因此，成数再保险是最典型的比例再保险。下面举例说明成数再保险的计算，见表7-1。

表 7-1 成数再保险计算表 单位：万元

船名	总额 100%			自留 30%			分出 70%		
	保险金额	保费	赔款	自留额	自留保费	自负赔款	分保额	分保费	摊回赔款
A	100	1	0	30	0.3	0	70	0.7	0
B	300	3	10	90	0.9	3	210	2.1	7
C	600	6	20	180	1.8	6	420	4.2	14
D	800	8	0	240	2.4	0	560	5.6	0
E	1 000	10	0	300	3.0	0	700	7.0	0
总计	2 800	28	30	840	8.4	9	1 960	19.6	21

2. 溢额再保险

溢额再保险是指原保险人与再保险人在合同中约定自留额和最高分入限额，将每一危险单位的保险金额超过自留额的部分分给分入公司，并按实际形成的自留额与分出额的比率分配保险费和分摊赔款的再保险方式。

由于在溢额再保险合同项下，原保险人与再保险人之间的保险费的分配、赔款的分摊都是按实际形成的保险金额的分割比率进行的，因此，溢额再保险也属于比例再保险。

在溢额再保险合同中，分出公司首先要对保险金额确定自留额，对于每一笔业务，将超过自留额的部分转移给再保险人，但以自留额的一定倍数为限。自留额和分出额与保险金额之间的比例分别称为自留比例和分保比例。自留比例和分保比例随不同保险标的保险金额的大小而变动。例如，某一溢额分保合同的自留额为 50 万元，现有三笔业务，保险金额分别为 50 万元、100 万元和 200 万元。第一笔业务的保险金额在自留额之内，无须分保；第二笔业务的保险金额超过自留额，需要分保，实际自留额为 50 万元，分出额为 50 万元；第三笔业务的保险金额超过自留额，需要分保，实际自留额为 50 万元，分出额为 150 万元。本例第二笔业务的自留比例为 50%，分保比例为 50%；第三笔业务自留比例为 25%，分保比例为 75%。每笔业务按照实际形成的分保比例分配保险费和分摊赔款。

从以上可以看出，溢额再保险与成数再保险之间最大区别是：如果某一业务的保险金额未超过分出公司的自留额，无须办理分保，只有在保险金额超过自留额时，才将超过的部分分给再保险人。也就是说，溢额再保险的自留额，是一个确定的数额，不随保险金额的大小变动；而成数再保险的自留额表现为保险金额的固定百分比，随保险金额的大小而变动。

溢额再保险的分入公司不是无限度地接受分出公司的溢额责任，通常以自留额的一定倍数，即若干“线”数为限，1“线”相当于分出公司的自留额。如自留额为 50 万元，分保额为 5 线，则分入公司最多接受 250 万元，即分保额最高为 250 万元。对于分出公司承保的巨额业务，可以签订多个溢额再保险合同，按合同签订的顺序，有第一溢额再保险、第二溢额再保险等。

（二）非比例再保险

非比例再保险是指以赔款为基础来确定再保险当事人双方责任的分保方式。当赔款超过一定额度或标准时，再保险人对超过部分的责任负责。与比例再保险不同，在这种再保险方式中，分出公司和分入公司的保险责任和有关权益与保险金额之间没有固定的比例关系，因此称其为非比例再保险。非比例再保险有两个限额：一是分出公司根据自身的财力确定的自负责任额，即非比例再保险的起赔点，也称为免赔额；二是分入公司承担的最高责任额。以上两个限额需要在订立再保险合同时由当事人双方约定，一旦保险事故发生，便依照规定的限额进行赔付。如果损失额在自负责任额（再保险起赔点）以内，赔款由分出公司负责；如果损失额超过自负责任额，分入公司负责其超过部分，但不超过约定的最高限额。有时损失额可能超过分出公司的自负责任额和分入公司的最高责任限额之和。在此情况下，超过的部分由分出公司自己承担，或按分出公司与其他分入公司签订的再保险合同处理。

例如：分出公司的自负责任额为 1 000 000 万元，分入公司的最高责任限额为 3 000 000 万元。现以保险金额和赔款不等的五个保险标的为例，说明赔款责任的分摊情况见表 7-2。

表 7-2　赔款责任的分配情况　　货币单位：万元

保险标的	保险金额	赔 款	分出人自负额	接受人负责额	其 他
A	700 000	500 000	500 000	0	0
B	900 000	700 000	700 000	0	0
C	2 000 000	1 400 000	1 000 000	400 000	0
D	4 000 000	4 000 000	1 000 000	3 000 000	0
E	4 800 000	4 200 000	1 000 000	3 000 000	200 000

非比例再保险分为超额赔款再保险和超额赔付率再保险。

1. 超额赔款再保险

超额赔款再保险是由原保险人与再保险人签订协议，对每一危险单位损失或者一次巨灾事故的累积责任损失规定一个自负额，自负额以上至一定限度由再保险人负责。前者称为险位超赔再保险，后者称为事故超赔再保险。

（1）险位超赔再保险。这是以每一危险单位的赔款金额为基础确定分出公司自负赔款责任限额，即自负额，超过自负额以上的赔款，由分入公司负责。

（2）事故超赔再保险。这是以一次巨灾事故中多数危险单位的积累责任为基础计算赔款，是险位超赔在空间上的扩展。其目的是要确保分出公司在一次巨灾保险事故中的财务稳定。

无论是险位超赔再保险，还是事故超赔再保险，分入公司可接受分出公司的全部分出责任，也可以只接受分出公司的部分分出责任。超过分入公司接受部分的保险责任，仍由分出公司自己负责。

2. 超额赔付率再保险

超额赔付率再保险又称为损失中止再保险，是指按年度赔款与保费的比率来确定自负责任和再保险责任的一种再保险方式。在约定的年度内，当赔付率超过分出公司自负责任比率时，超过的部分由分入公司负责。

与超额赔款再保险不同，在超额赔付率再保险合同项下，分出公司与分入公司的责任划分并不以单个险位的赔款或一次事故的总赔款的绝对量为基础，而是以一年中赔款的相对量，即赔款与保费的比率为基础。其实质是对分出公司提供的财务损失的保障，以防止年度内某类业务的赔付率发生较大的波动而影响分出公司的经营稳定。

在超额赔付率再保险合同中，一般约定两个限制性的比率：一个是分出公司的自负责任比率，另一个是分入公司的最高责任比率。当实际赔付率尚未超过合同约定的自负责任比率时，全部赔款由分出公司负责；否则，当实际赔付率已经超过合同约定的自负责任比率时，分出公司只负责自负责任比率以内的赔款，超过自负责任比率以上的赔款由分入公司负责，直至达到其最高责任比率。如果实际赔付率超过分出公司自负责任比率与分入公司最高责任比率之和，超过部分的赔款由分出公司自己负责。通常，在原保费收入中，假设营业费占 25%，净保险费占 75%。因此，划分分出公司和分入公司的责任可以以 75%的赔付率为准。当分出公司的赔付率在 75%以下时，由分出公司自己赔偿；当分出公司的赔付率超过 75%时，超过部分由分入公司负责赔偿。分入公司也有接受分入责任的限额，一般为营业费用率的两倍，即已得保费的 50%。这就是说，分入公司仅对赔付率在 75%～125%的赔款负责，并有金额限制，在两者中以低者为限。

例如，有一超额赔付率再保险合同，约定分出公司的自负责任比率为 70%，分入公司的最高责任比率为超过 70%后的 50%，即实际赔付率在 70%以下的赔款由分出公司负责，超过 70%～120%的赔款由分入公司负责。为了控制分入公司的绝对赔付责任，合同还规定分入公司的赔付责任以 600 000 元为限。

假设：年净保费收入为 1 000 000 元；已发生赔款 800 000 元，赔付率为 80%；分出公司分担相当于原保费收入 70%的赔款，即 700 000 元的赔款；接受公司分担 10%，即 100 000 元的赔款。

如果当年已发生赔款为 1 350 000 元，赔付率为 135%，则分出公司负责其中的 70% 的赔付率，即 700 000 元的赔款；分入公司负责赔付率超过 70%～120%的部分，即 500 000 元的赔款；超过 120%以上的赔付率部分，即 150 000 元的赔款将仍由分出公司负责。

三、再保险业务的安排方式

在再保险经营实务中，一般有三种再保险安排方式可供选择。

(一) 临时再保险

临时再保险是指对于保险业务的分入和分出，分出公司和分入公司均无义务约束的一种再保险安排方式。临时再保险是产生最早的再保险安排方式，分出公司根据自己的业务需要将有关风险或责任进行临时分出的安排，一般由分出公司或分保经纪人向其选定的分入公司提出再保险建议，开出“临时再保险要保书”，分入公司接到“临时再保险要保书”后，对分保的有关内容进行审查，以决定是否接受。该种再保险安排方式比较灵活，但由于每笔业务都要逐笔安排，所以手续烦琐，增加了营业费用开支。临时再保险一般适合于新开办的或不稳定的业务。

(二) 合同再保险

合同再保险又称为固定再保险，是指分出公司和分入公司对于规定范围内的业务有义务约束，双方均无权选择的一种再保险安排方式。双方签订再保险合同规定双方的权利、义务、再保险条件和账务处理等事项，凡经分出公司和分入公司议定，并在合同中明确规定的业务，分出公司必须按照合同的规定向分入公司办理分保，分入公司必须接受，承担相应保险责任。该种再保险合同一般没有期限规定，是长期性合同。订约双方都有终止合同的权利，但必须在终止前的三个月向对方发出注销合同的通知。

(三) 预约再保险

预约再保险是指分出公司对合同规定的业务是否分出，可自由安排而无义务约束，而分入公司对合同规定的业务必须接受，无权选择的一种再保险安排方式。该再保险安排方式是在临时再保险基础上发展起来的，介于临时再保险与合同再保险之间。一般对分出公司而言，其具有临时再保险性质；对分入公司而言，其具有合同再保险性质。

第四节 保险理赔

一、保险理赔的原则

保险理赔是指保险人在保险标的发生风险事故导致损害后，对被保险人提出的索赔请求进行赔偿处理的过程。被保险人发生的损害，有的是属于保险风险引起的，有的则是属于非保险风险引起的，即使被保险人的损害是由保险风险引起的，但因多种因素和条件的制约，被保险人的损害不一定等于保险人的赔偿额和给付额。因此，保险理赔应遵循下列原则，以保证保险合同双方行使权利与履行义务。

(一) 重合同、守信用

重合同、守信用是保险在理赔过程中应遵循的首要原则。保险理赔是保险人对保险合同履行义务的具体体现。在保险合同中，明确规定了保险人与被保险人的权利与义务，保险合同双方当事人都应恪守合同约定，保证合同顺利实施。对于保险人来说，在处理各种赔案时，其应严格按照保险合同的条款规定受理赔案，确定损失。计算赔偿金额时，其应提供充足的证据。

（二）遵循近因原则

由于案发原因错综复杂，被保险人提出的索赔案件形形色色。因此，对于一些损害原因极为复杂的索赔案件，保险人除了按照条款规定处理赔案外，还应该遵循近因原则，判断保险人是否承担赔付责任。

（三）主动、迅速、准确、合理

“主动、迅速”，即要求保险人在处理赔案时积极主动，不拖延并及时深入事故现场进行查勘，及时理算损失金额，对属于保险责任范围内的灾害事故所造成的损失，应迅速赔偿。“准确、合理”，即要求保险人在审理赔案时，分清责任，合理定损，准确履行赔偿义务。对不属于保险责任的案件，保险人应当及时向被保险人发出拒赔通知书，并说明不予赔付的理由。

二、保险理赔的程序

（一）接受损失通知

保险事故发生后，被保险人或受益人应将事故发生的时间、地点、原因及其他有关情况，以最快的方式通知保险人，并提出索赔请求。发出损失通知书是被保险人必须履行的义务。发出损失通知书通常有时限要求，根据险种不同，被保险人在保险标的遭受保险责任范围内的损失后，应当在规定的时间内通知保险人。

被保险人发出损失通知的方式可以是口头的，也可以采用函电等方式，但随后应及时补发正式的书面通知，并提供各种必备的索赔单，如保险单、账册、发票、出验证明书、损失鉴定书、损失清单、检验报告等。如果损害涉及第三者责任时，被保险人在获得保险赔偿金后一般还需出具权益转让书给保险人，由保险人代为行使向第三者责任方追偿的权益。

（二）审核保险责任

保险人收到损失通知书后，应立即审核该索赔案件是否属于保险责任范围，其审核的内容包括以下五个方面：①损害是否发生在保险单的有效期内；②损害是否由所承保的风险所引起的；③损害的标的是否为保险标的；④损害是否发生在保险单所载明的地点；⑤请求赔偿的人是否有权提出索赔等。

（三）进行损失调查

保险人审核保险责任后，应及时派人到出险现场进行实地勘查，了解事故情况，以便分析损害发生原因，确定损害程度，认定索赔权利。

（四）赔偿或给付保险金

保险事故发生后，经调查属实属于保险责任的，并估算赔偿金额后，保险人应立即履行赔偿给付的责任。对于人寿保险合同，只要保险人认定寿险保单是有效的、受益人的身份是合法的、保险事故的确发生了，便可在约定的保险金额内给付保险金。对于财产保险合同，保险人则应根据保险单类别、损害程度、标的价值、保险利益、保险金额、补偿原则等理算赔偿金后，方可赔付。保险人对被保险人请求赔偿或给付保险金的要求应按照保险合同的规定办理。赔偿的方式通常以货币支付，在财产保险中，保险人也可与被保险人约定其他方式，如恢复原状、修理、重置等。

复习思考题

1. 简述保险经营的基本原则。
2. 股份制保险公司与相互保险公司各有什么特点？
3. 简述保险核保的内容。
4. 再保险有何特征？
5. 自留额、分保额与危险单位有什么关系？
6. 简述再保险的业务种类。
7. 再保险有哪些安排方式？
8. 简述保险理赔的原则和程序。

第八章 保险基金与保险投资

内容提示：本章主要分析保险基金的含义和特征，保险基金的来源、运动及其与保险资金的比较，保险基金的存在形式，保险投资的意义、保险投资的资金来源、保险投资的原则及一般形式等内容。通过本章的学习，应该认识、理解和掌握保险基金和保险投资的相关重要内容。

第一节 保险基金的含义和特征

一、基金的含义和种类

（一）基金的含义

对于“基金”人们并不陌生，从积累基金、消费基金到各种福利基金、慈善基金，以及现在人们经常提起的投资基金、住房基金等，“基金”已深入社会经济生活的方方面面。通常，人们认为基金是一种有着专门用途的资金，这种界定对于一般性基金是适合的。但随着经济的发展，许多新型基金如投资基金、国债基金等的出现，使原来意义上的基金在内涵和外延上都发生了一些变化，基金不仅是一种资金，而且可以是一种金融工具和金融组织，基金不仅和特定用途相联系，还可以和特定的运作行为联系起来。

由此可见，在当今社会经济体系中，基金已经成为一个包含范围相当广泛的经济术语，人们出于不同需要使用不同意义上的基金术语。当然，专门性还是其本质内核。

（二）基金的种类

在我国，原有基金的设立在宏观上主要是保证宏观经济中积累与消费、生产与流通等重大比例关系，从而保持社会经济的持续、均衡发展；在微观上主要是保证企业物资耗费的补偿和职工必要的福利待遇，确保扩大再生产的顺利进行。近年来，随着经济的发展，基金的形成渠道和使用去向均发生了很大的变化，还出现了许多新的基金，使基金呈现出多样化和复杂化的趋势。

1. 按基金在社会经济中的作用分类

（1）积累基金。它是指国民收入中用于扩大再生产、进行生产性基本建设和建立物资储备的那部分基金，主要包括扩大再生产基金、生产性基本建设基金和非生产性基本建设基金。

（2）消费基金。它是国民收入中用于满足社会成员个人的物质文化生活需要和共同需要的基金，主要包括个人消费基金和社会消费基金。

（3）经济保障基金。它是指为抵御各种风险的发生及其对社会经济生活所导致的损失，保证社会再生产的顺利进行而建立的基金，主要包括企业自筹基金、国家财政后备基金、社会保障基金和保险基金等。

（4）补偿基金。它是指社会总产品中用于补偿已经消费掉的生产资料价值的那部分基金，主要包括折旧基金和流动基金。

2. 按基金的性质分类

（1）营利性基金。它是指以营利为目的的基金，如投资基金。

（2）非营利性基金。它是指不以营利为目的的基金，如教育基金。

3. 按基金的管理组织分类

（1）由政府部门管理的基金。这部分基金是指由财政部门管理的财政后备基金等。

（2）由非营利组织管理的基金。非营利组织主要是指学校、医院和其他社会团体等各种组织。这些组织管理的基金主要有学校基金、医院基金及各种社会基金，如残疾人福利基金、霍英东教育基金等。

（3）由营利组织管理的基金。这部分基金包括两部分：一部分是由企业设立的内部专用基金，如公益金、住房基金等；另一部分是由基金会等金融机构管理的基金，如保险基金、投资基金等。

4. 按基金形态分类

（1）实基金。它是依据有关法律或规定，以各种形式筹集形成的、有具体形态和管理机构的基金，如投资基金、希望工程基金、社会保险基金等。

（2）虚基金。它实际上是一种观念上的基金概念，是为了分析研究的需要而人为制定或划分的基金，如积累基金、消费基金等。

5. 按基金存在形式分类

（1）从属于某一单位的基金，如企业内部的公益金、住房基金，事业单位的事业发展基金、集体福利基金、后备基金等。这类基金属于单位总资金的一部分，其存在的形式往往是单独存在于某企事业单位内部的财会栏目的某一科目之中。

（2）独立的具有法人地位的基金，如投资基金等。这类基金不依附于任何组织单位，其本身就是一个独立的法人主体，有自己的一套核算方式和报表体系。

二、保险基金的含义

保险基金可以分为广义的保险基金与狭义的保险基金。

（一）广义的保险基金

1. 广义的保险基金的概念

广义的保险基金又称为社会后备基金，是指国民收入中用于防止社会再生产过程中断和保持国民经济平衡，以及应付意外事件、自然灾害等而储存的资金，包括使用价值形态的物资后备和价值形态的货币后备。

一个国家为了应付可能发生的外来侵略、消除自然灾害造成的损失、调整国民经济发展中出现的比例失调，都要求建立社会后备基金，保证国民经济持续地、按比例地、高速度地发展，保证市场的稳定和人民生活的改善。

2. 广义的保险基金的构成

（1）国家后备基金。国家后备基金又称为集中形式的后备基金，是指由国家通过财政预算对国民收入再分配实现的，并且由国家管理和支配的实物形态或货币形态的后备基金。它主要包括国家物资储备和财政后备等形式。

国家物资储备是指国家为稳定社会再生产和人民生活而建立的一定数量的生产资料和生活资料的储备。这是一种以实物形态为主的储备基金，主要包括粮、棉、油、布匹、钢铁、燃料等重要物资，以及黄金、外汇等储备。

财政后备是指国家在一定财政年度内，为应付灾害事故和其他临时性需要而设置的一种货币资金。

（2）社会保障基金。社会保障基金是根据国家立法、通过各种特定渠道建立起来的，当劳动者或社会成员因年老、疾病、伤残、生育、死亡和失业，或遭受战争、自然灾害或其他意外事故，以致发生生活困难时，给予经济资助的一种保险基金。它包括三个组成部分：社会保险基金、社会福利基金和社会救济基金。

社会保障基金的建立能基本保证人们老有所养、病有所医、壮有所为、残有所济，有助于保障劳动者和社会成员的基本生活需要，维持社会稳定，保持社会和谐发展；社会保障基金对劳动力的生产、分配、使用和调整起到一定的调节作用，从宏观上和微观上保证和促进劳动力再生产，从而推动整个社会生产发展和经济繁荣。

（3）互助形式的保险基金。互助形式的保险基金是指由一些具有共同要求和面临同样风险的人自愿组织起来，以预交风险损失补偿分摊金方式建立起的一种保险基金。这种互助形式的后备基金曾存在于古今各种以经济补偿为目的的互助合作组织之中。如古埃及建造金字塔石匠中的互助基金组织、古罗马的丧葬互助会，中世纪的工匠行会、商人行会、宗教行会、村落行会等各种行会。现在也在民间广泛存在。

（4）商业保险基金。商业保险基金是指通过商业保险合同形式，通过收取投保人的保费而建立起来的，在发生合同规定的风险事故时，用于补偿或给付由于自然灾害、意外事故和人生自然规律而造成的经济损失和人身损害的专项货币基金。

(5) 自保形式的保险基金。自保形式的保险基金是指单个经济单位或家庭，为处理所面临的财产风险和人身风险而设立的实物或货币基金。它包括企业自保基金和家庭自保基金。企业自保基金是指由各企业或经济组织为保证经营过程的连续性和稳定性设立的自行弥补损失的一种后备基金。企业自保基金有货币形态和实物形态两种。居民个人储蓄和农民家庭实物储备属于家庭自保基金。

(二) 狭义的保险基金

狭义的保险基金是指商业保险基金。本书如果不特别指明，此后所指的保险基金都是狭义的保险基金。

保险基金是保险业存在的现实的经济基础。生产力的发展水平决定着社会是否有剩余物质产品以及有多少剩余产品可用作物质后备或用于保险。它在物质产品方面为保险提供了可能性。但这只是一种可能性，并不等于现实的保险。商品经济制度和市场经济机制，为现代保险即商业保险的产生和发展，创造了经济关系方面的条件。而保险基金则是生产力所提供的物质可能性和经济关系所创造的条件的现实体现。保险基金的建立，既意味着社会生产力所提供的物质后备已经被用于经济保障，也意味着这种经济保障采取了商品经济关系和商业保险的保障形式，它是现代保险业的现实的经济基础。

商业保险基金和国家后备基金、社会保障基金、互助型或自保型保险基金具有同一性，表现在：①其用途都是应付自然灾害和意外事故所造成的经济损失；②其目的都是保障社会再生产的正常进行和社会经济生活的安定；③其性质不同于用于扩大再生产的积累基金，也不同于补偿已消耗掉的生产资料的补偿基金。

然而，商业保险基金与其他形式的保险基金又具有本质上的不同。商业保险基金以货币经济为条件，并且反映着商品交换关系。国家后备基金是借国家政权为主体强制参与国民收入的分配和再分配，是无偿的，体现以国家为主体的分配关系。社会保障基金也具有国家法定性、强制性。互助型的保险基金是一种合伙出资形式，虽然在合伙人之间存在着权利与义务关系，但他们之间不存在商品交换关系。自保形式的保险基金则是一种自担风险的财务处理手段，而保险基金则是体现着保险人与被保险人之间的以等价交换为原则的商品交换关系。可见，它们在性质上是互异的，保险基金的本质属性是指以商品交换的等价有偿原则建立的一种后备基金。

三、保险基金的特征

(一) 契约性

保险公司是通过与投保人订立保险合同收取保费筹集保险基金的，保险的经济活动是根据合同来进行的。由于保险基金的筹集和支付受保险契约的制约，被保险人在遭遇合同约定的风险事故时，保险人就应履行经济损失补偿和给付义务。

（二）筹集的分散性和广泛性

保险基金主要来自投保人缴纳的保险费，而投保人包括法人和自然人。就法人来说，包括各种不同所有制的工业、农业、交通运输业、商业、服务业和各种事业单位以及国家机关；就自然人来说，有各行各业的人士和各个阶层的人士。无论是法人还是自然人，可以在国内的不同地区，也可以在世界各个国家和地区。因而，保险基金具有明显的分散性和广泛性的特性。

（三）互助性

保险基金的建立是来自投保人转移风险的需要，但是根据大数法则，因风险事故的发生取得保险赔付的单位或个人毕竟是少数（储蓄性保险给付的情况例外）。保险基金的这种运行机制最充分地体现了人类为应付自然灾害和意外事故的互助共济思想。

（四）科学性

保险基金的科学性存在于保险费率计算的合理性。由于保险费率是根据大数法则和概率论原理厘定的，这就保证了保险基金具有科学的数理基础。

（五）保值增值性

保险基金是由保险公司筹集和管理的、具有经济保障功能的基金形式。为了更好地实现保险的经济保障功能，保险公司必然选择运用保险基金进行投资使保险基金能够保值增值。保险公司运用积累的保险基金获得投资收益时，就能增强公司自身发展的经济实力，提高偿付能力；同时，还可以降低保险费率，或者把投资收益的一部分返还给投保人，以鼓励其参加保险。这样，有利于保险公司扩大保险业务量，从而在激烈的市场竞争中处于有利地位。

第二节　保险基金的来源、运动及其与保险资金的比较

一、保险基金的来源

（一）保费

保险基金主要来源于保险费。保险费是投保人为使被保险人获得保险保障而交纳给保险人的费用。保险费由纯保费和附加保费构成。纯保费是保险金给付的来源，是以预定风险事故率为基础计算的保险费。纯保费的计价采用“收支相等原则”，即保险商品所收取的纯保费总额应与其所给付保险金的总额相等。附加保费分为营运费用和预计利润。其中，营运费用是取得成本及日常经营管理成本的来源；预计利润是提供保险经营者的预计报酬。保险费的构成见图 8-1。

可见，只有纯保费是保险公司将来用于赔付或给付的部分，它形成了保险基金的主体。

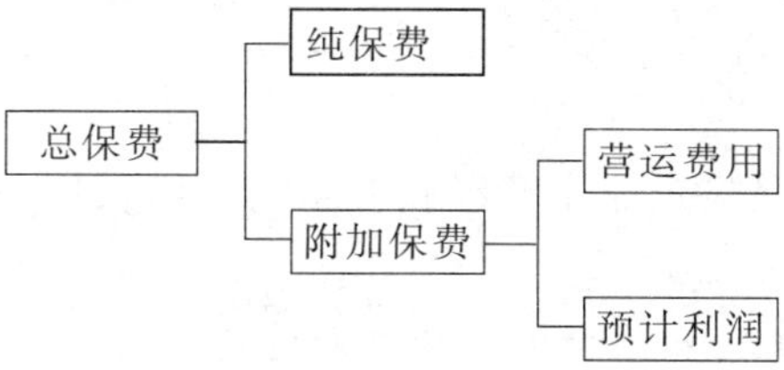

图 8-1　保险费的构成

（二）保险基金的投资收益

保险公司对积累的保险基金进行投资运用，在一定时期之后收回本金并取得投资收益，可以增大保险基金的规模，壮大保险公司的偿付能力。

二、保险基金的运动

保险基金的运动主要包括以下环节：

（一）收取保费

保险公司出售保单并收取保费，是保险基金运动的起点。没有收取足够的保费，保险公司就无法保证未来的保险赔付。保险公司在尚未发生赔付成本的情况下，只能对风险概率和损失率及利率进行科学的预测，并据此制定保险费率标准，以便形成稳定的保险基金。

可见，保险费率的厘定是保险基金实现财务平衡的关键。

（二）支付保险金

当被保险人发生合同约定的风险事故并出现损失时，或被保险人死亡、伤残、疾病或者达到合同约定的年龄、期限时，保险人支付保险金给被保险人或受益人。支付保险金是保险基金补偿功能的体现，也是保险基金运动的终点。

（三）保险基金的积累和运用

保险基金是用于满足保险赔付需要而积累的货币资金。由于保险基金的收取和支付之间存在着数量差和时间差，在某一时期会形成保险基金的结余，对这部分基金保险公司可以进行投资营运活动。这样，用于投资的资金暂时从保险基金中分离出来直接投入社会再生产运动，在一定时间之后再以货币形态收回投资，并可能获得一个价值增值，壮大保险基金。

保险基金的运动如图 8-2 所示。

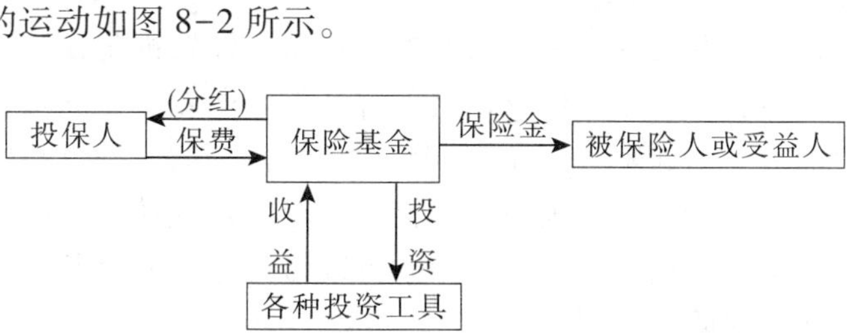

图 8-2　保险基金的运动

三、保险资金

保险资金是转化为保险企业生产经营要素的货币表现。个人用于消费的货币不构成企业资金的内容。

（一）保险资金可以从来源和运用两方面进行考察

从保险资金的来源来看，保险资金来自所有者和债权人。

保险公司的所有者对企业投入的资本以及形成的资本公积金、盈余公积金、一般风险准备金和未分配利润成为保险资金的组成部分。

保险公司的债权人可分为两类：一般债权人和保单持有人。保险行业的一个重要特征是，顾客即保单持有人本身就是企业的主要债权人。对保险企业而言，顾客把保费缴纳到保险公司，保险公司在合同生效之后就承担起保险责任，这种责任对保险公司来讲就是对保单持有人的负债。保险公司对保单持有人的负债占保险企业负债的主要部分。此外，保险公司的资金还来源于对其他债权人的借款和应付未付债务，如短期借款、拆入资金、应付手续费及佣金、存入保证金等。

保险公司的资金运用表现为资产，包括企业的货币资产、投资资产、固定资产、无形资产、递延资产、其他资产等。在保险公司中，投资资产占总资产的比重较大。

（二）保险资金运转

保险资金运转的起点和终点都是现金。设立一个新的保险企业，必须解决两个问题：一是制订规划，明确经营的内容和规模；二是筹集若干的现金，包括对外借款和所有者投资。《保险法》明确规定注册资本的最低限额为人民币 2 亿元，注册资本应当为实缴货币资本。没有现金，企业的规划无法实现，不能运营。企业建立后，现金变为经营中用的各种资产和费用，在运营中又陆续变为现金。

保险公司主要的业务活动分为保险经营活动和投资活动。保险经营活动所产生的现金流入的项目主要是保费收入，所产生的现金流出的项目主要是各种保险赔款或支付的各种费用和税收。投资活动所产生的现金支出主要有购置固定资产、无形资产和债权投资、股权投资、发放贷款以及在同业市场上拆出资金等；所产生的现金流入主要包括收回投资和取得投资收益时所收到的现金，以及处置固定资产和无形资产所收取的现金。

投资活动与保险经营活动是紧密关联的。通常，保费都是在每个保险期间的期初预先付款。在保费收入与偿付额支付之间存在的时间差，使保险企业可将已有货币存量用于投资业务。从保险公司角度来看，出于盈利的目的，不应当把这种预先付款的保费形成的外来资金只以无收益的流动资金的形式储备，而应当转化为能带来收益的各种投资形式。而投资活动所产生的现金的净收入有利于保险公司维持良好的偿付能力，扩大保险业务量。

在经营过程中，由于业务发展的需要，为保持偿付能力，保险公司往往还需要筹集资本金，这就会发生保险公司的筹资活动。保险公司的筹资活动将导致保险公司的资本及非准备金负债规模和构成发生变化的活动。保险公司的筹资活动产生的现金流入项目主要有吸收权益性投资、借款和拆入资金等；保险公司的筹资活动产生的现金流出项目主要有偿还债务、分配利润、偿付利息等。

可见，保险公司发生的现金流入和流出活动可以分为三类：保险经营活动、投资活动和筹资活动。保险资金运转如图 8-3 所示。

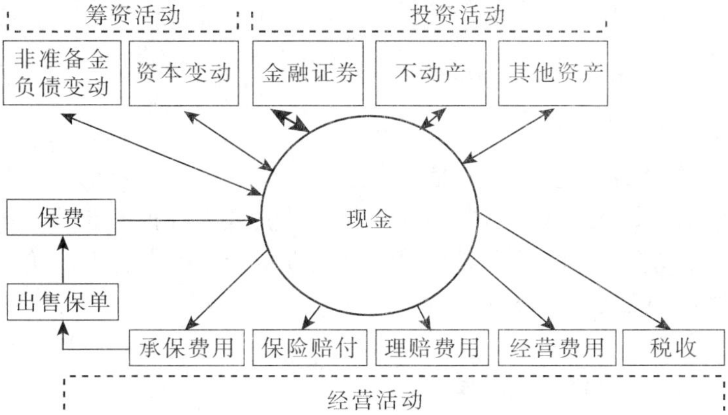

图 8-3　保险资金运转

四、保险基金与保险资金的区别

（一）来源不同

从来源来看，保险资金的来源比保险基金的来源更为广泛。保险基金的来源主要是来自投保人的保费收入；而保险资金除来自投保人交纳的保费之外，还来自投资人的资本金和一般债权人的负债。所以，仅从来源来看，可以说保险基金是保险资金的主要组成部分。

（二）运动过程不同

保险资金的运动过程表现为：资金的垫支—收回—再垫支—再收回……

保险基金的运动过程表现为：收取保费—形成基金—支付保险金。

可见，保险基金的运动过程和保险资金的运动过程不一样。保险资金具有周转性，保险资金是为形成企业经营与投资所垫支的货币，随着企业生产经营与对外投资收入的实现，原垫支的货币就重新收回，继续用作下一个生产经营与投资过程的垫支。资金的垫支—收回—再垫支—再收回这一不断反复循环的过程，即为资金的周转。

保险基金不是一个封闭的循环，保险基金一旦支付了被保险人或受益人就退出了保险基金运动的过程。

（三）目的不同

保险基金是用于保险赔偿或给付的，是为了满足保险公司的偿付能力的需要而建立的，即使其进行保值增值的投资活动，也是为了能够吸引更多的保户，提高保险公司的偿付能力。

而保险资金参与经营活动与投资活动的基本动机是为了盈利，即原垫支的资金收回之后，还要带来新增值的价值量，其货币表现就是企业的纯收入。资金的本性就是逐利，这是投资者的原始要求。

第三节 保险基金的存在形式

从动态来看，保险基金反映的是一个连续的经济过程，表现为保险费的不断收取与保险金的不断支出；从静态来看，保险基金表现为各种不同的形式，主要包括保险合同准备金和保险保障基金，而保险合同准备金从精算技术的角度分为未到期责任准备金和未决赔款准备金。

一、未到期责任准备金

未到期责任准备金是指保险公司为尚未发生保险事故的保单责任提取的责任准备金。

保险事故是指保险合同约定的保险责任范围内的事故。除了发生可能造成财产损失的事故外，被保险人死亡、伤残、发生疾病、达到合同约定的年龄或期限等都是保险事故。

保险公司需要为处于保险期间内、从未发生过保险事故的保单和虽然已经发生保险事故、但仍然继续有效的保单提取未到期责任准备金。

从保单责任的期限来看，未到期责任准备金不仅包括保险期间在一年以内（含一年）的保险合同项下的保单责任提取的责任准备金，还包括为保险期间在一年以上（不含一年）的保险合同项下的保单责任提取的责任准备金。从业务角度来看，保险公司应当为其经营的所有业务提取未到期责任准备金，包括财产保险业务、人寿保险业务、健康保险业务和意外伤害保险业务。

二、未决赔款准备金

未决赔款准备金是指保险公司为已发生但尚未结案的保险事故提取的准备金，包括已发生已报案未决赔款准备金、已发生未报案未决赔款准备金和理赔费用准备金。

（一）已发生已报案未决赔款准备金

已发生已报案未决赔款准备金是指为保险事故已经发生并已向保险公司提出索赔，保险公司尚未结案的赔案而提取的准备金。

该准备金的评估受诸多因素影响，包括公司在案件受理、责任审核、赔付调整、残值和追偿款收入等管理环节的水平和效率。在保险公司，已发生已报案的未决赔款准备金的计提主要是理赔人员的工作。理赔人员必须熟悉保险业务的具体环节和具备一些专门知识，及时了解法规的变更和社会经济因素变化对已发生已报案赔案赔款的影响。理赔人员可采用逐案估计法和平均估计法等对已发生已报案未决赔款准备金进行估算。逐案估计法，即对未决赔案逐个估计在将来结案时需要支付的赔款数。平均估计法，即根据以往的保额损失经验，预先估计出某类业务的每件索赔的平均赔付额，再乘以该类未决索赔的件数，取得未决赔款准备金数额。

（二）已发生未报告未决赔款准备金

已发生未报案未决赔款（IBNR）准备金是指为保险事故已经发生，但尚未向保险公司提出索赔的赔案而提取的准备金。

此类赔款的估计比较复杂，因为这类赔案的件数和金额都需估计。IBNR 准备金一般以过去的经验数据为基础，然后根据各种因素的变化进行修正，如出险单位索赔次数、金额、理赔费用的增减、索赔程序的变更等。这种索赔估计需要非常熟悉和精通业务的管理人员做出准确判断。过去我国保险公司财务制度规定，对已发生未报告的未决赔案按不高于当年实际赔款支出额的 4%提存 IBNR 准备金。但这种方法缺乏科学依据，特别是对于长尾巴的责任保险，提存的 IBNR 准备金严重不足。所以，在 2005 年中国保监会颁发的《保险公司非寿险业务准备金管理办法》规定，保险公司应采用链梯法、案均赔款法、准备金进展法、B-F 法等方法提取已发生未报案未决赔款准备金时，应采用至少两种方法进行谨慎评估，并根据评估结果的最大值确定最佳估计值。

（三）理赔费用准备金

理赔费用准备金是指为尚未结案的赔案预期发生的理赔费用而提取的准备金，分为直接理赔费用准备金和间接理赔费用准备金。其中为直接发生于具体赔案的专家费、律师费、损失检验费等而提取的为直接理赔费用准备金；为非直接发生于具体赔案的理赔人员工资等费用而提取的为间接理赔费用准备金。

三、保险保障基金

保险保障基金，是指按照《中华人民共和国保险法》和《保险保障基金管理办法》规定缴纳形成，用于救助保单持有人、保单受让公司或者处置保险业风险的非政府性行业风险救助基金。

保险保障基金与未到期责任准备金及未决赔款准备金不同。未到期责任准备金和未决赔款准备金是保险机构的负债，用于正常情况下保险公司将支付的赔款和日常营运活动。而保险保障基金在保险公司被撤销、被宣告破产以及在保险业面临重大危机，可能严重危及社会公共利益和金融稳定的情形下，用于向保单持有人或者保单受让公司等提供救济的法定基金。

保险公司应按下列规定缴纳保险保障基金：①非投资型财产保险按照保费收入的 0.8%缴纳，投资型财产保险，有保证收益的，按照业务收入的 0.08%缴纳，无保证收益的，按照业务收入的 0.05%缴纳；②有保证收益的人寿保险按照业务收入的0.15%缴纳，无保证收益的人寿保险按照业务收入的0.05%缴纳；③短期健康保险按照保费收入的0.8%缴纳，长期健康保险按照保费收入的0.15%缴纳；④非投资型意外伤害保险按照保费收入的0.8%缴纳，投资型意外伤害保险，有保证收益的，按照业务收入的0.08%缴纳，无保证收益的，按照业务收入的0.05%缴纳①。

财产保险公司的保险保障基金余额达到公司总资产6%以及人寿保险公司的保险保障基金余额达到公司总资产1%时，可停止提取保险保障基金。

保险保障基金按照集中管理、统筹使用的原则，由设立国有独资的中国保险保障基金公司依法负责保险保障基金的筹集、管理和使用。

第四节　保险投资

一、保险投资的意义

保险投资是指保险公司为了保持自身的偿付能力，增强竞争力，在业务经营过程中，按相关法律法规的要求运用积聚的保险资金，使其保值增值的活动。在现代保险经营中，保险公司的业务大体分为两类：一类是承保业务（直接保险业务），另一类是投资业务。作为保险经营业务两大支柱之一的保险投资，已经成为保险公司生存和发展的重要因素。

（一）有利于建立雄厚的保险基金，维系良好的偿付能力

筹措、建立保险基金，补偿经济损失，是保险的基本职能，因此，保险公司所积累的资金必须与其承担的风险责任一致。如果保险基金积累不足，就难以保证有足够的偿付能力。保险公司通过运用保险资金，获得更多的收益，使保险资金得到保值增值，就能增强公司自身发展的经济实力，提高偿付能力。保险公司偿付能力的提高，有利于进一步保护被保险人的合法权益，保证保险合同的履行，维护保险市场的正常秩序。

（二）有利于不断降低保险费率，提高保户参加保险的积极性，增加保险业务量

从理论上讲，保险费率的高低是以风险的损害概率大小作为依据的，是损害概率与附加费率之和。因此，保户参加保险所获得的经济利益与其所缴保费基本上是一致的。但是，如果保险资金运用得好，取得较高的保险投资收益，就可以降低保险费率；同时，还可以把投资收益的一部分返还给被保险人，以鼓励其参加保险的积极性。这样，就有利于保险公司扩大保险业务量，从而在激烈的市场竞争中处于有利地位。在美国，整个保险业竞争激烈导致了费率降低，而使赔付率长期在

① 数据来源：2008年，中国保险监督管理委员会、中华人民共和国财政部、中国人民银行共同制定的《保险保障基金管理办法》；之前的相关办法停用。

100%以上，但其保险业仍在发展，其主要原因就是依靠投资收益支撑，其非寿险业务年均投资净收益达数百亿美元，寿险业务年均投资净收益则逾千亿美元。

（三）有利于扩大社会积累，进一步发挥保险业在国民经济中的作用

保险资金的运用直接推动了金融市场的形成和繁荣，使保险公司从单纯的补偿或给付机构转变为既有补偿或给付职能，又有金融职能的综合性保险公司，为金融市场增加了活力。同时，保险公司通过资金运用，将分散闲置的资金集中起来，根据社会需求进行投资运用，从而加快资金流通，支持国民经济建设，促进市场经济的发展。这样，就能够充分体现保险资金的社会效益。

总之，在发展保险业务的同时重视保险资金的运用，通过投资收益来分享社会利润，壮大保险基金并弥补保险业务收益的不足，是国内外保险业发展的一条客观规律。保险资金的运用正日益成为各保险公司普遍关注的重要问题。可以预见，在未来中国的保险市场上，保险资金的运用将日益发达，规模将日趋扩大，投资收益在保险公司收益中所占的比重亦将越来越大。

二、保险投资的资金来源

（一）自有资金

1. 资本金

资本金是指保险公司的所有者作为资本投入企业的各种资产的价值。资本金是保险业务经营和保证保险公司偿付能力的必要物质条件，保险公司为了承担现有的和将来的业务责任必须保持一定的必要资本。但保险公司的资本金并不是保险公司投资的主要资金来源，资本金在可运用资金中所占的比例并不大，一般为1%~5%。

2. 资本公积

资本公积主要包括资本溢价和股票溢价、法定财产重估增值、资本折算差额、接受捐赠等。与资本金一样，资本公积是保险公司投资资金来源的一个组成部分，但不是主要来源。

3. 留存收益

保险公司的留存收益包括盈余公积、一般风险准备和未分配利润，占保险公司投资的资金来源的比例较小。

（二）外来资金

1. 准备金负债

准备金负债是保险公司为履行其承担的保险责任，备付未来的赔偿或给付支出提存的资金准备，是保险公司投资的主要来源。准备金负债包括：未决赔款准备金、未到期责任准备金、寿险责任准备金、长期健康险责任准备金等。准备金负债是由保费收入与保险金支出的数量差和时间差而形成，是保险投资可运用资金的主要来源。

2. 其他资金来源

在保险公司的经营过程中，还有可能存在其他可用于投资的资金来源，保险公

司为提升偿付能力发放次级债券所筹集的资金、从同业市场上拆借资金等，另外结算中形成的短期负债如应付工资、应付佣金、应付分保账款等，数额虽不大，且须在短期内归还，但还是可以作为一种补充性的资金来源。

三、保险投资的原则

（一）安全性

所谓安全性，是指保险投资必须保证其本金安全返还，且投资收益率至少应等于同期银行存款利率。因为如果只返还本金，就会造成资金的贬值，以致企业入不敷出，同样不符合安全性要求。安全性原则是保险投资的首要原则和最基本的要求。虽然保险公司作为商业性金融服务机构，追求利润最大化，但由于保险资金主要来自保户所交纳的保费，最终要实现对保户的返还，所以为维持社会稳定，保护被保险人的合法权益，必须强调安全性原则；否则，就不能保证保险公司具有足够的偿付能力，被保险人的合法权益就得不到保障。

需注意的是，安全性原则是对保险投资的总体而言的，如果要求各种投资项目都绝对安全，从实践来看绝非易事，也没有必要。所以投资强调多样化，在投资组合中，随着被组合资产数量的增加，投资风险降低；被组合资产之间的相关性越小，组合降低风险的效用就越大。

（二）收益性

获得收益是保险投资的目的。收益表现为保险投资收入大于保险投资成本。保险投资收益性原则与安全性原则往往呈反方向，即提高安全性要求，投资收益相应下降；否则，投资收益相应上升。在存在多种投资方式的条件下，保险投资可以追求不同的收益水平，并不需要让各种方式的投资都受制于安全性要求。保险投资应在总体上符合安全性要求的前提下，尽可能地提高投资收益水平。

（三）流动性

流动性是指投资项目具有变现能力，保险公司在需要时可以抽回资金，以满足投保人的赔付要求。流动性作为保险投资的原则是由保险经营的特点决定的，因为保险公司将随时承担保险责任，对于短期性较强的财产保险更是如此。坚持流动性原则不是要求每一个投资项目都有高流动性，而是从可运用资金的性质出发，把长期性资金运用到流动性较弱的项目上去，把短期性资金运用在流动性较强的项目上，使投资结构合理，从而保证总体上的流动性。一般来说，变现能力较强的投资项目，其营利性相对较低。但这也不是绝对的，随着组合投资工具的增多，流动性与营利性的反向变动关系变得不明显了。

四、保险投资的一般形式

（一）银行存款

银行存款是指保险公司存放在银行，获取利息收入的资金。银行存款以银行作为保险资金的投资中介，保险公司承担的风险较小，安全性较高，但收益较低，在一般情况下不可能成为真正意义上的投资利润。从国外保险公司的投资实践来看，银行存款往往不是保险公司投资的主要渠道，保险公司保有银行存款只是作为必要的准备，数量不会太多。

（二）债券

债券是发指行者为筹集资金而向债权人发行的，在约定时间支付一定比例的利息，到期偿还本金的一种有价证券。

债券可以有以下几种分类：

1. 短期债券、中期债券和长期债券

短期债券是指期限在 1 年以内的债券。在市场上流通的中长期债券如果其到期日不足 1 年的也可以视为短期债券。短期债券具有流动性强、风险低的优点，但收益率较低。中期债券是指期限在 1 年以上 10 年以下的债券。长期债券一般是指期限在 10 年以上的债券。长期债券的流动性差，不易变现，通货膨胀风险也比较大。作为补偿，其收益率较高。

2. 政府债券、金融债券和公司债券

政府债券是指政府作为发行人的债券，通常由财政部发行、政府担保。政府债券的最大特点是信誉程度高，几乎无信用风险，且可在二级市场上交易，流动性风险小。

金融债券是指经中央银行或其他政府金融监督管理部门批准，由银行或其他金融机构发行的债务凭证。金融债券的风险介于政府债券和企业债券之间，其债券收益率高于政府债券，低于企业债券。

公司债券是指企业为筹集长期资金以债务人身份承诺在一定时期内支付利息、偿还本金而发行的债务凭证。公司债券的发行主体是企业，其风险比国债和金融债券高，存在信用风险，但收益率相对较高。

3. 固定利率债券和浮动利率债券

固定利率债券具有固定的利息率和固定的偿还期，在利率急剧变化时风险大。浮动利率债券是指根据市场利率定期调整的中、长期债券。利率按标准利率（同业拆借利率或银行优惠利率）加一定利差确定，或由固定利率加保值补贴率确定。浮动利率债券可以减少投资人的利率风险。

（三）股票

股票是指股份公司发给股东的所有权凭证，是股东借以取得股利的一种有价证券。按股东享有的权利不同，股票可分为普通股和优先股。普通股股东享有决策参与权、利润分配权和剩余财产分配权；优先股股东享有确定股利分配权和剩余财产优先索取权，但没有决策参与权，也不参与公司红利分配。优先股能够取得固定收入，风险相对较小，但不能享受公司利润增长的利益。

股票投资相对债券投资而言，具有较强的收益性，可抵御通货膨胀的风险，但投资的安全性较差。

（四）投资基金

投资基金是指汇集不特定多数且有共同投资目的的投资者的资金，委托专业的金融投资机构进行组合投资，以实现风险的分散与降低，共同分享收益的一种集合投资方式。投资基金目前不仅在金融市场发达的国家发展迅速，而且在金融市场不够发达的新兴工业化国家和地区，乃至金融市场落后的发展中国家方兴未艾，就是因为它与其他投资工具相比有着诸多独特优势。这种优势主要表现在：①组合投资、分散风险。把一定量的资金按不同比例分别投资于不同有价证券和行业，可在总体上把风险减到最低限度。②专业管理、专家操作。这可避免投资者个人由于专业知识、信息、时间和精力不足而产生的盲目决策现象。对于机构投资者而言，也可以节约其时间和精力，专心做好其他方面的投资。③流动性强、变现性高。投资者不仅可以根据基金管理公司的公开报价随时购买，而且可以随时请求赎回，或在证券市场上把基金券以市价转让给他人。④品种繁多，选择性强。经过一百多年的发展和完善，投资基金现已相当成熟。从种类上看，它几乎包罗了金融市场上所有的金融产品；从地区上看，世界上只要有金融投资的地方，就有投资基金存在的可能。目前，在发达国家的证券市场上，投资基金和单位信托基金的数量已逾万种，涉及一切金融投资领域。

但投资基金是一种间接投资工具，短期收益有可能比直接投资所获得的回报为低，同时也存在投资风险。投资基金的风险可能来自政治、经济、政策或法令的变更等外在因素，也可能来自经纪人的管理不善、决策失误或大市不利等内在因素。

（五）贷款

贷款是指保险公司作为信用机构直接将保险资金提供给资金需求方，以获取利息收入的一种信用活动。保险贷款可分为一般贷款和保单质押贷款。其中，一般贷款是指保险公司作为非银行金融机构向社会提供贷款。贷款的收益率决定于市场利率。在不存在信贷资产的二级市场的情况下，信贷资产的变现能力不如有价证券，其流动性较差。保单质押贷款是指在寿险保单具有现金价值的基础上，根据保险合同的约定，保单持有人向保险公司申请的贷款。保单质押贷款是一种安全的投资方式。

（六）资金拆借

资金拆借是指具有法人资格的金融机构之间或具有法人资格的金融机构与经法人授权的非法人金融机构之间进行的短期资金融通。资金拆借包括资金拆入和资金拆出。作为保险公司投资渠道的资金拆借是指资金拆出，即资金多余的保险公司向资金不足者的借出款项，收取利息。保险公司是同业拆借市场交易主体的主要组成部分之一。保险公司进入同业拆借市场参与资金拆出活动，有利于保险公司在满足当期发生的赔付需要的前提下，灵活调度多余的保险资金，增强保险资金的流动性。资金拆出的风险较小，收益相对银行存款利息高。

（七）不动产

根据《中华人民共和国担保法》的规定，不动产是指土地及房屋、林木等附着物。保险资金投资不动产的方式包括间接投资基础设施项目、房地产投资等。不动产投资尤其是基础设施投资，具有较稳定、回报较高的特点，但也具有周期长、流动性差的缺点，并受具体投资环境的影响[1]。而房地产是房产和地产的总称，即房屋和土地这两种财产的统称。投资房地产可以通过转卖和出租等方式获取收益。与其他各种投资工具比较起来，房地产投资具有对抗通货膨胀的优点，但房地产投资也具有市场风险，且流动性较差。

（八）金融衍生工具

金融衍生工具是随着金融市场发展而出现的新兴产品，主要包括期货、期权、互换等。金融衍生工具的共同特点：一是在品种设计上有杠杆作用（放大作用），俗称“四两拨千斤”；二是具有风险的对冲作用，抵消未来的市场变化给资产或负债带来的风险。因此，金融衍生工具投资又称为风险管理资产。

期货或期权可用来抵消现有资产组合的风险，锁定将来保费收入和投资的当期收益率。通过互换将利息收入转化成需要的形态，可更好地实现资产和负债的匹配。所以，金融衍生工具的投资对提高寿险公司的整体抗风险能力和投资效果都具有积极的意义。

复习思考题

1. 什么是广义的保险基金和狭义的保险基金？两者之间的联系和区别何在？
2. 保险基金有何特性？
3. 保险基金的来源和运动环节是什么？
4. 保险基金和保险资金有何不同之处？
5. 保险基金的存在形式有哪些？
6. 保险投资的意义何在？
7. 保险投资应遵循什么原则？
8. 保险投资的一般形式有哪些？我国允许采取的保险投资方式有哪些？

① 吴定富．中华人民共和国保险法释义［M］．北京：中国财政经济出版社，2009：236-237.

第九章 保险市场与保险监管

内容提示： 保险市场是保险商品交换关系的总和。保险市场作为无形的状态依存商品市场既具有特殊性，又遵循市场供求的一般规律。保险市场的供求状况受制于诸种因素的影响。为规范保险市场，促进保险业的健康可持续发展，需要对保险市场进行监管。本章运用经济学及管理学的相关理论分析了保险市场与保险监管，学习时应注意在理解的基础上结合国内外保险市场及其监管的最新状况进行深入的思考。

第一节 保险市场概况

市场是将买方和卖方积聚起来共同决定物品和服务的价格和交易数量的机制；是方便交易的制度安排，从而减少了交易的成本。市场由于交易的需要而产生，市场的发展又促进了分工和交易的发展。供给者和需求者如何在市场上实现交易、交易的条件和交易的结果如何，是微观经济学研究的主要内容。

一、保险市场的概念及构成要素

保险市场是保险供给者（保险人）和保险需求者（投保人）共同决定保险商品价格、实现保险商品交换关系的总和。和其他市场一样，保险市场上保险交易的进行在于保险买卖双方对保险商品的需求和供给的配合。保险市场的构成要素为：交易主体、交易客体和交易价格。

（一）保险市场的交易主体

保险市场的交易主体是指保险市场交易活动的参与者，包括保险商品的供求双方和保险中介。

保险商品的供给者是指提供保险商品的各类保险人。保险人向投保人收取保费，同时承担了在保险合同约定条件下对被保险人进行赔付的义务。根据保险人所有制形式的不同，可将其分为：保险股份有限公司、相互保险与合作保险组织、个人保险组织和政府保险组织等形式。

保险商品的需求者是指保险市场上所有现实的和潜在的保险商品购买者，即各类投保人。他们通过缴纳保费，换取保险人提供的保险保障服务。

保险中介又称为保险辅助人，是指介于保险人和投保人之间，促成双方达成交易的媒介人，主要包括保险代理人、保险经纪人和保险公估人。

（二）保险市场的交易客体

保险市场的交易客体是保险商品。保险商品是一种无形的、与未来世界中某事物的特定状态有关的商品。只有在某种状态下（保险风险发生），保险人才会对被保险人进行赔付，因此我们常常又称保险为状态依存商品（state-contingent goods）（Arrow，1954；Debreu，1959）。保险是满足人们较高层次的、对安全的需要，是非必需品，一般人们不会主动购买，所以保险商品需要推销。

（三）保险市场的交易价格

保险市场的交易价格就是保险费，它包括纯保费和附加保费。纯保费是保险人用于支付预期损害的部分，其总额等于预期赔付保险金的现值。纯保费又等于保险金额乘以保险费率水平，而费率是通过精算确定的，对某一险种是一常数。因此，纯保费与保险金额成正比。附加保费用于补偿保险公司各类费用、佣金、员工工资、折旧，以及形成保险公司的利润等。保险市场的供求关系决定了保险价格水平，同时保险费又调节着保险市场供求。

二、保险市场的特征

（一）保险市场是直接的风险市场

任何市场都有风险，但是，一般的市场交易，交易的对象是商品和劳务，其本身并不与风险相联系。而保险经营的对象恰恰就是风险，它通过对风险的聚集和分散来开展经营活动，对投保人转嫁给保险人的各类风险提供保险经济保障。所以，保险商品的交易过程本质上就是保险人聚集与分散风险的过程。这就要求保险人具有专业知识，能够满足各种各样的人对规避风险的需求。正是保险市场交易对象的特殊性，才导致了保险市场具有专业性强、经营面广的特点。

（二）保险市场是非即时结清市场

即时结清市场是指交易一旦结束，双方就可知道确切的交易结果的市场。一般意义上的商品市场、货币市场和劳动力市场，都是即时结清市场。但保险交易活动，因风险的不确定性和保险的射幸性，使得交易双方都不可能确切知道交易结果，因此不能立即结清，而要看保险事件是否发生，双方才能知道交易的最后结果。所以，保险市场是非即时结清市场。

（三）保险市场是预期性的市场

在金融市场上，不仅有现货交易，还有期货交易。期货交易的显著特点之一就是合约订立和实际交割在时间上分离，保险交易具有期货交易的特点。保险市场所成交的任何一笔交易，都是保险人对未来风险事件发生所导致的经济损失进行补偿的承诺。而保险人是否履约却取决于保险合同约定时间内是否发生约定的风险事件，以及这种风险事件造成的损失是否符合保险合同约定的补偿条件。所以说，保险市场是一种预期性市场。

（四）保险市场具有政府干预性特点

保险在当今社会中广泛存在，深刻地影响着人民的生活。保险经营的好坏，不仅具有经济意义，而且具有深刻的社会意义。因此，大多数国家对保险市场都进行较严格的监管，如对保单格式、保险费率、责任准备金及资金运用等都有明确的规定。所以说，保险市场具有浓厚的政府干预特征。

三、保险市场的模式

根据保险市场上保险人之间的竞争程度，我们可把保险市场分为四种模式：完全竞争型保险市场、完全垄断型保险市场、垄断竞争型保险市场和寡头垄断型保险市场。

（一）完全竞争型保险市场

完全竞争型保险市场的含义：该市场上存在众多保险公司，每个保险公司都能提供同质无差异的保险商品，任何公司都能自由进出市场，所有公司都是价格的接受者，而不是制定者。在这种市场模式中，保险资本可以自由流动，价值规律和供求规律充分发挥作用。

完全竞争型保险市场是一种理想状态的市场，它能使各种保险资源配置达到最优化。但由于其所要求的条件十分严格，真正意义上的完全竞争型保险市场并不存在。

（二）完全垄断型保险市场

完全垄断型保险市场是指保险市场完全由一家保险公司操纵，其他公司无法进入保险市场，消费者也没有选择余地，只能购买垄断公司的保险商品，垄断公司可以获得超额垄断利润。

完全垄断型保险市场分为两类：一类是专业型完全垄断模式，另一类是地区型完全垄断模式。专业型完全垄断模式是指在一个保险市场上同时存在两家或两家以上的保险公司，它们各自垄断某类保险业务，相互之间业务不交叉；地区型完全垄断模式是指在一国保险市场上，同时存在着两家或两家以上的保险公司，各自垄断某一地区的保险业务，相互之间业务没有交叉。

在完全垄断型保险市场中，价值规律无法发挥其作用，各种资源配置扭曲，市场效率低下，只有经济落后的国家，出于控制的需要才选择这种市场模式。

（三）垄断竞争型保险市场

垄断竞争型保险市场上存在着若干处于垄断地位的大公司和大量的小公司，各公司提供有差别的同类产品，保险公司能够较自由地进出市场，各公司之间竞争激烈。但由于大公司的存在，市场中仍有较强的垄断势力。这种模式在保险市场上较常见，一般认为，我国现在的保险市场就是垄断竞争型保险市场模式。

（四）寡头垄断型保险市场

寡头垄断型保险市场是指在一个保险市场上，只存在少数相互竞争的保险公司，其他保险公司进入市场较难。保险市场具有较高的垄断程度，保险市场上的竞争是国内保险垄断企业之间的竞争，从而形成相对封闭的国内保险市场。目前，这种类型的保险市场普遍存在于世界上许多国家。

第二节　保险市场的供求及其影响因素

一、保险需求的经济分析

保险的需求是指消费者在一定时期内，在各种可能的价格下愿意购买且有能力购买的保险商品的数量。保险需求者通过向保险人转移损害风险，增强经济保障，并从中得到满足。对于保单持有人来说，保险具有这样的功能：①以缴纳保险费为条件，投保人可以向保险人转移其所面临的全部或部分风险和不确定性。②未知的风险成本（可能遭受的损失和由于风险的存在而带来的效用损失）被已知费用（在已知时间内缴纳的保费）所代替。

理性消费者对保险需求的选择，总是在既定的约束条件下，实现个人效用的最大化。在风险或不确定性下，描述消费者的效用要用到冯·诺依曼—摩根斯坦期望效用理论①。假设一个风险规避的消费者，具有冯·诺依曼—摩根斯坦期望效用函数 $U(W)$，其中 W 为以货币表示的财富水平，$U'(\cdot)>0$，$U''(\cdot)<0$。即财富增加，消费者总效用增加，但边际效用递减，效用函数是严格的凹函数。

假设某消费者的效用函数为 $U(\cdot)$，初始财富水平为 W_0，他面临着一个风险：在未来一定时期里，风险事故发生的概率为 π，发生后造成的损失为 L。

如果他向保险公司投保，缴纳的保费为 P，并在损失发生时从保险公司获得 L 的赔付（即完全保险）。此时他的期望效用为：

$$\begin{aligned} EU_I &= \pi \cdot U(W_0-P-L+L)+(1-\pi)\cdot U(W_0-P) \\ &= \pi \cdot U(W_0-P)+(1-\pi)\cdot U(W_0-P) \\ &= U(W_0-P) \end{aligned}$$

可见，消费者购买完全保险后的财富水平是一个确定的值，即他完全规避了风险，其代价是缴纳的保费。

如果他不投保，则不需缴纳保费，但损失由他自己承担。此时他的期望效用为：

① 读者可以参考任意一本高级微观经济学教材，如平新乔（2001）第四讲和第五讲；Mas-Colell 等（2001）第六章。

$EU_{NI}=\pi\cdot U(W_0-L)+(1-\pi)U(W_0)$

假设保险为公平的，即保费等于损失期望值，$P=\pi L$，我们称这样的保险为公平保险。如果同时赔付额又等于损失发生额，则称之为公平完全保险。购买公平完全保险后的期望效用为 $EU_I=U(W_0-\pi L)$。由于效用函数是严格凹的，由詹森不等式得：

$EU_I-EU_{NI}>0$

即消费者购买公平完全保险将增加他的期望效用，从中得到的消费者剩余（Surplus）为正，如图 9-1 所示。在无附加保费时（交易成本为 0），消费者将购买完全保险（Mossin，1968）。

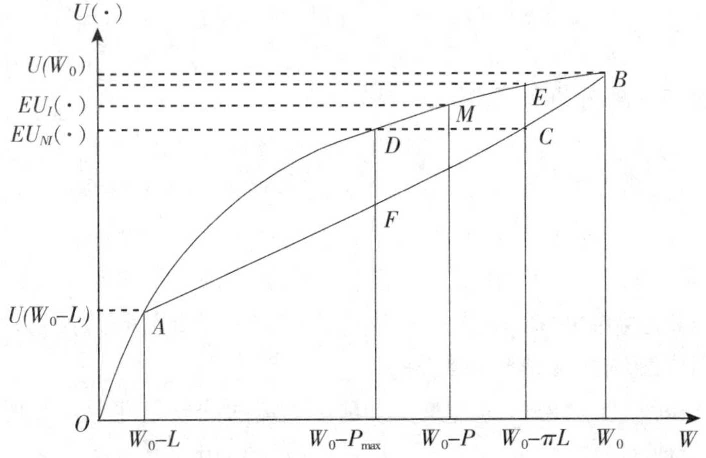

图 9-1　保险需求

显然，保险价格越高，消费者愿意购买的保险应该越少；保险价格越低，保险需求越高。首先，均衡保费水平 P 不可能低于 πL，否则保险公司要面临亏损而不愿意承保；但均衡保费水平 P 也不可能高于消费者愿意支付的最高保费 P_{max}，否则投保后的期望效用 $EU_I(\cdot)$ 将低于不投保的期望效用 $EU_{NI}(\cdot)$，从而使消费者不愿意投保。因此，市场的保费水平满足 $\pi L\leqslant P\leqslant P_{max}$。实际保险价格的高低，取决于保险市场的竞争程度和保险双方谈判力的大小。在完全竞争市场上，投保人有最大的谈判力，保费 $P=\pi L$：保险人获得正常利润，消费者得到最大剩余。在完全垄断市场上，投保人没有任何讨价还价的能力，$P=P_{max}$：消费者的剩余为零，投保和不投保的效用一样，保险人获得最大的垄断利润。其他情形介于两者之间。

二、影响保险需求的因素

有很多因素会影响到保险的需求，在此我们只分析其中最重要的因素。一般来说，保险需求的影响因素可以分为两大类，即保险购买者能够施加一定影响的内因和不受个别保险需求者控制的外因。

一般认为，影响保险需求的内因有：爱好与偏好、收入、财富、个人经济特点。影响保险需求的外因有：风险水平、强制保险、税收、保险价格、其他商品价格以及政府行为等。

（一）风险因素

风险是保险存在的前提和基础，无风险亦不需要保险。保险需求量与风险水平之间存在正相关关系。随着科技的发明、经济的发展和社会的进步，风险和不确定性因素会大大增加。因此，人们对保险的需求也将不断扩大。

（二）消费者的风险偏好态度

保险需求者的偏好，也许是（假定他有自由选择权）决定其是否购买保险以及购买多少保险的最重要的决定因素。特别是对于怎样管理风险和如何购买保险等问题的经济决策，都取决于保险需求者对风险的态度。

一个消费者对风险的态度，根据他对一个公平赌博（支付的赌资等于收益的期望值）的偏好，可以分为三类：①不愿意参加公平赌博者，则为风险厌恶者。②愿意参加公平赌博者，则为风险爱好者。③认为参加或不参加公平赌博都一样，则为风险中性者。我们一般都假设投保人是风险厌恶的，因为只有厌恶风险的人才会购买保险。风险爱好者不但不会购买保险，他可能还愿意购买风险（参加赌博）。如果有附加保费，风险中性者也不会购买保险。一般来说，在保费水平一定的条件下，风险厌恶程度越大的投保人，同样的保险会给他带来更大的效用，从而有更高的保险需求。

（三）消费者的收入水平

一般说来，收入与保险需求是正相关的，即在其他条件不变的情况下，收入增加，消费者的预算约束增加，有更大的选择范围，对包括保险在内的大多数商品的需求也将增加。即我们认为保险产品是正常品，而不是劣等品①。

对单个家庭来说，实际收入的提高（扣除物价上升因素），意味着他们生活水平的提高。收入上升的结果，将增加这个家庭的支出和储蓄，但也可能增加其负债。因为他们现在比以前更有能力偿还高额贷款，如购买一幢更大的房屋，从而增加对银行或房屋建筑商的负债。尽管增加的支出中有些将用于吃穿（特别是对境况不好的家庭来说），我们仍可认为，总支出中越来越大的部分将用于耐用品的消费（这种消费可延续很长时期），如住房、家具、汽车、空调、冰箱、电脑等。对于为这些不断增加的财产所提供的保险需求也会因此而增加，以保护他们免受火灾、盗窃、责任或其他风险的威胁。

同样，如果收入增加引起负债的增长，对保障性人寿保险的需求也会增长。因为消费者需要保护自己，以免受可能发生的债务拖欠行为的损害。

① 收入或财富水平（见后面的分析）很高的人，可能减少对保险的需要。因此，收入和财富对保险需求的影响更多的是一个经验问题而不是理论问题。

（四）保险费率

保险产品自身的价格，即保险费率，会影响人们对保险的需求。在其他条件一定的情况下，保险需求与保险价格成反比。保险价格上升时，保险的需求下降。这时，保险需求者或者自己承担部分风险（通过免赔方式），或者转向一种保障程度较小且价格较便宜的保险形式，甚至在强制汽车保险的情况下，保险费增加也会使某些司机转而从事其他运输行业，或者不购买汽车；否则，价格降低时，保险的需求将增加①。

（五）财产的影响

财产和收入有相关和相似之处，但两者是不同的概念：①财产是存量，收入是流量。②对于个人，一部分财产可以带来收入（投资的有价证券、出租的房屋），另一部分财产只是供消费之需而不能增加收入；对于企业，财产（资产）主要用于生产从而增加社会总收入，收入中用于投资和购买耐用消费品的部分可以增加财产总量。

财产对保险需求的影响，有不同于收入影响的几点值得特别注意：

(1) 尽管财产增加的主要影响似乎是保险需求的增长，但同时，消费者越富有，他自己承担小额损失的能力就越强（选择较高的免赔额）。此外，富有的消费者能够利用综合保险单降低其大部分财产同时受损的可能性。从单个厂商来看，大厂商可能更趋向于建立专业自保公司或自保基金。这种情况的发展是否会减少保险（包括再保险）的总购买，尚难确定。但我们可以说，增大公司规模似乎并不总是意味着保险需求的增长。

(2) 财产反过来会产生收入。例如，单个家庭的储蓄可以获得利息，尤其是在富有的家庭中，利息收入是相当大的。家庭投保人寿保险可以保护家庭的财产免受如资本转移税等因素的影响。另外，贫穷的家庭需要保险保障，以防止可能导致其丧失工作能力或其他带来经济困难的风险。

(3) 我们应注意财产作用于效用函数的效应：当财产本身发生变化时，从一定的财产中获得的效用或满足也会变动。特别是弗里德曼和萨维奇（1948）认为：不仅风险规避者的保险需求会随着财产的增长而变化，而且一个富有的人为使财产达到一定水平，也可能转变为投机型保险需求者。

（六）强制保险

尽管不同国家对强制保险的规定不同（因为有不同的社会保障制度），但大多数国家在雇主责任保险、汽车责任保险和各种意外事故保险以及年金制度方面均有立法规定。

① 价格变化对保险需求的总效应包括替代效应和收入效应。替代效用一般都为负，而收入效应可能为正（对劣等品），也可能为负（对正常品），因此价格变化的总效应不能确定。现有的研究表明，保险产品为正常品（收入需求弹性为正），甚至是奢侈品（收入需求弹性大于1）。因此，一般来说，保险需求的价格弹性为负。

强制保险对保险需求的影响十分明显。首要的一点是，不管价格如何，都必须购买最低限度的保险。在有些国家里，对某些保险还规定了最高价格指标。一般来说，强制保险是最低限度的需要。所以，保险需求者都可能会愿意购买强制保险这种要求以上水平的保险。但同时，由于政府对需求者购买这种保险的必要性已经给予重视，认识上的影响还是可能产生的。

除了政府的强制保险外，有时由于抵押和债券合同、建筑和分包合同以及销售合同中保险条款的规定，也会使其他保险成为必要。单个保险需求者常常发现，他在被告知必须购买保险的同时，还被告知所购保险单的类型及特定的承保人。

（七）税收

无论是对投保人还是对保险人征税，都会影响家庭和厂商在选择不同的风险管理方法时的相对成本—收益比较。

对家庭个人来说，关系最为密切的税收，是对收入的征税和对两代人之间转移财产的征税。在许多国家，人寿保险单的给付可以免征收入税。在按基本税率纳税的情况下，免税规定也适用于不可享受免税的保险单。因此，人寿保险成为一种向继承人和被赡养人转移财产的有效方式。

保险人所享受的优惠的公司所得税，对保险的需求也会产生影响。这使他们收取的保险费可以低于他们在正常税收条件下必须收取的保险费水平。从理论上说，税收上的这种节约转移到消费者身上的程度取决于公司的内部结构和它们的竞争形势（如养老基金是免税的）。

投保和自留风险的相对优势，对于厂商来说，主要受公司所得税的影响。一般来说，它有两种抵消作用：①在计算应税利润时，保险费可以作为一种费用扣减，这有利于保险，它降低了税收价格的有效净额。②为了重置固定资产，通常在一定资产限额下，允许未投保财产的损失作为减免税收费用。可减免税收的价值的大小，取决于税法中关于以营业损失抵消其过去或未来利润的规定。各种研究表明，在较高的公司所得税率下，以未保险财产的损失抵消税收的规定，相对于降低保险的有效价格来说更为重要。所以，我们可以预料，税率（如果它们已经处于较高水平上）的上升一般会减少厂商的保险需求。

除公司所得税的减免规定外，厂商还可以享受防灾和抢险设备的税收折扣。

（八）其他相关商品的价格

其他商品价格的变化对保险需求的影响，主要取决于它们与保险是否存在着替代关系或互补关系。当然，某些商品与保险既非替代商品，亦非互补商品（它们完全不相干），这种商品价格的变化也可能影响到保险的购买，但这仅作为收入效应的结果。如果某种生活必需品的价格上升（这种商品的购买构成消费者支出的很大部分），那么，剩下能花费在保险上的可支配收入就会减少。在购房按揭贷款的价格发生大幅度上升的情况下，这种收入效应的现象就会出现。

保险的主要替代品是其他风险管理措施，如风险自留（包括利用应急准备基金或专属保险组织，通常称之为自保）、风险预防、风险控制、储蓄和资金借贷等都是对保险的替代。各种风险管理措施对保险的替代程度或替代弹性的大小，取决于各种措施之间成本—收益的比较。Ehrlich 和 Becker（1972）是最早把自保作为市场保险的替代品来进行研究的学者，他们在论文中探讨了自保作为保险的替代品或互补品的条件。还有人利用资产组合理论研究了保险、储蓄和其他资产之间的关系，如 Mayers 和 Smith（1983）、Doherty（1984）等。一般来说，替代品的收益提高或成本降低，市场对替代品的需求会增加，从而减少对保险的需求；否则，就会增加保险需求。例如，提高银行储蓄存款的利率会减少对寿险产品的需求；税收的优惠使专属保险公司更为有利，技术的进步和市场价格的变动使风险预防和风险控制的成本降低，或者可借贷资金的成本降低或条件更为宽松，都将减少市场对财产保险的需求。

保险有很多互补商品，它们主要是与保险客体的性质相联系的商品。例如，我国汽车制造业从国外引进先进技术、加入 WTO 后国内市场竞争的加剧，都降低了国内汽车的价格，导致市场对新汽车需求增加，从而引起对机动车辆保险需求的增加。

（九）经济体制、法律环境

相对于计划经济体制，在市场经济条件下，个人与企业将面临更多的风险。经济主体规避风险的需求也越来越强烈，于是保险需求量将会上升。法律制度对保险需求也有很大的影响，如民事赔偿责任法律的健全，直接推动了市场对第三者责任险的需求。

三、需求函数和需求曲线

保险需求量可以看成是以上所有影响因素的函数，从而得到下面的保险需求函数：

$Q_d=f(a_1, a_2, a_3, \cdots)$

其中，Q_d 为保险需求量，a_1，a_2，a_3，…为影响保险需求量的因素。假定其他因素不变，仅分析价格变化对保险需求量变化的影响，保险需求函数又可以写成：

$Q_d=f(p)$

其中，P 为保险商品价格。

一般来说，保险需求曲线向右下倾斜。当保险价格下降时，引起保险需求量的增加；当保险价格提高时，引起保险需求量的减少（见图 9-2）。

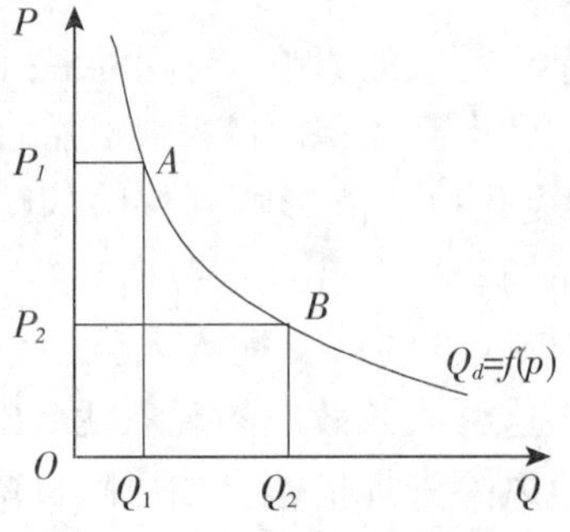

图 9-2 保险需求曲线

除保险价格以外的其他影响因素的变化，将引起保险需求曲线的移动。其他影响因素的变化引起保险需求增加时，保险需求曲线向右上方移动；否则，会引起保险需求曲线向左下方移动（见图 9-3）。

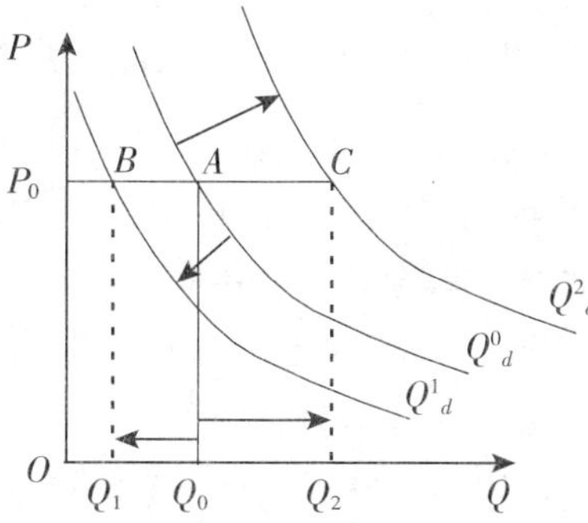

图 9-3 保险需求曲线的移动

四、保险供给的含义

保险供给是指保险市场上保险人在一定时期内在各种可能的价格下，愿意提供并且能够提供的保险商品的数量。它既可指整个保险业为社会提供的保险产品总量，也可指某单个保险公司在一定时期内提供的保险产品总量。研究保险供给，要注意以下几点不同于一般市场供给的性质：

（1）要考虑保险价格确定的特殊性。保险价格包括纯保费和附加保费两部分。纯保费用于补偿风险损失，等于未来期望损失的现值；附加保费主要由各种费用和资本利润构成。费用的高低主要决定于保险公司的经营效率，利润水平由市场竞争程度所决定。因此，市场竞争程度和保险公司经营效率只对附加保费产生影响，不影响纯保费。

（2）保险公司只是对它可以承保的风险提供保险。关于可保风险的讨论见第二章。同时，可保风险的含义和范围也在不断地发生变化。

（3）对于某一具体险种，纯保险费率不会随供给保险商品数量的变化而发生变化；附加保费又分为固定费用（固定资产折旧、管理费用）和可变费用（佣金、理赔费用）。保险价格随供给数量的变化主要来自附加保费中的固定部分，而该部分所占的比例较小。因此，保险供给曲线一般比较平缓。

五、保险供给的影响因素

保险供给同时受到宏观经济因素与微观经济因素的影响。制约保险供给的主要因素包括：

（1）社会可用于经营保险业的资本量。假定其他条件不变，经营资本与保险供给能力呈正相关关系，经营资本越多，供给能力越强。

（2）整个社会对保险产品的市场容量，即保险需求。保险需求是有购买力的保险需要。因此，假定其他条件不变，一国的经济形势越好，消费者的购买力越强，人们对保险的需求就越大，保险供给的数量也就相应越多。

（3）保险的市场价格。同其他商品一样，在市场上由供求关系作用所形成的保险产品的价格在很大程度上影响保险的供给。在其他条件不变的情况下，保险供给与保险市场价格成正比。

（4）保险人的经营技术和管理水平，包括组织机构的效率。假定其他条件不变，保险人的经营技术和管理能力越高，保险的供给能力越强。

（5）制度、政策环境。保险业是一个极为特殊的行业，各国都对其有相对于其他行业更加严格的监管。例如，很多国家法律对于保险企业都有最低偿付能力标准的规定，这种规定直接制约着企业，让它们不能随意、随时扩大供给。此外，保险税收政策也会通过影响保险人的积累能力和保险市场的竞争秩序，影响到保险政策的实现以及保险业的长远发展。

（6）保险人才的数量和质量。这里的保险人才主要是指保险经营所需的专门人才，如精算师、核保员、核赔员、风险评估人员等。保险人才越充足，保险供给的质量就会越好；反之亦然。

六、保险供给函数和保险供给曲线

保险供给函数可表示为：

$Q_s=f(a_1,\ a_2,\ a_3,\ \cdots)$

其中，Q_s 为保险供给量，a_1，a_2，a_3，…为影响保险供给量的因素。假定其他因素不变，只分析价格变化对保险供给量变化的影响，保险供给函数又可以写成：

$Q_s=f(p)$

其中，p 为保险商品价格。

一般来说，保险供给曲线向右上方倾斜。当保险商品价格增加时，保险供给量增加；当保险商品价格减少时，保险供给量减少（见图 9-4）。

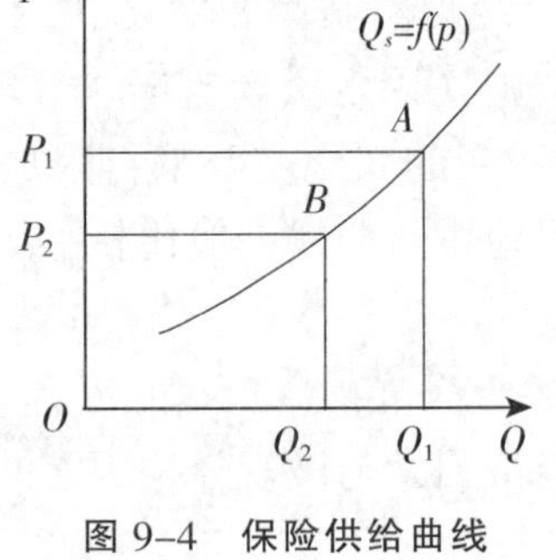

图 9-4 保险供给曲线

除保险商品价格以外的其他因素的变化，将引起保险供给曲线的移动。除保险商品价格外的其他因素的变化引起保险供给增加时，则保险供给曲线向右上方移动；否则，保险供给曲线会向左下方移动（见图 9-5）。

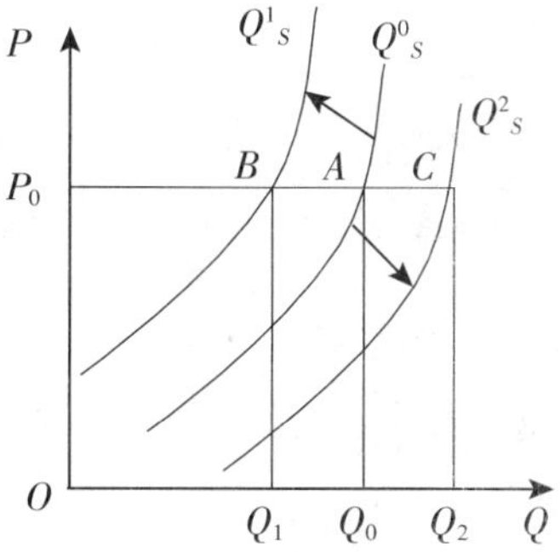

图 9-5 保险供给曲线的移动

第三节 保险监管

保险产品、保险经营以及保险市场的特性，要求政府对保险市场进行适度干预，纠正保险市场的失灵。基于这一出发点，保险监管机构代表政府对保险市场进行监督管理，以保障保险消费者的合法权益，促进保险业持续健康协调发展。

一、保险监管的概念与特征

按照监管主体划分，保险监管有广义和狭义之分。广义的保险监管是指政府监管机构、保险行业自律组织、保险机构内部监管部门及社会力量，对保险市场及保险主体的组织和经营活动的监督和管理。狭义的保险监管是指保险监管机构依法对保险市场及其主体的监督管理，是政府授权监管机构干预保险市场的一系列制度安排。通常，保险监管主要研究的是狭义保险监管。

保险监管具有以下四个方面的特性①：

1. 监管内容具有全面性

保险监管的内容不仅涉及保险企业组织的设立、变更和终止，保险企业高级管理人员、专业技术人员、业务人员的资格和行为，还涉及保险条款、费率、财务运作、资金运用、偿付能力、市场行为及公司治理等内容。

2. 监管对象具有广泛性

保险行业自律组织只对其成员实行管理，而政府监管机构对所有的保险企业及其成员，以及保险代理人、保险经纪人、保险公估人等均有权监管。

3. 监管主体及其权限具有法定性

保险监管主体及其权限通常都是由保险法等相关法律法规明确规定的，而法定

① 郭宏彬．论保险监管的理论根源［J］．中国政法大学学报，2004（7）：168-169.

监管主体必须且只能依据法律规定的权限行使监管权，既不能怠于行使监管权，也不能超过权限范围行使监管权。

4. 监管结果具有强制性

相关法律规定，保险监管具有强制性规范的性质。保险监管机构的审批权、核定权、检查权、禁止权、撤销权、整顿权、行政处罚权和处分权等监管权的行使，均具有法律效力和强制性。

二、保险监管的必要性

（一）保险商品的特点

保险商品的无形性、长期性以及保险合同的附和性和射幸性等特点，决定了保险监管存在的必要性。首先，保险是一种无形商品，保险公司“出售”的是未来的赔付责任，是一种承诺。保险公司能否真正兑现其承诺、承担相应的保险责任，受其偿付能力是否充足等因素的影响。其次，大多数寿险产品具有长期性，保险期限长达几十年甚至终身，保险公司能否在未来某一时期按照保险合同的约定支付保险金，具有一定的不确定性。最后，保险合同具有附和性和射幸性。保险合同的主要内容是由保险公司单方拟定的，投保人一般只能做出接受保险合同与否的决策。另外，对于单个保险合同而言，保险公司是否履行赔付义务取决于约定的保险事故是否发生，也具有不确定性。保险商品的上述特点，要求监管部门监督保险公司按照公平、诚信的原则拟订保险合同，具有充足的偿付能力，能够按约定支付保险金。

（二）保险经营的特性

保险经营具有高风险性和高负债性。保险公司是经营风险的企业，通过风险集散实现对个别被保险人意外损害的补偿。而保险公司在经营过程中，也面临定价风险、承保风险、投资风险及理赔风险等若干风险，因此保险公司的经营具有较高的风险。保险公司的资本金在其资产总额中仅占一小部分，其余资产是由投保人缴纳的保险费形成的，具有负债属性。保险公司经营的高负债性加剧了其进行扩张风险的经营以追求高额利润的冲动，从而可能导致投保方利益受损。此外，保险公司的负债还具有长期性，可能造成保险公司疏于考虑或难以准确预测未来的保险赔付。保险经营的高风险性、高负债性和负债的长期性，表明保险消费者利益的维护需要监管部门采取有效的监管措施，确保保险公司经营的稳定性。

（三）保险市场的特性

保险市场存在较严重的信息不对称。一方面，投保方的信息优势诱发了投保时的逆选择和投保后的道德风险。投保人“隐藏信息”使保险人无法根据每个标的的风险状况制定对应的保险费率，平均化的保险费率实质上“驱逐”了低风险的保险标的，保险市场中留存的将是高于平均风险水平的标的，此时盈利要求促使保险公司提高费率，而更多高风险标的将随之涌入保险市场，如此往复。投保方还可能在投保后“隐藏行动”，增大事故发生的概率或加深事故发生造成的损失程度，以骗取保险赔付。投保方的逆选择和道德风险将极大增加保险人的赔付成本，甚至危及保险公司的长期稳定发展。另一方面，保险人的信息优势可能引发保险人签约前隐藏信息（误导投保）及签约后隐藏行动（不履行保险合同）。作为经营风险的专门行业，保险经营过程中从保险合同设计、保险定价到保险资金运用、保险理赔等各个环节都难为保险消费者和社会公众所理解，因而保险公司资产质量、实质经营风险的透明性较差。此外，保险产品的多样化和复杂化倾向更进一步加剧了保险市场中的信息不对称程度。

保险市场是典型的存在外部性的市场。保险市场正的外部性是指作为风险集散和资金融通的媒介，保险对社会稳定和经济增长具有积极的促进作用；保险市场的负外部性表现为保险欺诈与保险业的系统风险。保险市场的外部性使得保险提供者的“私人收益”与“社会收益”并不对称，从而影响了保险资源的有效配置。另外，由于市场准入壁垒、规模经济或范围经济的作用，保险市场中存在足以影响保险产品价格的少数保险公司，享有较大的市场支配力和较高的垄断地位。这些保险公司一旦凭借其市场支配力进行不合理定价以获取超额利润，会导致保险消费者的利益受到损失。

信息不对称、外部性和垄断性等保险市场的特征，使得保险市场配置资源的功能可能失灵。在市场化的信息披露机制受阻的情况下，政府监管有利于增加保险市场的透明性。而外部性和垄断的存在，使得政府监管部门成为维护保险市场公平与效率的主体。通过强制信息披露等监管途径，保险监管能够在一定程度上减少保险交易中的成本，维护保险消费者的利益。

三、保险监管的理论基础

古典经济学基础上的监管理论是保险监管的重要理论基础。监管理论研究的基本问题包括：监管产生的原因、监管的目标及监管的最优化等问题。至 20 世纪 80 年代，监管理论形成了公共利益监管理论、监管经济理论及监管辩证理论三大主要的理论体系，为保险监管研究提供了重要的理论支撑。

（一）公共利益监管理论

一般认为，主流的监管理论起源于公共利益理论。福利经济学中的公共利益理论回答了“政府监管为何存在？政府监管代表谁的利益？”等监管基本问题，从而形成了公共利益监管理论。公共利益监管理论认为，政府监管是为了修正低效率的或不公平的市场行为，以满足公众的诉求①。该理论假设政府是仁慈的，能够代表公众利益实施无成本或低成本的监管，监管者的目标是防止自然垄断、外部性、公共产品的非排他性和不完全信息等造成的市场失灵，增强经济体的配置效率，实现公众利益和社会福利的最大化。

---

① POSNER R. A. Theories of economic regulation [J]. The Bell Journal of Economics and Management Science, 1974, 5 (2): 335.

公共利益监管理论对保险市场的政府监管研究具有重要的指导意义。保险市场中少数保险公司的较大市场支配力、保险市场的外部性和严重的信息不对称，使得市场的资源配置效率受到影响，保险消费者的利益可能受损。此外，保险监管具有公共品的性质。共同消费和非排他性的“搭便车心理”意味着市场主体并无生产或为保险监管付费的动力，因而保险监管只能由政府提供。

尽管作为主流监管理论的传统公共利益监管理论一直影响并指导着政府监管的实践活动，然而该理论也存在若干缺陷。其一，监管者是否始终忠诚的代表公众利益饱受争议。其二，政府监管对市场机制的替代可能是低效的，政府干预市场本身也可能导致“政府失灵”，即产生包括信息搜集成本在内的直接监管成本，以及被监管企业的效率损失和寻租成本等间接监管成本。

（二）监管经济理论

公共利益监管理论的缺陷引发了人们对政府角色的重新认识。由于市场失灵并非政府监管的充分条件，而政府监管也并不必然能够实现公共利益。公共利益监管理论的争议也引发了多种解释监管的理论出现。

早在20世纪初，监管俘获现象就已得到了初步研究。监管俘获理论指出，监管的供给源于特定利益集团的需求。随着时间的推移，监管机构逐渐为被监管的利益集团所俘获，因而服务于公众的监管目标最终将受挫。1971年，斯蒂格勒首次运用经济学规范分析解释政府监管的产生，开创了监管经济理论。在强制力是政府的基本资源、作为理性经济人的各利益集团都追求自身利益最大化的假设下，监管经济理论对政府监管进行了供求均衡分析。其中，监管的供给者是政府或政治家，他们获得由消费者支付的政治租金；监管的需求者是特定的利益集团，它们能够获得有利监管政策的收益。1976年，佩尔兹曼进一步完善了监管经济理论，提出了“最优监管政策”。1983年，贝克尔以政治均衡理论为基础，指出利益集团向立法者和监管者施压的效率将影响监管的供给。

监管经济理论在理解政府干预方面取得了重大进展，但在监管实践中仍有诸多实例与该理论不相符，在解释监管产生的原因及采取的形式方面，该理论并未提出可被证实的观点。同时，在监管机构独立性不断增强、监管机构间竞争性日渐增加，政府对监管机构实施监督的背景下，监管经济理论中有关利益集团“俘获”监管者等基本论断无法得到有力的理论和实践支持。因而，监管经济理论仍有待进一步验证和发展。

（三）监管辩证理论

无论是公共利益监管理论还是监管经济理论，都是从静态角度对监管问题的论述，没有考虑监管者与被监管者之间不断变化的关系，因而无法完全解释和预测监管问题。凯恩在监管经济理论的基础上创立了监管辩证理论，从动态的角度解释了监管过程中政治力量与经济力量相互作用的机制。利益集团的需求引发了监管者进行监管供给的激励，而环境等因素的变化则通过影响监管实施的效果，重新实现监管的最优化过程，以达到新的监管供求均衡。在这一过程中，监管者将根据利益集团行为的变化而调整监管策略，由此形成了“监管—逃避—监管改革—再逃避”的“再监管过程”，监管在这一链条中的滞后性使得监管的供给总是缺乏效率或不足①。为解决监管供给缺乏的问题，凯恩又提出了监管者竞争理论，主张引入监管机构间的竞争机制，消除监管供给不足和监管效率低下的问题。

监管辩证理论创新性的从动态角度阐述了监管者与被监管者之间的辩证关系，较好地印证了监管实践，并为两个主体间的动态博弈及其均衡实现提供了基本理论依据。然而，该理论关于“被监管者需求诱导监管者供给”的基本假设是否成立仍存在争议。

四、保险监管的目标和原则

（一）保险监管的目标

所谓保险监管的目标，是指保险监管机构通过保险监管活动力求实现的最终目的。具体而言，保险监管的目标主要包括以下几个方面：

1. 保护保险消费者的合法权益

该目标是保险监管的基本目标，也是监管部门的基本职责，要求当保险市场中的各主体发生利益冲突时，应以保险消费者的利益为重。保险监管机构具体可从保险产品的可获得性、费率条款的公平性，以及保险公司的市场行为、偿付能力和公司治理等方面进行监管，确保其不损害保险消费者的合法权益。

2. 形成公平、有序竞争的市场环境

市场经济是竞争的经济，因而保险监管机构要制定和维护公平竞争的规则，形成有序竞争的市场秩序，完善保险市场的进入和退出机制，进而提高保险市场的运行效率。

3. 防范经营风险

保险具有负外部性和高负债性，个别保险机构的经营风险可能扩散到保险市场，导致整个保险行业风险的增加，因而保险机构的经营风险防控始终是保险监管的重要目的。保险监管通过规范保险机构的市场行为、规制保险机构的公司治理结构并监管其偿付能力，从而实现经营风险的最小化。

4. 维护保险市场的安全与稳定，促进保险业的健康持续发展

保险业具有损失补偿、资金融通和社会管理的功能，因此保险市场的安全和稳定，对国民经济和社会生活具有重要影响。而促进保险行业持续健康发展，也是符合我国保险业初级发展阶段的重要保险监管目标。该目标的实现要求既不能以损害保险消费者的合法利益、压制竞争和效率为代价，也不能以给予保险机构以不正当的“保护”，而应当追求保险业整体的安全稳定和健康持续发展。

---

① 蒋海，刘少波．金融监管理论及其新进展［J］．经济评论，2003（1）：106-107.

（二）保险监管的原则

保险监管的原则是指保险监管机构实施保险监管时应依据的法则和标准。一般而言，保险监管至少应遵循依法监管原则、动态监管原则和适度监管原则。

1. 依法监管原则

依法监管原则要求保险监管机构必须依照相关的法律和行政法规实施对保险公司治理的监管。由于保险监管机构要求保险公司遵循本国所有适用的公司治理标准，因此《保险法》《公司法》《证券法》等法律、行政法规都可以为保险监管提供依据和支持。在依法监管原则下，保险监管机构的“自由裁量权”得到了控制。随着保险监管相关法律法规体系的不断完善，行政监管行为的任意性也将进一步降低。

2. 动态监管原则

动态监管原则要求保险监管机构应形成动态监管的理念，建立相应的预警机制，密切关注保险偿付能力、公司治理方面的变化，并针对性地采取事后的规制、补救措施。与传统静态监管相比，动态监管更具灵活性和有效性，监管机构可根据偿付能力指标和保险公司治理评价等结果，及时发现其存在的问题并适时调整监管方法，从而提高监管的精确度和效率。

3. 适度监管原则

保险监管的适度原则，包括促进适度竞争原则和适度管理原则两个方面。保险监管强调的是政府授权的保险监管机构对保险市场的干预，而这种干预必然会对保险市场的效率产生一定影响。因此，保险监管尤其应注重监管的适度性和监管边界，防止行政监管权的扩张和异化，达到保险体系安全和保险运行效率的平衡。

五、保险监管的方式

（一）公示主义

公示主义又称为公告监管，是指政府对保险行业的经营不进行直接监督，而由保险机构将其资产负债、财务成果及相关事项呈报监管机构，并公布于众的宽松的监督管理方式。这种方式适用于保险业自律能力较强的国家。在这种监管模式下，国家很少对保险业进行过多干预，更多由保险机构和保险行业自律组织进行自我监督约束。公告监管的优点是可最大限度地促进保险市场竞争，通过充分竞争提高保险市场的运行效率；而缺陷在于一般公众由于信息劣势和非专业性，对保险机构的优劣评判标准不易掌握。

（二）准则主义

准则主义又称为规范监管，是指国家通过颁布一系列涉及保险行业运作的法律法规，要求所有保险市场参与主体共同遵守，并在形式上实行监督的管理方式。这种方式适用于保险法规比较严密和健全的国家。这种监管方式与公告监管相比，更注重保险经营形式上的合法性，并不涉及保险业经营管理的实质。德国早期私人疾病基金的监督管理即采用这一监管方式，但目前大多数国家已放弃该监管方式。

（三）批准主义

批准主义又称为实体监管，是指监管部门根据相关法律法规所赋予的权力，对保险业实行全面有效的监督管理。这种方式是保险监管方式中最为严格的一种。实体监管的内容涉及保险机构的设立、经营、资金运用乃至倒闭清算等方面。实体监管方式是从规范监管方式的基础上发展而来的。规范监管的基础是立法，实体监管的基础除了完备的法律体系外，还包括严格的执法和高素质的行政管理人员。与规范监管相比，实体监管回避了许多形式上的监管内容，追求更有效率的监管方式，目前为大多数国家所采纳。在金融监管有所放松的趋势下，许多国家已逐步放宽了保险费率管理和条款审定等，实体监管也在逐步放宽。

六、保险监管的主要内容

市场行为监管、偿付能力监管和公司治理监管构成了现代保险监管的完整体系，又被称为保险监管的“三支柱”。由于保险公司的市场行为、偿付能力和公司治理具有内在相关性，如公司治理的内在缺陷可能导致保险公司市场行为变异，也可能造成偿付能力不足，因而保险监管的这三部分内容互为补充，缺一不可。

（一）市场行为监管

保险公司市场行为监管是指对保险公司交易行为和竞争行为的监管。市场行为监管是保险监管的重要内容，是现代保险监管的保障。市场行为监管强调保险机构具体经营行为的合法合规性，通过逐步建立完善的市场行为准则，监督检查保险机构的经营状况，促使其合法经营和公平竞争，目的在于加强投保方权益保护，维护社会公众对保险市场的信心。

保险市场行为监管是从“合规市场行为的制度设计”和“保险市场变异行为的规制”① 两个方面，实现保护保险消费者的监管目标。其主要内容包括保险信息的公开透明、保险机构的勤勉义务、公平对待保险客户、良好的理赔机制和司法纠纷解决机制，以及防范和打击保险欺诈等。第一，保险信息的公开透明要求保险机构在促进保险消费者理解保险合同的内容、明确保险合同中各方的权利和义务方面，应当承担相应的责任。第二，保险机构在提供产品或服务时，要勤勉尽责，按照行业公认的行为准则从事保险活动，切实维护好消费者的利益。第三，保险机构应向保险消费者提供及时、完整的相关信息，公平对待客户。第四，监管部门应要求保险机构通过便捷、公平的程序，有效处理赔案，并建立保险公司内部理赔机制、司法机制和准司法机制，提高解决保险纠纷的专业化水平和效率。第五，政府通过反欺诈立法，将保险欺诈行为，特别是理赔欺诈行为有效纳入法律调整的范围，并要求保险机构建立反欺诈制度，维护公平、诚信的保险市场环境。

① 杨立旺．保险公司市场行为及其监管研究：基于中国保险市场行为变异的研究视角［D］．成都：西南财经大学，2006：24.

（二）偿付能力监管

偿付能力是保险公司承担所有到期债务和未来责任的财务支付能力。实际偿付能力额度是保险公司的实际资产与实际负债的差额；法定最低偿付能力额度是监管部门要求保险公司偿付能力额度的最低数额[①]。保险公司的实际偿付能力应保持在法定最低偿付能力额度之上；否则，监管部门将采取相应措施促使其提高偿付能力。

保险公司偿付能力监管是对保险公司成立及经营过程中应具备的资本金、保证金、责任准备金等与偿付能力密切相关方面的规制和约束。偿付能力是“三支柱”监管的核心，体现了保险公司对所承担风险的赔付能力，因而充足的偿付能力是保险公司稳定经营的必要前提保证。通过对偿付能力额度的监管，可有效防范由于偿付能力不足所导致的保险公司经营风险，保护广大保险消费者的利益。

保险公司偿付能力监管在20世纪80年代以来全球金融保险监管逐步放松的背景下备受重视，特别是保险公司审批制度的放松和保险费率的市场化，使保险监管机构防范保险经营风险的重心向偿付能力监管转移。在偿付能力监管中，强调以资产负债和财务状况监控为主，注重责任准备金评估、财务比率分析、现金流量测试、资本充足性测试等静态和动态的偿付能力监测技术和预警机制的运用。保险公司偿付能力监管，通过即时关注保险公司的偿付能力状况，确保保险公司具有充足的偿付能力和良好的财务状况，在保险公司偿付能力不足时采取必要的监管措施使其恢复正常的偿付能力水平，在保险公司因偿付能力不足而破产倒闭时保证保单持有人得到应有的偿付，以保护保险消费者的利益。

偿付能力监管通常由三方面内容组成。一是偿付能力的计算方法，包括保险公司资产和负债的谨慎评估标准、风险资本评估标准和法定最低偿付能力标准等。运用这些标准对保险公司资产和负债的质量、流动性、价值以及两者的匹配程度进行评估。二是偿付能力真实性的检查方法，包括财务报告、精算报告制度、偿付能力报告、监管部门的现场检查和非现场检查制度等。三是偿付能力不足时的处理方法，即监管部门根据保险公司的偿付能力水平采取的整顿、清算等监管措施[②]。

（三）公司治理监管

保险公司治理监管是一国政府或其授权的监管机构依照现行法律法规，对保险公司的治理结构、治理各方的权责等方面实施的监督和管理。保险监管部门对公司治理结构进行引导和规制，并促进公司治理机制发挥激励、约束的作用[③]。保险公司治理监管是保险监管发展到一定阶段的产物，也是“三支柱”保险监管体系中“治本”性的监管。良好的公司治理能够增强保险经营的透明度，显示保险公司履

① 傅平安．寿险公司偿付能力监管［M］．北京：中国社会科学出版社，2007.

② 李扬，陈文辉．国际保险监管的核心原则：理念、规则及中国实践［M］．北京：经济管理出版社，2006：47-48.

③ 杨馥．中国保险公司治理监管制度研究［D］．成都：西南财经大学，2009：43.

行其对股东和投保人的受托责任的可靠性。保险公司治理监管旨在对保险公司治理制度的构建和完善提供指导性的框架，促使保险公司建立有效的治理机制和内控制度，实现增强投资者信心、保护保险消费者利益、防范风险、确保整个保险市场稳定运行的治理目标。

保险公司治理监管制度的核心内容，包括保险公司治理结构、保险公司内部治理机制和基于公司治理信息披露的利益相关者保护。在保险公司治理结构监管中，要求明确保险公司的治理主体及其权责，区分和保护各治理主体的利益。此外，保险公司董事会的构成与职责，高管人员及重要岗位人员的任职资质与权责等是保险公司治理结构监管的重点。在保险公司内部治理机制中，主要包括对高管薪酬激励和大股东治理的监管。在信息披露中，监管部门要求所有与公司经营状况、财务状况、所有权状况和公司治理有关的重大信息都应准确及时地传递给各治理主体。监管部门的主要职责是制定保险公司信息披露标准，监控所披露信息的质量，并采取必要的措施确保其符合监管要求。

复习思考题

1. 影响保险需求的因素有哪些？它们是如何影响保险需求的？
2. 影响保险供给的因素有哪些？它们是如何影响保险供给的？
3. 什么是保险市场？不同的保险市场模式对保险市场有什么影响？试分析我国保险市场模式结构及其利弊。
4. 应用保险供求理论分析如何发展我国保险市场。
5. 简述保险监管的概念与特征。
6. 保险市场为什么需要保险监管？
7. 简述保险监管的理论基础。
8. 简述保险监管的目标、原则及方式。
9. 你对保险监管的主要内容如何理解？

附 录

附录1 中华人民共和国保险法（2015）

（1995年6月30日第八届全国人民代表大会常务委员会第十四次会议通过 根据2002年10月28日第九届全国人民代表大会常务委员会第三十次会议《关于修改〈中华人民共和国保险法〉的决定》第一次修正 2009年2月28日第十一届全国人民代表大会常务委员会第七次会议修订 根据2014年8月31日第十二届全国人民代表大会常务委员会第十次会议《关于修改〈中华人民共和国保险法〉等五部法律的决定》第二次修正 根据2015年4月24日第十二届全国人民代表大会常务委员会第十四次会议《关于修改〈中华人民共和国计量法〉等五部法律的决定》第三次修正）

目 录

第一章　总则

第一条　为了规范保险活动，保护保险活动当事人的合法权益，加强对保险业的监督管理，维护社会经济秩序和社会公共利益，促进保险事业的健康发展，制定本法。

第二条　本法所称保险，是指投保人根据合同约定，向保险人支付保险费，保险人对于合同约定的可能发生的事故因其发生所造成的财产损失承担赔偿保险金责任，或者当被保险人死亡、伤残、疾病或者达到合同约定的年龄、期限等条件时承担给付保险金责任的商业保险行为。

第三条　在中华人民共和国境内从事保险活动，适用本法。

第四条　从事保险活动必须遵守法律、行政法规，尊重社会公德，不得损害社会公共利益。

第五条　保险活动当事人行使权利、履行义务应当遵循诚实信用原则。

第六条　保险业务由依照本法设立的保险公司以及法律、行政法规规定的其他保险组织经营，其他单位和个人不得经营保险业务。

第七条　在中华人民共和国境内的法人和其他组织需要办理境内保险的，应当向中华人民共和国境内的保险公司投保。

第八条　保险业和银行业、证券业、信托业实行分业经营、分业管理，保险公司与银行、证券、信托业务机构分别设立。国家另有规定的除外。

第九条　国务院保险监督管理机构依法对保险业实施监督管理。

国务院保险监督管理机构根据履行职责的需要设立派出机构。派出机构按照国务院保险监督管理机构的授权履行监督管理职责。

第二章　保险合同

第一节　一般规定

第十条　保险合同是投保人与保险人约定保险权利义务关系的协议。

投保人是指与保险人订立保险合同，并按照合同约定负有支付保险费义务的人。

保险人是指与投保人订立保险合同，并按照合同约定承担赔偿或者给付保险金责任的保险公司。

第十一条　订立保险合同，应当协商一致，遵循公平原则确定各方的权利和义务。

除法律、行政法规规定必须保险的外，保险合同自愿订立。

第十二条　人身保险的投保人在保险合同订立时，对被保险人应当具有保险利益。

财产保险的被保险人在保险事故发生时，对保险标的应当具有保险利益。

人身保险是以人的寿命和身体为保险标的的保险。

财产保险是以财产及其有关利益为保险标的的保险。

被保险人是指其财产或者人身受保险合同保障，享有保险金请求权的人。投保人可以为被保险人。

保险利益是指投保人或者被保险人对保险标的具有的法律上承认的利益。

第十三条 投保人提出保险要求，经保险人同意承保，保险合同成立。保险人应当及时向投保人签发保险单或者其他保险凭证。

保险单或者其他保险凭证应当载明当事人双方约定的合同内容。当事人也可以约定采用其他书面形式载明合同内容。

依法成立的保险合同，自成立时生效。投保人和保险人可以对合同的效力约定附条件或者附期限。

第十四条 保险合同成立后，投保人按照约定交付保险费，保险人按照约定的时间开始承担保险责任。

第十五条 除本法另有规定或者保险合同另有约定外，保险合同成立后，投保人可以解除合同，保险人不得解除合同。

第十六条 订立保险合同，保险人就保险标的或者被保险人的有关情况提出询问的，投保人应当如实告知。

投保人故意或者因重大过失未履行前款规定的如实告知义务，足以影响保险人决定是否同意承保或者提高保险费率的，保险人有权解除合同。

前款规定的合同解除权，自保险人知道有解除事由之日起，超过三十日不行使而消灭。自合同成立之日起超过二年的，保险人不得解除合同；发生保险事故的，保险人应当承担赔偿或者给付保险金的责任。

投保人故意不履行如实告知义务的，保险人对于合同解除前发生的保险事故，不承担赔偿或者给付保险金的责任，并不退还保险费。

投保人因重大过失未履行如实告知义务，对保险事故的发生有严重影响的，保险人对于合同解除前发生的保险事故，不承担赔偿或者给付保险金的责任，但应当退还保险费。

保险人在合同订立时已经知道投保人未如实告知的情况的，保险人不得解除合同；发生保险事故的，保险人应当承担赔偿或者给付保险金的责任。

保险事故是指保险合同约定的保险责任范围内的事故。

第十七条 订立保险合同，采用保险人提供的格式条款的，保险人向投保人提供的投保单应当附格式条款，保险人应当向投保人说明合同的内容。

对保险合同中免除保险人责任的条款，保险人在订立合同时应当在投保单、保险单或者其他保险凭证上作出足以引起投保人注意的提示，并对该条款的内容以书面或者口头形式向投保人作出明确说明；未作提示或者明确说明的，该条款不产生效力。

第十八条 保险合同应当包括下列事项：

（一）保险人的名称和住所；

（二）投保人、被保险人的姓名或者名称、住所，以及人身保险的受益人的姓名或者名称、住所；

（三）保险标的；

（四）保险责任和责任免除；

（五）保险期间和保险责任开始时间；

（六）保险金额；

（七）保险费以及支付办法；

（八）保险金赔偿或者给付办法；

（九）违约责任和争议处理；

（十）订立合同的年、月、日。

投保人和保险人可以约定与保险有关的其他事项。

受益人是指人身保险合同中由被保险人或者投保人指定的享有保险金请求权的人。投保人、被保险人可以为受益人。

保险金额是指保险人承担赔偿或者给付保险金责任的最高限额。

第十九条 采用保险人提供的格式条款订立的保险合同中的下列条款无效：

（一）免除保险人依法应承担的义务或者加重投保人、被保险人责任的；

（二）排除投保人、被保险人或者受益人依法享有的权利的。

第二十条 投保人和保险人可以协商变更合同内容。

变更保险合同的，应当由保险人在保险单或者其他保险凭证上批注或者附贴批单，或者由投保人和保险人订立变更的书面协议。

第二十一条 投保人、被保险人或者受益人知道保险事故发生后，应当及时通知保险人。故意或者因重大过失未及时通知，致使保险事故的性质、原因、损失程度等难以确定的，保险人对无法确定的部分，不承担赔偿或者给付保险金的责任，但保险人通过其他途径已经及时知道或者应当及时知道保险事故发生的除外。

第二十二条 保险事故发生后，按照保险合同请求保险人赔偿或者给付保险金时，投保人、被保险人或者受益人应当向保险人提供其所能提供的与确认保险事故的性质、原因、损失程度等有关的证明和资料。

保险人按照合同的约定，认为有关的证明和资料不完整的，应当及时一次性通知投保人、被保险人或者受益人补充提供。

第二十三条 保险人收到被保险人或者受益人的赔偿或者给付保险金的请求后，应当及时作出核定；情形复杂的，应当在三十日内作出核定，但合同另有约定的除外。保险人应当将核定结果通知被保险人或者受益人；对属于保险责任的，在与被保险人或者受益人达成赔偿或者给付保险金的协议后十日内，履行赔偿或者给付保险金义务。保险合同对赔偿或者给付保险金的期限有约定的，保险人应当按照约定履行赔偿或者给付保险金义务。

保险人未及时履行前款规定义务的，除支付保险金外，应当赔偿被保险人或者受益人因此受到的损失。

任何单位和个人不得非法干预保险人履行赔偿或者给付保险金的义务，也不得限制被保险人或者受益人取得保险金的权利。

第二十四条 保险人依照本法第二十三条的规定作出核定后，对不属于保险责任的，应当自作出核定之日起三日内向被保险人或者受益人发出拒绝赔偿或者拒绝给付保险金通知书，并说明理由。

第二十五条 保险人自收到赔偿或者给付保险金的请求和有关证明、资料之日起六十日内，对其赔偿或者给付保险金的数额不能确定的，应当根据已有证明和资料可以确定的数额先予支付；保险人最终确定赔偿或者给付保险金的数额后，应当支付相应的差额。

第二十六条 人寿保险以外的其他保险的被保险人或者受益人，向保险人请求赔偿或者给付保险金的诉讼时效期间为二年，自其知道或者应当知道保险事故发生之日起计算。

人寿保险的被保险人或者受益人向保险人请求给付保险金的诉讼时效期间为五年，自其知道或者应当知道保险事故发生之日起计算。

第二十七条 未发生保险事故，被保险人或者受益人谎称发生了保险事故，向保险人提出赔偿或者给付保险金请求的，保险人有权解除合同，并不退还保险费。

投保人、被保险人故意制造保险事故的，保险人有权解除合同，不承担赔偿或者给付保险金的责任；除本法第四十三条规定外，不退还保险费。

保险事故发生后，投保人、被保险人或者受益人以伪造、变造的有关证明、资料或者其他证据，编造虚假的事故原因或者夸大损失程度的，保险人对其虚报的部分不承担赔偿或者给付保险金的责任。

投保人、被保险人或者受益人有前三款规定行为之一，致使保险人支付保险金或者支出费用的，应当退回或者赔偿。

第二十八条 保险人将其承担的保险业务，以分保形式部分转移给其他保险人的，为再保险。

应再保险接受人的要求，再保险分出人应当将其自负责任及原保险的有关情况书面告知再保险接受人。

第二十九条 再保险接受人不得向原保险的投保人要求支付保险费。

原保险的被保险人或者受益人不得向再保险接受人提出赔偿或者给付保险金的请求。

再保险分出人不得以再保险接受人未履行再保险责任为由，拒绝履行或者迟延履行其原保险责任。

第三十条 采用保险人提供的格式条款订立的保险合同，保险人与投保人、被保险人或者受益人对合同条款有争议的，应当按照通常理解予以解释。对合同条款有两种以上解释的，人民法院或者仲裁机构应当作出有利于被保险人和受益人的解释。

第二节　人身保险合同

第三十一条　投保人对下列人员具有保险利益：

（一）本人；

（二）配偶、子女、父母；

（三）前项以外与投保人有抚养、赡养或者扶养关系的家庭其他成员、近亲属；

（四）与投保人有劳动关系的劳动者。

除前款规定外，被保险人同意投保人为其订立合同的，视为投保人对被保险人具有保险利益。

订立合同时，投保人对被保险人不具有保险利益的，合同无效。

第三十二条　投保人申报的被保险人年龄不真实，并且其真实年龄不符合合同约定的年龄限制的，保险人可以解除合同，并按照合同约定退还保险单的现金价值。保险人行使合同解除权，适用本法第十六条第三款、第六款的规定。

投保人申报的被保险人年龄不真实，致使投保人支付的保险费少于应付保险费的，保险人有权更正并要求投保人补交保险费，或者在给付保险金时按照实付保险费与应付保险费的比例支付。

投保人申报的被保险人年龄不真实，致使投保人支付的保险费多于应付保险费的，保险人应当将多收的保险费退还投保人。

第三十三条　投保人不得为无民事行为能力人投保以死亡为给付保险金条件的人身保险，保险人也不得承保。

父母为其未成年子女投保的人身保险，不受前款规定限制。但是，因被保险人死亡给付的保险金总和不得超过国务院保险监督管理机构规定的限额。

第三十四条　以死亡为给付保险金条件的合同，未经被保险人同意并认可保险金额的，合同无效。

按照以死亡为给付保险金条件的合同所签发的保险单，未经被保险人书面同意，不得转让或者质押。

父母为其未成年子女投保的人身保险，不受本条第一款规定限制。

第三十五条　投保人可以按照合同约定向保险人一次支付全部保险费或者分期支付保险费。

第三十六条　合同约定分期支付保险费，投保人支付首期保险费后，除合同另有约定外，投保人自保险人催告之日起超过三十日未支付当期保险费，或者超过约定的期限六十日未支付当期保险费的，合同效力中止，或者由保险人按照合同约定的条件减少保险金额。

被保险人在前款规定期限内发生保险事故的，保险人应当按照合同约定给付保险金，但可以扣减欠交的保险费。

第三十七条　合同效力依照本法第三十六条规定中止的，经保险人与投保人协商并达成协议，在投保人补交保险费后，合同效力恢复。但是，自合同效力中止之日起满二年双方未达成协议的，保险人有权解除合同。

保险人依照前款规定解除合同的，应当按照合同约定退还保险单的现金价值。

第三十八条 保险人对人寿保险的保险费，不得用诉讼方式要求投保人支付。

第三十九条 人身保险的受益人由被保险人或者投保人指定。

投保人指定受益人时须经被保险人同意。投保人为与其有劳动关系的劳动者投保人身保险，不得指定被保险人及其近亲属以外的人为受益人。

被保险人为无民事行为能力人或者限制民事行为能力人的，可以由其监护人指定受益人。

第四十条 被保险人或者投保人可以指定一人或者数人为受益人。

受益人为数人的，被保险人或者投保人可以确定受益顺序和受益份额；未确定受益份额的，受益人按照相等份额享有受益权。

第四十一条 被保险人或者投保人可以变更受益人并书面通知保险人。保险人收到变更受益人的书面通知后，应当在保险单或者其他保险凭证上批注或者附贴批单。

投保人变更受益人时须经被保险人同意。

第四十二条 被保险人死亡后，有下列情形之一的，保险金作为被保险人的遗产，由保险人依照《中华人民共和国继承法》的规定履行给付保险金的义务：

（一）没有指定受益人，或者受益人指定不明无法确定的；

（二）受益人先于被保险人死亡，没有其他受益人的；

（三）受益人依法丧失受益权或者放弃受益权，没有其他受益人的。

受益人与被保险人在同一事件中死亡，且不能确定死亡先后顺序的，推定受益人死亡在先。

第四十三条 投保人故意造成被保险人死亡、伤残或者疾病的，保险人不承担给付保险金的责任。投保人已交足二年以上保险费的，保险人应当按照合同约定向其他权利人退还保险单的现金价值。

受益人故意造成被保险人死亡、伤残、疾病的，或者故意杀害被保险人未遂的，该受益人丧失受益权。

第四十四条 以被保险人死亡为给付保险金条件的合同，自合同成立或者合同效力恢复之日起二年内，被保险人自杀的，保险人不承担给付保险金的责任，但被保险人自杀时为无民事行为能力人的除外。

保险人依照前款规定不承担给付保险金责任的，应当按照合同约定退还保险单的现金价值。

第四十五条 因被保险人故意犯罪或者抗拒依法采取的刑事强制措施导致其伤残或者死亡的，保险人不承担给付保险金的责任。投保人已交足二年以上保险费的，保险人应当按照合同约定退还保险单的现金价值。

第四十六条 被保险人因第三者的行为而发生死亡、伤残或者疾病等保险事故的，保险人向被保险人或者受益人给付保险金后，不享有向第三者追偿的权利，但被保险人或者受益人仍有权向第三者请求赔偿。

第四十七条 投保人解除合同的，保险人应当自收到解除合同通知之日起三十日内，按照合同约定退还保险单的现金价值。

第三节 财产保险合同

第四十八条 保险事故发生时，被保险人对保险标的不具有保险利益的，不得向保险人请求赔偿保险金。

第四十九条 保险标的转让的，保险标的的受让人承继被保险人的权利和义务。

保险标的转让的，被保险人或者受让人应当及时通知保险人，但货物运输保险合同和另有约定的合同除外。

因保险标的转让导致危险程度显著增加的，保险人自收到前款规定的通知之日起三十日内，可以按照合同约定增加保险费或者解除合同。保险人解除合同的，应当将已收取的保险费，按照合同约定扣除自保险责任开始之日起至合同解除之日止应收的部分后，退还投保人。

被保险人、受让人未履行本条第二款规定的通知义务的，因转让导致保险标的危险程度显著增加而发生的保险事故，保险人不承担赔偿保险金的责任。

第五十条 货物运输保险合同和运输工具航程保险合同，保险责任开始后，合同当事人不得解除合同。

第五十一条 被保险人应当遵守国家有关消防、安全、生产操作、劳动保护等方面的规定，维护保险标的的安全。

保险人可以按照合同约定对保险标的的安全状况进行检查，及时向投保人、被保险人提出消除不安全因素和隐患的书面建议。

投保人、被保险人未按照约定履行其对保险标的的安全应尽责任的，保险人有权要求增加保险费或者解除合同。

保险人为维护保险标的的安全，经被保险人同意，可以采取安全预防措施。

第五十二条 在合同有效期内，保险标的的危险程度显著增加的，被保险人应当按照合同约定及时通知保险人，保险人可以按照合同约定增加保险费或者解除合同。保险人解除合同的，应当将已收取的保险费，按照合同约定扣除自保险责任开始之日起至合同解除之日止应收的部分后，退还投保人。

被保险人未履行前款规定的通知义务的，因保险标的的危险程度显著增加而发生的保险事故，保险人不承担赔偿保险金的责任。

第五十三条 有下列情形之一的，除合同另有约定外，保险人应当降低保险费，并按日计算退还相应的保险费：

（一）据以确定保险费率的有关情况发生变化，保险标的的危险程度明显减少的；

（二）保险标的的保险价值明显减少的。

第五十四条 保险责任开始前，投保人要求解除合同的，应当按照合同约定向保险人支付手续费，保险人应当退还保险费。保险责任开始后，投保人要求解除合同的，保险人应当将已收取的保险费，按照合同约定扣除自保险责任开始之日起至合同解除之日止应收的部分后，退还投保人。

第五十五条 投保人和保险人约定保险标的的保险价值并在合同中载明的，保险标的发生损失时，以约定的保险价值为赔偿计算标准。

投保人和保险人未约定保险标的的保险价值的，保险标的发生损失时，以保险事故发生时保险标的的实际价值为赔偿计算标准。

保险金额不得超过保险价值。超过保险价值的，超过部分无效，保险人应当退还相应的保险费。

保险金额低于保险价值的，除合同另有约定外，保险人按照保险金额与保险价值的比例承担赔偿保险金的责任。

第五十六条 重复保险的投保人应当将重复保险的有关情况通知各保险人。

重复保险的各保险人赔偿保险金的总和不得超过保险价值。除合同另有约定外，各保险人按照其保险金额与保险金额总和的比例承担赔偿保险金的责任。

重复保险的投保人可以就保险金额总和超过保险价值的部分，请求各保险人按比例返还保险费。

重复保险是指投保人对同一保险标的、同一保险利益、同一保险事故分别与两个以上保险人订立保险合同，且保险金额总和超过保险价值的保险。

第五十七条 保险事故发生时，被保险人应当尽力采取必要的措施，防止或者减少损失。

保险事故发生后，被保险人为防止或者减少保险标的的损失所支付的必要的、合理的费用，由保险人承担；保险人所承担的费用数额在保险标的损失赔偿金额以外另行计算，最高不超过保险金额的数额。

第五十八条 保险标的发生部分损失的，自保险人赔偿之日起三十日内，投保人可以解除合同；除合同另有约定外，保险人也可以解除合同，但应当提前十五日通知投保人。

合同解除的，保险人应当将保险标的未受损失部分的保险费，按照合同约定扣除自保险责任开始之日起至合同解除之日止应收的部分后，退还投保人。

第五十九条 保险事故发生后，保险人已支付了全部保险金额，并且保险金额等于保险价值的，受损保险标的的全部权利归于保险人；保险金额低于保险价值的，保险人按照保险金额与保险价值的比例取得受损保险标的的部分权利。

第六十条 因第三者对保险标的的损害而造成保险事故的，保险人自向被保险人赔偿保险金之日起，在赔偿金额范围内代位行使被保险人对第三者请求赔偿的权利。

前款规定的保险事故发生后，被保险人已经从第三者取得损害赔偿的，保险人赔偿保险金时，可以相应扣减被保险人从第三者已取得的赔偿金额。

保险人依照本条第一款规定行使代位请求赔偿的权利，不影响被保险人就未取得赔偿的部分向第三者请求赔偿的权利。

第六十一条 保险事故发生后，保险人未赔偿保险金之前，被保险人放弃对第三者请求赔偿的权利的，保险人不承担赔偿保险金的责任。

保险人向被保险人赔偿保险金后，被保险人未经保险人同意放弃对第三者请求赔偿的权利的，该行为无效。

被保险人故意或者因重大过失致使保险人不能行使代位请求赔偿的权利的，保险人可以扣减或者要求返还相应的保险金。

第六十二条 除被保险人的家庭成员或者其组成人员故意造成本法第六十条第一款规定的保险事故外，保险人不得对被保险人的家庭成员或者其组成人员行使代位请求赔偿的权利。

第六十三条 保险人向第三者行使代位请求赔偿的权利时，被保险人应当向保险人提供必要的文件和所知道的有关情况。

第六十四条 保险人、被保险人为查明和确定保险事故的性质、原因和保险标的的损失程度所支付的必要的、合理的费用，由保险人承担。

第六十五条 保险人对责任保险的被保险人给第三者造成的损害，可以依照法律的规定或者合同的约定，直接向该第三者赔偿保险金。

责任保险的被保险人给第三者造成损害，被保险人对第三者应负的赔偿责任确定的，根据被保险人的请求，保险人应当直接向该第三者赔偿保险金。被保险人怠于请求的，第三者有权就其应获赔偿部分直接向保险人请求赔偿保险金。

责任保险的被保险人给第三者造成损害，被保险人未向该第三者赔偿的，保险人不得向被保险人赔偿保险金。

责任保险是指以被保险人对第三者依法应负的赔偿责任为保险标的的保险。

第六十六条 责任保险的被保险人因给第三者造成损害的保险事故而被提起仲裁或者诉讼的，被保险人支付的仲裁或者诉讼费用以及其他必要的、合理的费用，除合同另有约定外，由保险人承担。

第三章 保险公司

第六十七条 设立保险公司应当经国务院保险监督管理机构批准。

国务院保险监督管理机构审查保险公司的设立申请时，应当考虑保险业的发展和公平竞争的需要。

第六十八条 设立保险公司应当具备下列条件：

（一）主要股东具有持续盈利能力，信誉良好，最近三年内无重大违法违规记录，净资产不低于人民币二亿元；

（二）有符合本法和《中华人民共和国公司法》规定的章程；

（三）有符合本法规定的注册资本；

（四）有具备任职专业知识和业务工作经验的董事、监事和高级管理人员；

（五）有健全的组织机构和管理制度；

（六）有符合要求的营业场所和与经营业务有关的其他设施；

（七）法律、行政法规和国务院保险监督管理机构规定的其他条件。

第六十九条 设立保险公司，其注册资本的最低限额为人民币二亿元。

国务院保险监督管理机构根据保险公司的业务范围、经营规模，可以调整其注册资本的最低限额，但不得低于本条第一款规定的限额。

保险公司的注册资本必须为实缴货币资本。

第七十条 申请设立保险公司，应当向国务院保险监督管理机构提出书面申请，并提交下列材料：

（一）设立申请书，申请书应当载明拟设立的保险公司的名称、注册资本、业务范围等；

（二）可行性研究报告；

（三）筹建方案；

（四）投资人的营业执照或者其他背景资料，经会计师事务所审计的上一年度财务会计报告；

（五）投资人认可的筹备组负责人和拟任董事长、经理名单及本人认可证明；

（六）国务院保险监督管理机构规定的其他材料。

第七十一条 国务院保险监督管理机构应当对设立保险公司的申请进行审查，自受理之日起六个月内作出批准或者不批准筹建的决定，并书面通知申请人。决定不批准的，应当书面说明理由。

第七十二条 申请人应当自收到批准筹建通知之日起一年内完成筹建工作；筹建期间不得从事保险经营活动。

第七十三条 筹建工作完成后，申请人具备本法第六十八条规定的设立条件的，可以向国务院保险监督管理机构提出开业申请。

国务院保险监督管理机构应当自受理开业申请之日起六十日内，作出批准或者不批准开业的决定。决定批准的，颁发经营保险业务许可证；决定不批准的，应当书面通知申请人并说明理由。

第七十四条 保险公司在中华人民共和国境内设立分支机构，应当经保险监督管理机构批准。

保险公司分支机构不具有法人资格，其民事责任由保险公司承担。

第七十五条 保险公司申请设立分支机构，应当向保险监督管理机构提出书面申请，并提交下列材料：

（一）设立申请书；

（二）拟设机构三年业务发展规划和市场分析材料；

（三）拟任高级管理人员的简历及相关证明材料；

（四）国务院保险监督管理机构规定的其他材料。

第七十六条 保险监督管理机构应当对保险公司设立分支机构的申请进行审查，自受理之日起六十日内作出批准或者不批准的决定。决定批准的，颁发分支机构经营保险业务许可证；决定不批准的，应当书面通知申请人并说明理由。

第七十七条 经批准设立的保险公司及其分支机构，凭经营保险业务许可证向工商行政管理机关办理登记，领取营业执照。

第七十八条 保险公司及其分支机构自取得经营保险业务许可证之日起六个月内，无正当理由未向工商行政管理机关办理登记的，其经营保险业务许可证失效。

第七十九条 保险公司在中华人民共和国境外设立子公司、分支机构，应当经国务院保险监督管理机构批准。

第八十条 外国保险机构在中华人民共和国境内设立代表机构，应当经国务院保险监督管理机构批准。代表机构不得从事保险经营活动。

第八十一条 保险公司的董事、监事和高级管理人员，应当品行良好，熟悉与保险相关的法律、行政法规，具有履行职责所需的经营管理能力，并在任职前取得保险监督管理机构核准的任职资格。

保险公司高级管理人员的范围由国务院保险监督管理机构规定。

第八十二条 有《中华人民共和国公司法》第一百四十六条规定的情形或者下列情形之一的，不得担任保险公司的董事、监事、高级管理人员：

（一）因违法行为或者违纪行为被金融监督管理机构取消任职资格的金融机构的董事、监事、高级管理人员，自被取消任职资格之日起未逾五年的；

（二）因违法行为或者违纪行为被吊销执业资格的律师、注册会计师或者资产评估机构、验证机构等机构的专业人员，自被吊销执业资格之日起未逾五年的。

第八十三条 保险公司的董事、监事、高级管理人员执行公司职务时违反法律、行政法规或者公司章程的规定，给公司造成损失的，应当承担赔偿责任。

第八十四条 保险公司有下列情形之一的，应当经保险监督管理机构批准：

（一）变更名称；

（二）变更注册资本；

（三）变更公司或者分支机构的营业场所；

（四）撤销分支机构；

（五）公司分立或者合并；

（六）修改公司章程；

（七）变更出资额占有限责任公司资本总额百分之五以上的股东，或者变更持有股份有限公司股份百分之五以上的股东；

（八）国务院保险监督管理机构规定的其他情形。

第八十五条 保险公司应当聘用专业人员，建立精算报告制度和合规报告制度。

第八十六条 保险公司应当按照保险监督管理机构的规定，报送有关报告、报表、文件和资料。

保险公司的偿付能力报告、财务会计报告、精算报告、合规报告及其他有关报告、报表、文件和资料必须如实记录保险业务事项，不得有虚假记载、误导性陈述和重大遗漏。

第八十七条 保险公司应当按照国务院保险监督管理机构的规定妥善保管业务经营活动的完整账簿、原始凭证和有关资料。

前款规定的账簿、原始凭证和有关资料的保管期限，自保险合同终止之日起计算，保险期间在一年以下的不得少于五年，保险期间超过一年的不得少于十年。

第八十八条 保险公司聘请或者解聘会计师事务所、资产评估机构、资信评级机构等中介服务机构，应当向保险监督管理机构报告；解聘会计师事务所、资产评估机构、资信评级机构等中介服务机构，应当说明理由。

第八十九条 保险公司因分立、合并需要解散，或者股东会、股东大会决议解散，或者公司章程规定的解散事由出现，经国务院保险监督管理机构批准后解散。

经营有人寿保险业务的保险公司，除因分立、合并或者被依法撤销外，不得解散。

保险公司解散，应当依法成立清算组进行清算。

第九十条 保险公司有《中华人民共和国企业破产法》第二条规定情形的，经国务院保险监督管理机构同意，保险公司或者其债权人可以依法向人民法院申请重整、和解或者破产清算；国务院保险监督管理机构也可以依法向人民法院申请对该保险公司进行重整或者破产清算。

第九十一条 破产财产在优先清偿破产费用和共益债务后，按照下列顺序清偿：

（一）所欠职工工资和医疗、伤残补助、抚恤费用，所欠应当划入职工个人账户的基本养老保险、基本医疗保险费用，以及法律、行政法规规定应当支付给职工的补偿金；

（二）赔偿或者给付保险金；

（三）保险公司欠缴的除第（一）项规定以外的社会保险费用和所欠税款；

（四）普通破产债权。

破产财产不足以清偿同一顺序的清偿要求的，按照比例分配。

破产保险公司的董事、监事和高级管理人员的工资，按照该公司职工的平均工资计算。

第九十二条 经营有人寿保险业务的保险公司被依法撤销或者被依法宣告破产的，其持有的人寿保险合同及责任准备金，必须转让给其他经营有人寿保险业务的保险公司；不能同其他保险公司达成转让协议的，由国务院保险监督管理机构指定经营有人寿保险业务的保险公司接受转让。

转让或者由国务院保险监督管理机构指定接受转让前款规定的人寿保险合同及责任准备金的，应当维护被保险人、受益人的合法权益。

第九十三条 保险公司依法终止其业务活动，应当注销其经营保险业务许可证。

第九十四条 保险公司，除本法另有规定外，适用《中华人民共和国公司法》的规定。

第四章 保险经营规则

第九十五条 保险公司的业务范围：

（一）人身保险业务，包括人寿保险、健康保险、意外伤害保险等保险业务；

（二）财产保险业务，包括财产损失保险、责任保险、信用保险、保证保险等保险业务；

（三）国务院保险监督管理机构批准的与保险有关的其他业务。

保险人不得兼营人身保险业务和财产保险业务。但是，经营财产保险业务的保险公司经国务院保险监督管理机构批准，可以经营短期健康保险业务和意外伤害保险业务。

保险公司应当在国务院保险监督管理机构依法批准的业务范围内从事保险经营活动。

第九十六条 经国务院保险监督管理机构批准，保险公司可以经营本法第九十五条规定的保险业务的下列再保险业务：

（一）分出保险；

（二）分入保险。

第九十七条 保险公司应当按照其注册资本总额的百分之二十提取保证金，存入国务院保险监督管理机构指定的银行，除公司清算时用于清偿债务外，不得动用。

第九十八条 保险公司应当根据保障被保险人利益、保证偿付能力的原则，提取各项责任准备金。

保险公司提取和结转责任准备金的具体办法，由国务院保险监督管理机构制定。

第九十九条 保险公司应当依法提取公积金。

第一百条 保险公司应当缴纳保险保障基金。

保险保障基金应当集中管理，并在下列情形下统筹使用：

（一）在保险公司被撤销或者被宣告破产时，向投保人、被保险人或者受益人提供救济；

（二）在保险公司被撤销或者被宣告破产时，向依法接受其人寿保险合同的保险公司提供救济；

（三）国务院规定的其他情形。

保险保障基金筹集、管理和使用的具体办法，由国务院制定。

第一百零一条 保险公司应当具有与其业务规模和风险程度相适应的最低偿付能力。保险公司的认可资产减去认可负债的差额不得低于国务院保险监督管理机构规定的数额；低于规定数额的，应当按照国务院保险监督管理机构的要求采取相应措施达到规定的数额。

第一百零二条 经营财产保险业务的保险公司当年自留保险费，不得超过其实有资本金加公积金总和的四倍。

第一百零三条 保险公司对每一危险单位，即对一次保险事故可能造成的最大损失范围所承担的责任，不得超过其实有资本金加公积金总和的百分之十；超过的部分应当办理再保险。

保险公司对危险单位的划分应当符合国务院保险监督管理机构的规定。

第一百零四条 保险公司对危险单位的划分方法和巨灾风险安排方案，应当报国务院保险监督管理机构备案。

第一百零五条 保险公司应当按照国务院保险监督管理机构的规定办理再保险，并审慎选择再保险接受人。

第一百零六条 保险公司的资金运用必须稳健，遵循安全性原则。

保险公司的资金运用限于下列形式：

（一）银行存款；

（二）买卖债券、股票、证券投资基金份额等有价证券；

（三）投资不动产；

（四）国务院规定的其他资金运用形式。

保险公司资金运用的具体管理办法，由国务院保险监督管理机构依照前两款的规定制定。

第一百零七条 经国务院保险监督管理机构会同国务院证券监督管理机构批准，保险公司可以设立保险资产管理公司。

保险资产管理公司从事证券投资活动，应当遵守《中华人民共和国证券法》等法律、行政法规的规定。

保险资产管理公司的管理办法，由国务院保险监督管理机构会同国务院有关部门制定。

第一百零八条 保险公司应当按照国务院保险监督管理机构的规定，建立对关联交易的管理和信息披露制度。

第一百零九条 保险公司的控股股东、实际控制人、董事、监事、高级管理人员不得利用关联交易损害公司的利益。

第一百一十条 保险公司应当按照国务院保险监督管理机构的规定，真实、准确、完整地披露财务会计报告、风险管理状况、保险产品经营情况等重大事项。

第一百一十一条 保险公司从事保险销售的人员应当品行良好，具有保险销售所需的专业能力。保险销售人员的行为规范和管理办法，由国务院保险监督管理机构规定。

第一百一十二条 保险公司应当建立保险代理人登记管理制度，加强对保险代理人的培训和管理，不得唆使、诱导保险代理人进行违背诚信义务的活动。

第一百一十三条 保险公司及其分支机构应当依法使用经营保险业务许可证，不得转让、出租、出借经营保险业务许可证。

第一百一十四条 保险公司应当按照国务院保险监督管理机构的规定，公平、合理拟订保险条款和保险费率，不得损害投保人、被保险人和受益人的合法权益。

保险公司应当按照合同约定和本法规定，及时履行赔偿或者给付保险金义务。

第一百一十五条 保险公司开展业务，应当遵循公平竞争的原则，不得从事不正当竞争。

第一百一十六条 保险公司及其工作人员在保险业务活动中不得有下列行为：

（一）欺骗投保人、被保险人或者受益人；

（二）对投保人隐瞒与保险合同有关的重要情况；

（三）阻碍投保人履行本法规定的如实告知义务，或者诱导其不履行本法规定的如实告知义务；

（四）给予或者承诺给予投保人、被保险人、受益人保险合同约定以外的保险费回扣或者其他利益；

（五）拒不依法履行保险合同约定的赔偿或者给付保险金义务；

（六）故意编造未曾发生的保险事故、虚构保险合同或者故意夸大已经发生的保险事故的损失程度进行虚假理赔，骗取保险金或者牟取其他不正当利益；

（七）挪用、截留、侵占保险费；

（八）委托未取得合法资格的机构从事保险销售活动；

（九）利用开展保险业务为其他机构或者个人牟取不正当利益；

（十）利用保险代理人、保险经纪人或者保险评估机构，从事以虚构保险中介业务或者编造退保等方式套取费用等违法活动；

（十一）以捏造、散布虚假事实等方式损害竞争对手的商业信誉，或者以其他不正当竞争行为扰乱保险市场秩序；

（十二）泄露在业务活动中知悉的投保人、被保险人的商业秘密；

（十三）违反法律、行政法规和国务院保险监督管理机构规定的其他行为。

第五章　保险代理人和保险经纪人

第一百一十七条 保险代理人是根据保险人的委托，向保险人收取佣金，并在保险人授权的范围内代为办理保险业务的机构或者个人。

保险代理机构包括专门从事保险代理业务的保险专业代理机构和兼营保险代理业务的保险兼业代理机构。

第一百一十八条 保险经纪人是基于投保人的利益，为投保人与保险人订立保险合同提供中介服务，并依法收取佣金的机构。

第一百一十九条 保险代理机构、保险经纪人应当具备国务院保险监督管理机构规定的条件，取得保险监督管理机构颁发的经营保险代理业务许可证、保险经纪业务许可证。

第一百二十条 以公司形式设立保险专业代理机构、保险经纪人，其注册资本最低限额适用《中华人民共和国公司法》的规定。

国务院保险监督管理机构根据保险专业代理机构、保险经纪人的业务范围和经营规模，可以调整其注册资本的最低限额，但不得低于《中华人民共和国公司法》规定的限额。

保险专业代理机构、保险经纪人的注册资本或者出资额必须为实缴货币资本。

第一百二十一条 保险专业代理机构、保险经纪人的高级管理人员，应当品行良好，熟悉保险法律、行政法规，具有履行职责所需的经营管理能力，并在任职前取得保险监督管理机构核准的任职资格。

第一百二十二条 个人保险代理人、保险代理机构的代理从业人员、保险经纪人的经纪从业人员，应当品行良好，具有从事保险代理业务或者保险经纪业务所需的专业能力。

第一百二十三条 保险代理机构、保险经纪人应当有自己的经营场所，设立专门账簿记载保险代理业务、经纪业务的收支情况。

第一百二十四条 保险代理机构、保险经纪人应当按照国务院保险监督管理机构的规定缴存保证金或者投保职业责任保险。

第一百二十五条 个人保险代理人在代为办理人寿保险业务时，不得同时接受两个以上保险人的委托。

第一百二十六条 保险人委托保险代理人代为办理保险业务，应当与保险代理人签订委托代理协议，依法约定双方的权利和义务。

第一百二十七条 保险代理人根据保险人的授权代为办理保险业务的行为，由保险人承担责任。

保险代理人没有代理权、超越代理权或者代理权终止后以保险人名义订立合同，使投保人有理由相信其有代理权的，该代理行为有效。保险人可以依法追究越权的保险代理人的责任。

第一百二十八条 保险经纪人因过错给投保人、被保险人造成损失的，依法承担赔偿责任。

第一百二十九条 保险活动当事人可以委托保险公估机构等依法设立的独立评估机构或者具有相关专业知识的人员，对保险事故进行评估和鉴定。

接受委托对保险事故进行评估和鉴定的机构和人员，应当依法、独立、客观、公正地进行评估和鉴定，任何单位和个人不得干涉。

前款规定的机构和人员，因故意或者过失给保险人或者被保险人造成损失的，依法承担赔偿责任。

第一百三十条 保险佣金只限于向保险代理人、保险经纪人支付，不得向其他人支付。

第一百三十一条 保险代理人、保险经纪人及其从业人员在办理保险业务活动中不得有下列行为：

（一）欺骗保险人、投保人、被保险人或者受益人；

（二）隐瞒与保险合同有关的重要情况；

（三）阻碍投保人履行本法规定的如实告知义务，或者诱导其不履行本法规定的如实告知义务；

（四）给予或者承诺给予投保人、被保险人或者受益人保险合同约定以外的利益；

（五）利用行政权力、职务或者职业便利以及其他不正当手段强迫、引诱或者限制投保人订立保险合同；

（六）伪造、擅自变更保险合同，或者为保险合同当事人提供虚假证明材料；

（七）挪用、截留、侵占保险费或者保险金；

（八）利用业务便利为其他机构或者个人牟取不正当利益；

（九）串通投保人、被保险人或者受益人，骗取保险金；

（十）泄露在业务活动中知悉的保险人、投保人、被保险人的商业秘密。

第一百三十二条 本法第八十六条第一款、第一百一十三条的规定，适用于保险代理机构和保险经纪人。

第六章 保险业监督管理

第一百三十三条 保险监督管理机构依照本法和国务院规定的职责，遵循依法、公开、公正的原则，对保险业实施监督管理，维护保险市场秩序，保护投保人、被保险人和受益人的合法权益。

第一百三十四条 国务院保险监督管理机构依照法律、行政法规制定并发布有关保险业监督管理的规章。

第一百三十五条 关系社会公众利益的保险险种、依法实行强制保险的险种和新开发的人寿保险险种等的保险条款和保险费率，应当报国务院保险监督管理机构批准。国务院保险监督管理机构审批时，应当遵循保护社会公众利益和防止不正当竞争的原则。其他保险险种的保险条款和保险费率，应当报保险监督管理机构备案。

保险条款和保险费率审批、备案的具体办法，由国务院保险监督管理机构依照前款规定制定。

第一百三十六条 保险公司使用的保险条款和保险费率违反法律、行政法规或者国务院保险监督管理机构的有关规定的，由保险监督管理机构责令停止使用，限期修改；情节严重的，可以在一定期限内禁止申报新的保险条款和保险费率。

第一百三十七条 国务院保险监督管理机构应当建立健全保险公司偿付能力监管体系，对保险公司的偿付能力实施监控。

第一百三十八条 对偿付能力不足的保险公司，国务院保险监督管理机构应当将其列为重点监管对象，并可以根据具体情况采取下列措施：

（一）责令增加资本金、办理再保险；

（二）限制业务范围；

（三）限制向股东分红；

（四）限制固定资产购置或者经营费用规模；

（五）限制资金运用的形式、比例；

（六）限制增设分支机构；

（七）责令拍卖不良资产、转让保险业务；

（八）限制董事、监事、高级管理人员的薪酬水平；

（九）限制商业性广告；

（十）责令停止接受新业务。

第一百三十九条 保险公司未依照本法规定提取或者结转各项责任准备金，或者未依照本法规定办理再保险，或者严重违反本法关于资金运用的规定的，由保险监督管理机构责令限期改正，并可以责令调整负责人及有关管理人员。

第一百四十条 保险监督管理机构依照本法第一百三十九条的规定作出限期改正的决定后，保险公司逾期未改正的，国务院保险监督管理机构可以决定选派保险专业人员和指定该保险公司的有关人员组成整顿组，对公司进行整顿。

整顿决定应当载明被整顿公司的名称、整顿理由、整顿组成员和整顿期限，并予以公告。

第一百四十一条 整顿组有权监督被整顿保险公司的日常业务。被整顿公司的负责人及有关管理人员应当在整顿组的监督下行使职权。

第一百四十二条 整顿过程中，被整顿保险公司的原有业务继续进行。但是，国务院保险监督管理机构可以责令被整顿公司停止部分原有业务、停止接受新业务，调整资金运用。

第一百四十三条 被整顿保险公司经整顿已纠正其违反本法规定的行为，恢复正常经营状况的，由整顿组提出报告，经国务院保险监督管理机构批准，结束整顿，并由国务院保险监督管理机构予以公告。

第一百四十四条 保险公司有下列情形之一的，国务院保险监督管理机构可以对其实行接管：

（一）公司的偿付能力严重不足的；

（二）违反本法规定，损害社会公共利益，可能严重危及或者已经严重危及公司的偿付能力的。

被接管的保险公司的债权债务关系不因接管而变化。

第一百四十五条 接管组的组成和接管的实施办法，由国务院保险监督管理机构决定，并予以公告。

第一百四十六条 接管期限届满，国务院保险监督管理机构可以决定延长接管期限，但接管期限最长不得超过二年。

第一百四十七条 接管期限届满，被接管的保险公司已恢复正常经营能力的，由国务院保险监督管理机构决定终止接管，并予以公告。

第一百四十八条 被整顿、被接管的保险公司有《中华人民共和国企业破产法》第二条规定情形的，国务院保险监督管理机构可以依法向人民法院申请对该保险公司进行重整或者破产清算。

第一百四十九条 保险公司因违法经营被依法吊销经营保险业务许可证的，或者偿付能力低于国务院保险监督管理机构规定标准，不予撤销将严重危害保险市场秩序、损害公共利益的，由国务院保险监督管理机构予以撤销并公告，依法及时组织清算组进行清算。

第一百五十条 国务院保险监督管理机构有权要求保险公司股东、实际控制人在指定的期限内提供有关信息和资料。

第一百五十一条 保险公司的股东利用关联交易严重损害公司利益，危及公司偿付能力的，由国务院保险监督管理机构责令改正。在按照要求改正前，国务院保险监督管理机构可以限制其股东权利；拒不改正的，可以责令其转让所持的保险公司股权。

第一百五十二条 保险监督管理机构根据履行监督管理职责的需要，可以与保险公司董事、监事和高级管理人员进行监督管理谈话，要求其就公司的业务活动和风险管理的重大事项作出说明。

第一百五十三条 保险公司在整顿、接管、撤销清算期间，或者出现重大风险时，国务院保险监督管理机构可以对该公司直接负责的董事、监事、高级管理人员和其他直接责任人员采取以下措施：

（一）通知出境管理机关依法阻止其出境；

（二）申请司法机关禁止其转移、转让或者以其他方式处分财产，或者在财产上设定其他权利。

第一百五十四条 保险监督管理机构依法履行职责，可以采取下列措施：

（一）对保险公司、保险代理人、保险经纪人、保险资产管理公司、外国保险机构的代表机构进行现场检查；

（二）进入涉嫌违法行为发生场所调查取证；

（三）询问当事人及与被调查事件有关的单位和个人，要求其对与被调查事件有关的事项作出说明；

（四）查阅、复制与被调查事件有关的财产权登记等资料；

（五）查阅、复制保险公司、保险代理人、保险经纪人、保险资产管理公司、外国保险机构的代表机构以及与被调查事件有关的单位和个人的财务会计资料及其他相关文件和资料；对可能被转移、隐匿或者毁损的文件和资料予以封存；

（六）查询涉嫌违法经营的保险公司、保险代理人、保险经纪人、保险资产管理公司、外国保险机构的代表机构以及与涉嫌违法事项有关的单位和个人的银行账户；

（七）对有证据证明已经或者可能转移、隐匿违法资金等涉案财产或者隐匿、伪造、毁损重要证据的，经保险监督管理机构主要负责人批准，申请人民法院予以冻结或者查封。

保险监督管理机构采取前款第（一）项、第（二）项、第（五）项措施的，应当经保险监督管理机构负责人批准；采取第（六）项措施的，应当经国务院保险监督管理机构负责人批准。

保险监督管理机构依法进行监督检查或者调查，其监督检查、调查的人员不得少于二人，并应当出示合法证件和监督检查、调查通知书；监督检查、调查的人员少于二人或者未出示合法证件和监督检查、调查通知书的，被检查、调查的单位和个人有权拒绝。

第一百五十五条 保险监督管理机构依法履行职责，被检查、调查的单位和个人应当配合。

第一百五十六条 保险监督管理机构工作人员应当忠于职守，依法办事，公正廉洁，不得利用职务便利牟取不正当利益，不得泄露所知悉的有关单位和个人的商业秘密。

第一百五十七条 国务院保险监督管理机构应当与中国人民银行、国务院其他金融监督管理机构建立监督管理信息共享机制。

保险监督管理机构依法履行职责，进行监督检查、调查时，有关部门应当予以配合。

第七章 法律责任

第一百五十八条 违反本法规定，擅自设立保险公司、保险资产管理公司或者非法经营商业保险业务的，由保险监督管理机构予以取缔，没收违法所得，并处违法所得一倍以上五倍以下的罚款；没有违法所得或者违法所得不足二十万元的，处二十万元以上一百万元以下的罚款。

第一百五十九条 违反本法规定，擅自设立保险专业代理机构、保险经纪人，或者未取得经营保险代理业务许可证、保险经纪业务许可证从事保险代理业务、保险经纪业务的，由保险监督管理机构予以取缔，没收违法所得，并处违法所得一倍以上五倍以下的罚款；没有违法所得或者违法所得不足五万元的，处五万元以上三十万元以下的罚款。

第一百六十条 保险公司违反本法规定，超出批准的业务范围经营的，由保险监督管理机构责令限期改正，没收违法所得，并处违法所得一倍以上五倍以下的罚款；没有违法所得或者违法所得不足十万元的，处十万元以上五十万元以下的罚款。逾期不改正或者造成严重后果的，责令停业整顿或者吊销业务许可证。

第一百六十一条 保险公司有本法第一百一十六条规定行为之一的，由保险监督管理机构责令改正，处五万元以上三十万元以下的罚款；情节严重的，限制其业务范围、责令停止接受新业务或者吊销业务许可证。

第一百六十二条 保险公司违反本法第八十四条规定的，由保险监督管理机构责令改正，处一万元以上十万元以下的罚款。

第一百六十三条 保险公司违反本法规定，有下列行为之一的，由保险监督管理机构责令改正，处五万元以上三十万元以下的罚款：

（一）超额承保，情节严重的；

（二）为无民事行为能力人承保以死亡为给付保险金条件的保险的。

第一百六十四条 违反本法规定，有下列行为之一的，由保险监督管理机构责令改正，处五万元以上三十万元以下的罚款；情节严重的，可以限制其业务范围、责令停止接受新业务或者吊销业务许可证：

（一）未按照规定提存保证金或者违反规定动用保证金的；

（二）未按照规定提取或者结转各项责任准备金的；

（三）未按照规定缴纳保险保障基金或者提取公积金的；

（四）未按照规定办理再保险的；

（五）未按照规定运用保险公司资金的；

（六）未经批准设立分支机构的；

（七）未按照规定申请批准保险条款、保险费率的。

第一百六十五条 保险代理机构、保险经纪人有本法第一百三十一条规定行为之一的，由保险监督管理机构责令改正，处五万元以上三十万元以下的罚款；情节严重的，吊销业务许可证。

第一百六十六条 保险代理机构、保险经纪人违反本法规定，有下列行为之一的，由保险监督管理机构责令改正，处二万元以上十万元以下的罚款；情节严重的，责令停业整顿或者吊销业务许可证：

（一）未按照规定缴存保证金或者投保职业责任保险的；

（二）未按照规定设立专门账簿记载业务收支情况的。

第一百六十七条 违反本法规定，聘任不具有任职资格的人员的，由保险监督管理机构责令改正，处二万元以上十万元以下的罚款。

第一百六十八条 违反本法规定，转让、出租、出借业务许可证的，由保险监督管理机构处一万元以上十万元以下的罚款；情节严重的，责令停业整顿或者吊销业务许可证。

第一百六十九条 违反本法规定，有下列行为之一的，由保险监督管理机构责令限期改正；逾期不改正的，处一万元以上十万元以下的罚款：

（一）未按照规定报送或者保管报告、报表、文件、资料的，或者未按照规定提供有关信息、资料的；

（二）未按照规定报送保险条款、保险费率备案的；

（三）未按照规定披露信息的。

第一百七十条 违反本法规定，有下列行为之一的，由保险监督管理机构责令改正，处十万元以上五十万元以下的罚款；情节严重的，可以限制其业务范围、责令停止接受新业务或者吊销业务许可证：

（一）编制或者提供虚假的报告、报表、文件、资料的；

（二）拒绝或者妨碍依法监督检查的；

（三）未按照规定使用经批准或者备案的保险条款、保险费率的。

第一百七十一条 保险公司、保险资产管理公司、保险专业代理机构、保险经纪人违反本法规定的，保险监督管理机构除分别依照本法第一百六十条至第一百七十条的规定对该单位给予处罚外，对其直接负责的主管人员和其他直接责任人员给予警告，并处一万元以上十万元以下的罚款；情节严重的，撤销任职资格。

第一百七十二条 个人保险代理人违反本法规定的，由保险监督管理机构给予警告，可以并处二万元以下的罚款；情节严重的，处二万元以上十万元以下的罚款。

第一百七十三条 外国保险机构未经国务院保险监督管理机构批准，擅自在中华人民共和国境内设立代表机构的，由国务院保险监督管理机构予以取缔，处五万元以上三十万元以下的罚款。

外国保险机构在中华人民共和国境内设立的代表机构从事保险经营活动的，由保险监督管理机构责令改正，没收违法所得，并处违法所得一倍以上五倍以下的罚款；没有违法所得或者违法所得不足二十万元的，处二十万元以上一百万元以下的罚款；对其首席代表可以责令撤换；情节严重的，撤销其代表机构。

第一百七十四条 投保人、被保险人或者受益人有下列行为之一，进行保险诈骗活动，尚不构成犯罪的，依法给予行政处罚：

（一）投保人故意虚构保险标的，骗取保险金的；

（二）编造未曾发生的保险事故，或者编造虚假的事故原因或者夸大损失程度，骗取保险金的；

（三）故意造成保险事故，骗取保险金的。

保险事故的鉴定人、评估人、证明人故意提供虚假的证明文件，为投保人、被保险人或者受益人进行保险诈骗提供条件的，依照前款规定给予处罚。

第一百七十五条 违反本法规定，给他人造成损害的，依法承担民事责任。

第一百七十六条 拒绝、阻碍保险监督管理机构及其工作人员依法行使监督检查、调查职权，未使用暴力、威胁方法的，依法给予治安管理处罚。

第一百七十七条 违反法律、行政法规的规定，情节严重的，国务院保险监督管理机构可以禁止有关责任人员一定期限直至终身进入保险业。

第一百七十八条 保险监督管理机构从事监督管理工作的人员有下列情形之一的，依法给予处分：

（一）违反规定批准机构的设立的；

（二）违反规定进行保险条款、保险费率审批的；

（三）违反规定进行现场检查的；

（四）违反规定查询账户或者冻结资金的；

（五）泄露其知悉的有关单位和个人的商业秘密的；

（六）违反规定实施行政处罚的；

（七）滥用职权、玩忽职守的其他行为。

第一百七十九条 违反本法规定，构成犯罪的，依法追究刑事责任。

第八章　附则

第一百八十条　保险公司应当加入保险行业协会。保险代理人、保险经纪人、保险公估机构可以加入保险行业协会。

保险行业协会是保险业的自律性组织，是社会团体法人。

第一百八十一条　保险公司以外的其他依法设立的保险组织经营的商业保险业务，适用本法。

第一百八十二条　海上保险适用《中华人民共和国海商法》的有关规定；《中华人民共和国海商法》未规定的，适用本法的有关规定。

第一百八十三条　中外合资保险公司、外资独资保险公司、外国保险公司分公司适用本法规定；法律、行政法规另有规定的，适用其规定。

第一百八十四条　国家支持发展为农业生产服务的保险事业。农业保险由法律、行政法规另行规定。

强制保险，法律、行政法规另有规定的，适用其规定。

第一百八十五条　本法自 2009 年 10 月 1 日起施行。

附录2　中国人民财产保险股份有限公司财产______险（2009版）投保单

投保单号码：

尊敬的投保人：在您填写本投保单前请先详细阅读《中国人民财产保险股份有限公司财产______险保险条款》，阅读条款时请您特别注意条款中的保险责任、责任免除、投保人被保险人义务、赔偿处理等内容并听取保险人就条款（包括前述需特别注意的内容）所做的说明。

投保人	单位名称					
	通信地址	邮编：				
	组织机构代码		联系人		联系电话	
被保险人	单位名称					
	通信地址	邮编：				
	组织机构代码		联系人		联系电话	
行业类别：　　　　行业代码：						
保险标的地址个数：共　　个，详见《财产______险（2009版）投保标的项目清单》						
保险标的地址：　　　　邮编：						
被保险人资产及营业额状况 注册资本：　　总资产：　　上一年度实际营业额：						
投保主险险种：　□基本险　　□综合险　　□一切险						
有关保险标的投保信息，请见《财产______险（2009版）投保标的项目清单》；有关附加险条款投保信息，请见《财产______险（2009版）附加险条款投保清单》。上述投保清单为本投保单的组成部分。						
除另有约定本保险合同的每次事故免赔额为　　元，或损失金额的　%，二者以高者为准						
是否有其他有关保险合同：　□有　　□无 如有，请说明标的项目、保险金额、免赔额、保险公司名称以及其他相关信息：						
是否为续保合同	□是　　□否					
总保险金额：人民币（大写）　　　（小写）：						
保险期间：　　月，自　　年　月　日零时起至　　年　月　日二十四时止						
总保险费：	人民币（大写）：　　　（小写）：					
保险费交付时间：　　年　月　日						
保险合同争议解决方式：□诉讼　　□提交____________仲裁委员会仲裁						
特别约定：						

续表

投保人声明	保险人已向本人提供并详细介绍了《中国人民财产保险股份有限公司财产______险条款（2009版）》及其附加险条款（若投保附加险）内容，并对其中免除保险人责任的条款（包括但不限于责任免除、投保人被保险人义务、赔偿处理、其他事项等），以及本保险合同中付费约定和特别约定的内容向本人做了明确说明，本人已充分理解并接受上述内容，同意以此作为订立保险合同的依据，自愿投保本保险。 投保人签章： 年　月　日

（以下公司内部作业栏，客户无须填写）

初审情况	业务来源： ☐ 直接业务　☐ 个人代理 ☐ 专业代理　☐ 兼业代理 ☐ 经纪人　☐ 网上业务 代理（经纪）人名称： 业务员签字： 年　月　日	核保意见	核保人签字：　年　月　日

中国人民财产保险股份有限公司
财产______险（2009版）投保标的项目清单

本清单为财产______险（2009版）投保单的有效组成部分。

投保单号码：　　　　共　页　第　页

1. 保险标的地址：　　　　邮编：

2. 保险标的地址内被保险人所从事的生产经营活动的简要描述：

____

____

＊国民经济行业分类代码：__________（此信息由保险人填写）

3. 保险标的项目投保信息

序号	保险标的名称	单位	数量	保险金额/赔偿限额	以何种方式确定保险价值	备注
1						
2						
3						
4						
5						
6						

续表

序号	保险标的名称	单位	数量	保险金额/赔偿限额	以何种方式确定保险价值	备注
7						
8						
9						
10						
11						
12						
13						

注：投保标的为特约标的时，请在备注栏中注明“特约”字样。

投保人（盖章）

年 月 日

附录3　中国人寿保险股份有限公司个人保险投保单

销售机构代码：

销 售 渠 道：

销售人员姓名：

销售人员代码：

1110510900293714l

中国人寿保险股份有限公司
China Life Insurance Company Limited

国寿1+N 一位客户 多种服务

个人保险投保单

投保须知

1. 请您在仔细阅读保险条款，充分理解保险责任、责任免除、解除合同等规定，权衡保险需求和交费能力后，再作出投保决定。
2. 投保单为保险合同的重要组成部分，请准确、真实填写、并由投保人、被保险人亲笔签名。不明事项请向销售人员或我公司咨询。如无特别声明，我公司将以您本次填写的地址为您的最新地址。如有地址变更，请及时通知我公司，以便为您提供服务。
3. 根据《中华人民共和国保险法》规定，我公司有权对投保人、被保险人的有关情况进行询问，您应如实告知；如您未如实告知，我公司有权在法定期限内解除合同，并依法决定是否对合同解除前发生的保险事故承担保险责任。
4. 本合同自投保人提出申请、我公司同意承保后成立；自本合同成立、我公司收取首期保险费并签发保险单的次日零时起本合同生效，除另有约定外，本合同生效日期为我公司开始承担保险责任的日期。
5. 一切与本投保单各项内容及保险条款相违背或增减的销售人员说明及解释均属无效，一切告知均以书面为准。
6. 投保人通过销售人员递交投保单、交付保险费的，请检查销售人员证件并及时索取盖有我公司收费专用章的收款收据。

客户资料

投保人

姓　名 ＿＿　性　别 □男 □女　出生日期　年　月　日

国　籍 □中国 □其他＿＿　证件类型 □身份证 □护照 □军人证 □在华居住证 □其他＿＿

证件号码 ＿＿　证件有效期限 至　年　月　日/ □长期

婚姻状况 □未婚 □已婚 □其他＿＿　工作单位 ＿＿

职　业 ＿＿　兼　职 ＿＿　职业代码 ＿＿　职业类别　级

（本合同所有往来文件送达，均以通讯地址为准，为确保您的权益，请准确填写本栏。）

通讯地址 ＿＿　邮政编码 ＿＿

家庭电话 ＿＿－＿＿　分机 ＿＿　办公电话 ＿＿－＿＿　分机 ＿＿

移动电话 ＿＿　电子邮件 ＿＿

公司信息通知方式 □电子邮件 □手机短信 □电话 □信函（四选一填写）

如果您没有特殊需求，我公司将以本次联系方式更新以前投保联系方式，并据此为您提供合同相关信息服务。□同意 □不同意

客 户 号 ＿＿

被保险人

是投保人的 □本人 □配偶 □父母 □子女 □其他＿＿（若为投保人本人时，可免填以下资料）

姓　名 ＿＿　性　别 □男 □女　出生日期　年　月　日

国　籍 □中国 □其他＿＿　证件类型 □身份证 □护照 □军人证 □在华居住证 □其他＿＿

证件号码 ＿＿　证件有效期限 至　年　月　日/ □长期

婚姻状况 □未婚 □已婚 □其他＿＿　工作单位 ＿＿

职　业 ＿＿　兼　职 ＿＿　职业代码 ＿＿　职业类别　级

（本合同所有往来文件送达，均以通讯地址为准，为确保您的权益，请准确填写本栏。）

通讯地址 ＿＿　邮政编码 ＿＿

家庭电话 ＿＿－＿＿　分机 ＿＿　办公电话 ＿＿－＿＿　分机 ＿＿

移动电话 ＿＿　电子邮件 ＿＿

如果您没有特殊需求，我公司将以本次联系方式更新以前投保联系方式，并据此为您提供合同相关信息服务。□同意 □不同意

客 户 号 ＿＿

身故保险金受益人 ①同一顺序受益人受益份额合计为100%。②同一顺序受益人超过2人的，应填写受益份额，超过3人的，请在备注栏中按相同要素填写。③除身故保险金以外的其他保险金受益人以条款约定为准，如需另外指定的，请在备注栏中按相同要素填写。④未填写身故保险金受益人信息的，我公司将依据《中华人民共和国保险法》第42条规定履行给付保险金的义务。

受益顺序	姓名	性别	出生日期（年/月/日）	是被保险人的	受益份额	证件名称	证件号码
					%		
					%		
					%		

第1页　共4页

续表

11105109002937142

要约内容

(一)	险种名称					
	保险金额		标准保险费		额外/追加保险费	
	交费期间	年/至　岁	保险期间	□终身□定期(	年/　月　日/至	岁)
(二)	险种名称					
	保险金额		标准保险费		额外/追加保险费	
	交费期间	年/至　岁	保险期间	□终身□定期(	年/　月　日/至	岁)
(三)	险种名称					
	保险金额		标准保险费		额外/追加保险费	
	交费期间	年/至　岁	保险期间	□终身□定期(	年/　月　日/至	岁)
(四)	险种名称					
	保险金额		标准保险费		额外/追加保险费	
	交费期间	年/至　岁	保险期间	□终身□定期(	年/　月　日/至	岁)
(五)	险种名称					
	保险金额		标准保险费		额外/追加保险费	
	交费期间	年/至　岁	保险期间	□终身□定期(	年/　月　日/至	岁)
(六)	险种名称					
	保险金额		标准保险费		额外/追加保险费	
	交费期间	年/至　岁	保险期间	□终身□定期(	年/　月　日/至	岁)

保险费合计（大写）　　　　（小写）________

币种：□人民币 □其他______　交费方式：□一次交清/趸交 □年交 □半年交 □季交 □月交 □不定期 □其他______

为保障您的权益，建议您通过银行转账等非现金形式交纳保费，确需现金交费的请前往我公司营业网点办理。具体事宜可咨询销售人员或垂询我公司客户服务专线95519。

首期交费形式：□银行转账 □银行代收 □支(汇)票 □POS机 □现金 □其他______

续期交费形式：□银行转账 □银行代收 □支(汇)票 □POS机 □现金 □其他______

年金领取年龄：______周岁　首期领取金额：______元（若投保险种无年金给付利益的，免填本栏。误填者不享有相关利益。）

领取方式：□趸领 □年领 □月领 □平准领取 □递增领取 □递增率为______% □其他______

目前被保险人是否享有社会医疗保险或公费医疗保障　□是　□否

合同争议处理方式　□诉讼　□仲裁（若选择仲裁，请在此处明确填写全称：____________仲裁委员会）

（若选择仲裁选项但未明确填写仲裁委员会的名称，或填写的仲裁委员会不存在，则仲裁约定无效。）

红利领取方式

（投保分红保险时填写，非分红保险免填本栏，误填者不享有相关利益，投保人在投保时没有选定红利处理方式，我公司按累积生息方法办理）

□现金

□累积生息

□抵交保费

□购买交清增额保险

□其他

注：如选择抵交保费方式，而抵交时的红利不足以抵交合同主险及附加险当时应交保险费合计时，投保人应补足差额，以保证合同有效。

投资连结保险填写

（投保投资连结保险时填写，非投资连结保险，免填本栏，误填者不享有相关利益。）

投资账户名称/代码	期交保险费投资比例	额外/追加保险费投资比例
	%	%
	%	%
	%	%
	%	%
	%	%
	%	%

注：请您在选择账户和确定分配比例前仔细阅读产品说明书中的投资账户说明。

第2页　共4页

续表

转账授权

（选择银行转账方式交纳各期保险费或者通过银行转账方式领取条款约定的各类生存金的，请填写本栏。）

保险费付款账户授权须知：

1.授权人（投保人）自愿授权保险公司在保险合同规定的保险费支付日期和宽限期内的任意时间，委托转账银行从本次授权指定的保险费付款账户内划付到期应付保险费，扣款数据以保险公司向账户所有人开户银行提供的电子数据或单证为准。2.若投保投资连结型、万能型保险，本授权对首期保险费（包含首期期交保险费和额外/追加保险费）的效力是“本次有效”，同意保险公司自授权之日起一个月内的任意时间，委托转账银行划付首期保险费，本授权自授权之日起生效，一个月后自动终止划付首期保险费；本授权对续期期交保险费的效力是“持续有效”，同意保险公司在保险合同规定的期交保险费交付日期和其后的60日内的任意时间，委托转账银行划付基本保险费。3.保险公司确认保险费付款成功后，将按投保人选择的公司信息通知方式予以告知。如需发票，可持投保人有效身份证件到保险公司领取。4.保险合同效力中止后，本授权效力同时中止，保险公司暂停委托转账银行划付保险费，保险合同效力恢复后，本授权效力随即恢复。5.本授权自授权人签字之日起生效，持续有效至授权人通知终止授权、或授权账户终止，或保险合同交费期满，或保险合同效力终止时。授权人终止授权、变更账户或变更通讯地址时，应在当期保险费/期交保险费交付日30日前向保险公司递交书面通知。6.因不可归责于转账银行、保险公司的事由，导致不能及时划付应付保险费，划账错误等责任，由授权人承担。

领款账户授权须知：

1.根据保险合同的约定，同意保险公司通过银行转账将各类保险金（包括满期保险金、生存保险金、年金、利差及红利等）划转到授权人（申领满期保险金、生存保险金、年金时授权人为被保险人，申领红利、利差时授权人为投保人）指定的账户。2.除保险合同另有约定外，满期保险金、生存保险金、年金等款项应由被保险人领取，保险公司按期将到期的相应款项划付至授权人指定的领款账户。红利领取方式选择现金并填写指定领款账户的，保险公司按期将到期红利派发到授权人指定的账户。3.同意在保险公司转账付款后及时查对该笔款项，遇到疑问尽快通知保险公司。保险公司未接到通知，则视为已确认收到该笔款项。4.保险合同效力中止，本授权效力同时中止，保险公司暂停划转上述保险金，保险合同效力恢复后，本授权效力随即恢复。5.本授权自授权人签字之日起生效，持续有效至授权人通知终止授权、或转账账户终止，或保险合同效力终止时。授权人终止授权、变更账户时，应在下一个领取日的30日前向保险公司递交书面通知。6.因不可归责于转账银行、保险公司的事由，导致到期应付款项不能及时划转，划账错误等责任，由授权人承担。

（一）保险费付款账户授权：

账户形式	□借记卡 □活期存折 □其他______	开户银行	
账　　号		账户所有人姓名	

账户所有人应为投保人本人，若确因需要使用非投保人账户交纳保费的，请账户所有人填写如下项目并签字确认。

账户所有人身份 □被保险人 □其他______（请填写与投保人的关系）　**账户所有人签字：**______

证件类型	□身份证 □其他______	证件号码		（勾选被保险人的，免填此行。）

（二）满期金、生存金、年金等保险金领款账户授权：

□授权保险费付款账户领取　□授权如下账户领取：

账户形式	□借记卡 □活期存折 □其他______	开户银行	
账　　号		账户所有人姓名	

申领满期金、生存保险金、年金时，账户所有人应为被保险人本人，若确因需要使用非被保险人账户领取上述保险金的，请账户所有人填写如下项目并签字确认。

账户所有人身份 □投保人 □其他______（请填写与被保险人的关系）　**账户所有人签字：**______

证件类型	□身份证 □其他______	证件号码		（勾选投保人的，免填此行。）

（三）红利、利差款项领取账户授权：

□授权保险费付款账户领取　□授权如下账户领取：

账户形式	□借记卡 □活期存折 □其他______	开户银行	
账　　号		账户所有人姓名	

申领红利、利差时，账户所有人应为投保人本人，若确因需要使用非投保人账户领取上述款项的，请账户所有人填写如下项目并签字确认。

账户所有人身份 □被保险人 □其他______（请填写与投保人的关系）　**账户所有人签字：**______

证件类型	□身份证 □其它______	证件号码		（勾选被保险人的，免填此行。）

告知事项

（若投保险种保险条款中列明有“免交未到期保险费责任”的，须同时填写“投保人”项下告知事项。）

1.身高体重	被保险人身高	厘米	体重	公斤	投保人身高	厘米	体重	千克

2.平均年收入（填写过去三年大约的平均年收入值）

说明对象	职　务	固定年收入	收入来源	填写说明
被保险人				主要收入来源包括：①工薪 ②个体 ③私营 ④房屋出租 ⑤证券投资 ⑥银行利息 ⑦农副业 ⑧其他______
投 保 人				职务可选择：①一般职员 ②部门经理 ③总经理 ④一般干部 ⑤科级 ⑥处级 ⑦厅局级及以上 ⑧其他______

3.吸烟习惯　被保险人已吸烟______年，平均每天______支，戒烟______年、投保人已吸烟______年，平均每天______支，戒烟______年。

4.生活习惯：	被保险人	投保人
A.饮酒习惯：是否平均每天饮白酒等烈性酒50克以上	□是 □否	□是 □否
B.是否参加潜水、拳击、攀岩、飞行、赛车、漂流等危险运动或有此类嗜好	□是 □否	□是 □否
C.是否服食任何成瘾药物或吸毒	□是 □否	□是 □否
D.是否计划两年内出国	□是 □否	□是 □否

第3页　共4页

续表

5.**身体残障**：		
A.是否曾患听力、视力、语言、咀嚼障碍、智力障碍	□是 □否	□是 □否
B.是否曾患有脊柱、胸廓畸形、四肢、手、足、指残缺	□是 □否	□是 □否
6.**症状体征**：是否曾患有、或被告知有下列症状，或因下列症状接受治疗：		
慢性咳嗽、咯血、胸闷、心慌、气短、浮肿、声嘶哑、吞咽困难、呕血、黑便、腹痛、黄疸、贫血、肿块、血尿、蛋白尿、皮肤淤斑、不明原因皮下出血点、渐进性消瘦、持续性头痛、晕厥、抽搐、昏迷、长期发热、高度近视	□是 □否	□是 □否
7.**病史询问**：是否曾患有或接受治疗过下列疾病：		
A.高血压、先天性心脏病、风湿性心脏病、心内膜炎、冠心病、心肌梗塞、心律失常、心肌炎、脑血管意外	□是 □否	□是 □否
B.帕金森氏病、癫痫、脑部疾病、脊髓疾病、精神病	□是 □否	□是 □否
C.哮喘、肺结核、肺气肿、支气管扩张、尘肺、矽肺、肺原性心脏病	□是 □否	□是 □否
D.消化性溃疡、萎缩性胃炎、胰腺炎、肝硬化、肝炎、肝炎病毒感染、胆道感染或胆石症	□是 □否	□是 □否
E.尿路结石或畸形、肾炎、肾病、肾功能不全、多囊肾、肾盂积水、前列腺疾病	□是 □否	□是 □否
F.肿瘤（包括恶性肿瘤及尚未确诊为良性或恶性之息肉、肿瘤、囊肿、结节、赘生物）	□是 □否	□是 □否
G.糖尿病、痛风、垂体机能亢进或减退、甲状腺机能亢进或减退、肾上腺机能亢进或减退	□是 □否	□是 □否
H.系统性红斑狼疮、风湿或类风湿病、胶原性疾病及结缔组织疾病、椎间盘突出、疝、痔	□是 □否	□是 □否
I.贫血、血小板减少性紫癜、过敏性紫癜、血友病、白血病，被建议不宜献血	□是 □否	□是 □否
J.白内障、视网膜疾病、角膜疾病、青光眼、中耳炎及其它眼、耳、鼻、喉或口腔疾病	□是 □否	□是 □否
K.先天性疾病、遗传性疾病、地方病、职业病、药物过敏史	□是 □否	□是 □否
L.是否还有以上未列明的疾病	□是 □否	□是 □否
8.**诊疗、检查经历**：		
A.过去3个月内是否接受过医生的诊断、检查和治疗	□是 □否	□是 □否
B.过去5年内是否因疾病或受伤住院或手术	□是 □否	□是 □否
C.过去5年内除健康普查外有否做过下列检查：X光（透视、摄片）、心电图、B超、CT或核磁共振、脑电图、血液化验、胃镜、肠镜等内窥镜检查、病理活检、眼底检查	□是 □否	□是 □否
9.你及你的配偶是否曾接受或试图接受与艾滋病有关的诊察或治疗？在过去6个月内是否曾持续超过一周以上有下列症状：体重下降、食欲不振、盗汗、腹泻、淋巴结肿大及皮肤溃疡	□是 □否	□是 □否
10.父母兄弟姐妹中是否有人曾患有遗传性疾病、结核病、肝炎、肝硬化、癌症、糖尿病、肾病、心脏病、中风、高血压、动脉硬化、精神病或曾是乙肝、丙肝病毒携带者或60周岁以前因病身故	□是 □否	□是 □否
11.**妇女专项**：		
A.是否正在怀孕？如是，孕期第　　周	□是 □否	□是 □否
B.是否患有子宫肌瘤、子宫颈癌、卵巢囊肿、卵巢癌、异位妊娠、乳腺增生（包块、肿块）、乳腺癌、阴道不规律出血等疾病	□是 □否	□是 □否
12.**投保记录**：		
A.过去两年内是否曾被保险公司解除合同或申请人身保险而被延期、拒保或附加条件承保	□是 □否	□是 □否
B.过去有无向我公司或其它人身保险公司索赔	□是 □否	□是 □否
C.目前是否有已参加或正在申请中的其它人身保险？如有，请在备注栏告知承保公司、保险险种名称、保险金额、保单生效时间	□是 □否	□是 □否
13.说明（以上4—12项如"是"，请在备注栏内列明问题编号及有关需说明的内容，包括疾病诊治日期、诊治结果、诊治医院名称、债务情况等。对投保单及告知内容，我公司承担保密责任。）		
备注		

声明与授权

1.贵公司所提供的投保单已附保险条款，已对保险合同的条款内容履行了说明义务，并对免除保险公司责任的条款履行了明确说明义务。本人已仔细阅知、理解投保提示、产品说明书（仅限于分红、万能、投资连结保险）及保险条款尤其是责任免除、解除合同等规定、并同意遵守。本人所填投保单各项及告知事项均属事实并确无欺瞒。上述一切陈述及本声明将成为贵公司承保的依据、并作为保险合同一部分。如有不如实告知，贵公司有权在法定期限内解除合同，并依法决定是否对合同解除前发生的保险事故承担保险责任。

2.本人谨此授权凡知道或拥有任何有关本人健康及其它情况的任何医生、医院、保险公司、其它机构或人士，均可将有关资料提供给贵公司。此授权书的影印本也同样有效。

3.本人自愿授权：投保具有续保条款的意外险或健康险产品的，在保险合同期满前，本人未作出终止续保的书面申请，且贵公司未作出拒绝续保、调整承保条件的决定、交费方式选择银行转账的，贵公司有权按"转账授权：保险费付款账户授权须知"的约定划转续保保险费，为本保险合同续保。如在合同满期日后条款规定的宽限期内，贵公司未收取到足额续保保费的，贵公司默认本人自动放弃续保。

4.本人已知晓：

（1）具有续保条款的意外险或健康险产品，贵公司将按续保保险期间开始时被保险人的年龄和职业、无赔款优待、上年度保额等费率计算因子重新计算续保合同保费，并保留拒绝续保、对承保条件做出相应调整的权利。

（2）具有续保条款的意外险或健康险产品，如果被保险人的职业（或工种），健康状况等发生变化或在保险期间发生保险事故，本人有义务应在续保之前以书面形式如实告知贵公司。

5.未成年人投保授权声明（被保险人为未成年人、投保人非被保险人法定监护人时填写）：

作为被保险人的法定监护人，本人同意投保人________为被保险人投保贵公司的保险产品及基本保险金额，并同意本投保单中设定的受益人、受益顺序及受益份额。

授权人与被保险人的关系：□父亲 □母亲 □其他________　　授权人签名：________

授权日期：　　年　　月　　日

投保人签名：　　被保险人（或其法定监护人）签名：　　投保申请日期：　　年　　月　　日

以下由保险公司填写：

受理机构：　　经办：　　受理日期：　　年　　月　　日

第4页　共4页

附录4　中国人民保险机动车商业保险保险单（电子保单）2020版

中国银行保险监督管理委员会监制

机动车商业保险保险单（电子保单）

中国人民保险　BEIJING 2022

北京2022年冬奥会官方合作伙伴

保险单号：

鉴于投保人已向保险人提出投保申请，并同意按约定交付保险费，保险人依照承保险种及其对应条款和特别约定承担赔偿责任。

被保险人						
车主						
保险车辆情况	号牌号码		厂牌型号			
	VIN码/车架号			发动机号		
	核定载客	人	核定载质量	千克	初次登记日期	
	使用性质		年平均行驶里程	千米	机动车种类	
本保单投保人为：						
保险费合计（人民币大写）：				（￥：　元）		
保险期间						
特别约定						
保险合同争议解决方式						
重要提示	1. 本保险合同由保险条款、投保单、保险单、批单和特别约定组成。 2. 收到本保险单、承保险种对应的保险条款后，请立即核对，如有不符或疏漏，请及时通知保险人并办理变更或补充手续。 3. 请详细阅读承保险种对应的保险条款，特别是责任免除、投保人被保险人义务、赔偿处理和通用条款等。 4. 被保险机动车被转让、改装、加装或改变使用性质等，导致被保险机动车危险程度显著增加，应及时通知保险人。 5. 被保险人应当在保险事故发生后及时通知保险人。 6. 被保险人可通过保险人网站自主查询承保理赔信息。					
保险人	公司名称： 邮政编码：			公司地址： 联系电话：95518　网址：www.picc.com 签单日期：　（保险人签章）		

核保：　　制单：　　经办：

尊敬的客户：您可通过本公司官网(www.picc.com)、95518客服电话或附近的营业网点查询保险单信息。若对查询结果有异议，请通过以上三种渠道联系本公司。

一、我公司客户服务电话：95518，四川保险业消费者权益保护中心维权热线：028-841-12378；
二、搜索微信公众号“四川人保财险”，点击“在线客服”，在线投诉；
三、搜索微信公众号“四川保险在线”，点击左下角“网上消保”，在线投诉或申请调解。

附录5　中国太平洋财产保险有限公司财产基本险保单

（条形码、单证号）

财产基本险保险单

保单号：

鉴于以下被保险人已提交投保要求并同意按本合同约定交纳保险费，本公司特签发本保险单并同意依照承保险种及其对应的条款和特别约定，承担经济赔偿责任。

被保险人名称：	联系电话：
被保险人地址：	邮政编码：
营业性质：	证件号码：
保险财产座落地址：	

		承保标的项目	标的座落地址	保险金额确定方式	保险金额（元）	费率（‰）	保险费（元）
基本险	特约保险标的						

总保险金额：人民币（大写）　　¥

	险别	承保标的项目	标的座落地址	保险金额确定方式	保险金额（元）	费率（‰）	保险费（元）
附加险							

总保险金额：人民币（大写）　　¥

保险期间：　自　年　月　日零时起至　年　月　日二十四时止

特别约定：

明示告知：

1、本保险合同为不定值保险合同；

2、被保险人收到本保险单后请即核对，如有错误立即通知本公司；

3、保险人已向投保人说明保险合同的条款内容，并就责任免除条款进行了明确说明，投保人已了解责任免除条款的真实含义和法律后果。

争议解决办法	□诉讼 □仲裁	约定诉讼（仲裁）地点		约定仲裁机构名称	

签单公司信息　　中国太平洋财产保险股份有限公司

地址：

邮编：

电话：　传真　（公司签章）

核保　制单　经办　签单日期

附录6　中国平安财产保险公司财产一切险投保单及保险条款

中国平安 PING AN
保险·银行·投资

EA03　01　0000　0000　8

中国平安财产保险股份有限公司

财产一切险投保单

投保须知：

1. 本投保单和《财产一切险条款》及附加条款是保险合同的组成部分，请您仔细阅读上述条款，特别注意有关责任免除、投保人、被保险人义务的规定。
2. 请您如实填写投保单，如故意隐瞒事实，不履行如实告知义务的，本公司有权解除保险合同或不承担保险责任，对已支付的赔款，本公司有权要求退还。
3. 请您按本保险合同的约定及时交纳保险费。

投保情况：　□新保　　□续保　　（上年保单号：　　　　） 原投保公司：	
☆**以下信息是本公司为您提供理赔及售后服务的重要依据，请务必详实填写。**	
被保险人资料	正式名称：　　　　行业类型：
	证件类型：□组织机构代码证　□税务登记证　□工商登记证　□营业执照注册号
	证件号码：□□□□□□□□□□□□□□□□□□
	通讯地址：　　省/自治区　　市/县　　区/镇
	邮政编码：□□□□□□
	电话总机：□□□□——□□□□□□□□
	联系人姓名：＿＿＿＿　Email：＿＿＿＿
	办公电话：□□□□——□□□□□□□□　移动电话：□□□□□□□□□□□
投保人资料	是否同被保险人：□是　□否　（投保人同被保险人时可不填写以下投保人资料）
	正式名称：　　　　行业类型：
	证件类型：□组织机构代码证　□税务登记证　□工商登记证　□营业执照注册号
	证件号码：□□□□□□□□□□□□□□□□□□
	通讯地址：　　省/自治区　　市/县　　区/镇
	邮政编码：□□□□□□
	电话总机：□□□□——□□□□□□□□
	联系人姓名：＿＿＿＿　Email：＿＿＿＿
	办公电话：□□□□——□□□□□□□□　移动电话：□□□□□□□□□□□
受益人资料	正式名称：＿＿＿＿通信地址：　　省/自治区　　市/县　　区/镇 ＿＿＿＿ （如有多方受益人，此处最多填写两个，其余请写在特别约定中）
保险财产地址：　　　　邮编： （如果有多个地址，请在《保险财产地址清单》中分别填写，此处只填写最主要的一个保险财产的地址）	
行业类型：　　　　投产或经营开始时间：	
主要原材料和主要辅料： 主要产品（商品）：	
生产工艺：	
以往出险损失情况（时间、原因、损失金额）：	

安全设施情况：			建筑类型及周围情况：
1. 火灾自动报警系统	□有	□无	1. 建筑类型（可选多项）：□钢混 □砖混 □轻钢结构 □木结构及其它
2. 自动灭火装置	□有	□无	2. 与其他建筑物距离______米
3. 消防栓	□有	□无	3. 是否位于洪涝区 □是 □否
4. 灭火器	□有	□无	4. 距消防队最近距离______公里
5. 保安24小时值勤	□有	□无	
6. 防洪防汛设施	□有	□无	

保险期间： 个月 自 年 月 日 时起至 年 月 日 时止

	保险财产项目	投保金额	保额确定依据（评估价/账面原值/账面原值加成/重置价值/帐面余额/被保险人自行确定）	费率	每次事故绝对免赔额为损失金额的
选择一	房屋建筑 栋 m²				%或 元，以高者为准。
	机器设备（附明细）				%或 元，以高者为准。
	装置及家具				%或 元，以高者为准。
	原材料				%或 元，以高者为准。
	在产品及半成品				%或 元，以高者为准。
	产成品				%或 元，以高者为准。
	商品				%或 元，以高者为准。
	低值易耗品				%或 元，以高者为准。
	在建工程				%或 元，以高者为准。
	其他财产（附明细）				%或 元，以高者为准。
选择二	固定资产				%或 元，以高者为准。
	存货				%或 元，以高者为准。
	在建工程				%或 元，以高者为准。
	其他财产（附明细）				%或 元，以高者为准。

总保险金额（大写）： （小写）：

主险保费（大写）： （小写）：

附加险（如附加多个条款，可另附清单）

附加险名称	保险金额/赔偿限额	费率	免赔及其他情况说明

附加险保费（大写）： （小写）：

总保险费（大写）： （小写）：

付费方式及期限：

金额	付款起期	付款止期	付款方式

付费约定：

1、投保人应按约定交付保险费。

2、约定一次性交付保险费的，投保人在约定交费日后交付保险费的，保险人对交费之前发生的保险事故不承担保险责任。

3、约定分期交付保险费的，保险人按照保险事故发生前保险人实际收取保险费总额与投保人应当交付的保险费的比例承担保险责任，投保人应当交付的保险费是指截至保险事故发生时投保人按约定分期应该缴纳的保费总额。

特别约定：

投保人声明：

1、本人兹申明上述各项内容填写属实。

2、本人确认已收到了《财产一切险条款》及附加条款，且贵公司已向本人详细介绍了条款的具体内容，特别就该条款中有关免除保险人责任的条款（包括但不限于责任免除、投保人及被保险人义务），以及付费约定的内容做了明确说明，本人已完全理解，并同意投保。

投保人签字（盖章）：

日期：

以下内容由保险公司填写：

机构代码		业务渠道代码			
业务员姓名		业务员代码		业务员手机	
主介绍人姓名		主介绍人代码		业务员签字	
代理人名称		代理人协议		校验	
付款方式：□公司柜面 □银行柜面 □银行转帐 □网上银行 □电话银行 □银保通					
审核人代码		审核人姓名		审核日期	

中国平安 PING AN
保险·银行·投资

中国平安财产保险股份有限公司

财产一切险条款

总　则

第一条　本保险合同由保险条款、投保单、保险单或其他保险凭证以及批单组成。凡涉及本保险合同的约定，均应采用书面形式。

保险标的

第二条　本保险合同载明地址内的下列财产可作为保险标的：

（一）属于被保险人所有或与他人共有而由被保险人负责的财产；

（二）由被保险人经营管理或替他人保管的财产；

（三）其他具有法律上承认的与被保险人有经济利害关系的财产。

第三条　本保险合同载明地址内的下列财产未经保险合同双方特别约定并在保险合同中载明保险价值的，不属于本保险合同的保险标的：

（一）金银、珠宝、钻石、玉器、首饰、古币、古玩、古书、古画、邮票、字画、艺术品、稀有金属等珍贵财物；

（二）堤堰、水闸、铁路、道路、涵洞、隧道、桥梁、码头；

（三）矿井（坑）内的设备和物资；

（四）便携式通讯装置、便携式计算机设备、便携式照相摄像器材以及其他便携式装置、设备；

（五）尚未交付使用或验收的工程。

第四条　下列财产不属于本保险合同的保险标的：

（一）土地、矿藏、水资源及其他自然资源；

（二）矿井、矿坑；

（三）货币、票证、有价证券以及有现金价值的磁卡、集成电路（IC）卡等卡类；

（四）文件、账册、图表、技术资料、计算机软件、计算机数据资料等无法鉴定价值的财产；

（五）枪支弹药；

（六）违章建筑、危险建筑、非法占用的财产；

（七）领取公共行驶执照的机动车辆；

（八）动物、植物、农作物。

保险责任

第五条　在保险期间内，由于自然灾害或意外事故造成保险标的直接物质损坏或灭失（以下简称“损失”），保险人按照本保险合同的约定负责赔偿。

前款原因造成的保险事故发生时，为抢救保险标的或防止灾害蔓延，采取必要的、合理的措施而造成保险标的的损失，保险人按照本保险合同的约定也负责赔偿。

第六条　保险事故发生后，被保险人为防止或减少保险标的的损失所支付的必要的、合理的费用，保险人按照本保险合同的约定也负责赔偿。

责任免除

第七条　下列原因造成的损失、费用，保险人不负责赔偿：

（一）投保人、被保险人及其代表的故意或重大过失行为；

（二）行政行为或司法行为；

（三）战争、类似战争行为、敌对行动、军事行动、武装冲突、罢工、骚乱、暴动、政变、谋反、恐怖活动；

（四）地震、海啸及其次生灾害；

（五）核辐射、核裂变、核聚变、核污染及其他放射性污染；

（六）大气污染、土地污染、水污染及其他非放射性污染，但因保险事故造成的非放射性污染不在此限；

（七）保险标的的内在或潜在缺陷、自然磨损、自然损耗，大气（气候或气温）变化、正常水位变化或其他渐变原因，物质本身变化、霉烂、受潮、鼠咬、虫蛀、鸟啄、氧化、锈蚀、渗漏、烘焙；

（八）盗窃、抢劫。

第八条　下列损失、费用，保险人也不负责赔偿：

（一）保险标的遭受保险事故引起的各种间接损失；

（二）设计错误、原材料缺陷或工艺不善造成保险标的本身的损失；

（三）广告牌、天线、霓虹灯、太阳能装置等建筑物外部附属设施，存放于露天或简易建筑物内的保险标的以及简易建筑，由于雷电、暴雨、洪水、暴风、龙卷风、冰雹、台风、飓风、暴雪、冰凌、沙尘暴造成的损失；

（四）锅炉及压力容器爆炸造成其本身的损失；

（五）非外力造成机械或电气设备本身的损失；

（六）被保险人及其雇员的操作不当、技术缺陷造成被操作的机械或电气设备的损失；

（七）盘点时发现的短缺；

（八）任何原因导致公共供电、供水、供气及其他能源供应中断造成的损失和费用；

（九）本保险合同中载明的免赔额或按本保险合同中载明的免赔率计算的免赔额。

保险价值、保险金额与免赔额（率）

第九条　保险标的的保险价值可以为出险时的重置价值、出险时的账面余额、出险时的市场价值或其他价值，由投保人与保险人协商确定，并在本保险合同中载明。

第十条　保险金额由投保人参照保险价值自行确定，并在保险合同中载明。保险金额不得超过保险价值。超过保险价值的，超过部分无效，保险人应当退还相应的保险费。

第十一条　免赔额（率）由投保人与保险人在订立保险合同时协商确定，并在保险合同中载明。

保险期间

第十二条　除另有约定外，保险期间为一年，以保险单载明的起讫时间为准。

保险人义务

第十三条　订立保险合同时，采用保险人提供的格式条款的，保险人向投保人提供的投保单应当附格式条款，保险人应当向投保人说明保险合同的内容。对保险合同中免除保险人责任的条款，保险人在订立合同时应当在投保单、保险单或者其他保险凭证上作出足以引起投保人注意的提示，并对该条款的内容以书面或者口头形式向投保人作出明确说明；未作提示或者明确说明的，该条款不产生效力。

第十四条　本保险合同成立后，保险人应当及时向投保人签发保险单或其他保险凭证。

第十五条　保险人依据第十九条所取得的保险合同解除权，自保险人知道有解除事由之日起，超过三十日不行使而消灭。自保险合同成立之日起超过二年的，保险人不得解除合同；发生保险事故的，保险人承担赔偿责任。

保险人在合同订立时已经知道投保人未如实告知的情况的，保险人不得解除合同；发生保险事故的，保险人应当承担赔偿责任。

第十六条　保险人按照第二十五条的约定，认为被保险人提供的有关索赔的证明和资料不完整的，应当及时一次性通知投保人、被保险人补充提供。

第十七条　保险人收到被保险人的赔偿保险金的请求后，应当及时作出是否属于保险责任的核定；情形复杂的，应当在三十日内作出核定，但保险合同另有约定的除外。

保险人应当将核定结果通知被保险人；对属于保险责任的，在与被保险人达成赔偿保险金的协议后十日内，履行赔偿保险金义务。保险合同对赔偿保险金的期限有约定的，保险人应当按照约定履行赔偿保险金的义务。保险人依照前款约定作出核定后，对不属于保险责任的，应当自作出核定之日起三日内向被保险人发出拒绝赔偿保险金通知书，并说明理由。

第十八条　保险人自收到赔偿的请求和有关证明、资料之日起六十日内，对其赔偿保险金的数额不能确定的，应当根据已有证明和资料可以确定的数额先予支付；保险人最终确定赔偿的数额后，应当支付相应的差额。

投保人、被保险人义务

第十九条　订立保险合同，保险人就保险标的或者被保险人的有关情况提出询问的，投保人应当如实告知，并如实填写投保单。

投保人故意或者因重大过失未履行前款规定的如实告知义务，足以影响保险人决定是否同意承保或者提高保险费率的，保险人有权解除合同。

投保人故意不履行如实告知义务的，保险人对于合同解除前发生的保险事故，不承担赔偿责任，并不退还保险费。

投保人因重大过失未履行如实告知义务，对保险事故的发生有严重影响的，保险人对于合同解除前发生的保险事故，不承担赔偿责任，但应当退还保险费。

第二十条　投保人应按约定交付保险费。

约定一次性交付保险费的，**投保人在约定交费日后交付保险费的，保险人对交费之前发生的保险事故不承担保险责任。**

约定分期交付保险费的，**保险人按照保险事故发生前保险人实际收取保险费总额与投保人应当交付的保险费的比例承担保险责任，**投保人应当交付的保险费是指截至保险事故发生时投保人按约定分期应该缴纳的保费总额。

第二十一条　被保险人应当遵守国家有关消防、安全、生产操作、劳动保护等方面的相关法律、法规及规定，加强管理，采取合理的预防措施，尽力避免或减少责任事故的发生，维护保险标的的安全。

保险人可以对被保险人遵守前款约定的情况进行检查，向投保人、被保险人提出消除不安全因素和隐患的书面建议，投保人、被保险人应该认真付诸实施。

投保人、被保险人未按照约定履行其对保险标的的安全应尽责任的，保险人有权要求增加保险费或者解除合同。

第二十二条　保险标的转让的，被保险人或者受让人应当及时通知保险人。

因保险标的转让导致危险程度显著增加的，保险人自收到前款规定的通知之日起三十日内，可以按照合同约定增加保险费或者解除合同。保险人解除合同的，应当将已收取的保险费，按照合同约定扣除自保险责任开始之日起至合同解除之日止应收的部分后，退还投保人。

被保险人、受让人未履行本条规定的通知义务的，因转让导致保险标的危险程度显著增加而发生的保险事故，保险人不承担赔偿责任。

第二十三条　在合同有效期内，如保险标的占用与使用性质、保险标的地址及其他可能导致保险标的危险程度显著增加的、或其他足以影响保险人决定是否继续承保或是否增加保险费的保险合同重要事项变更，被保险人应及时书面通知保险人，保险人有权要求增加保险费或者解除合同。

被保险人未履行前款约定的通知义务的，因保险标的的危险程度显著增加而发生的保险事故，保险人不承担赔偿责任。

第二十四条　知道保险事故发生后，被保险人应该：

（一）尽力采取必要、合理的措施，防止或减少损失，否则、**对因此扩大的损失，保险人不承担赔偿责任；**

（二）立即通知保险人，并书面说明事故发生的原因、经过和损失情况；**故意或者因重大过失未及时通知，致使保险事故的性质、原因、损失程度等难以确定的，保险人对无法确定的部分，不承担赔偿责任，但保险人通过其他途径已经及时知道或者应当及时知道保险事故发生的除外；**

（三）保护事故现场，允许并且协助保险人进行事故调查；**对于拒绝或者妨碍保险人进行事故调查导致无法确定事故原因或核实损失情况的，保险人对无法核实的部分不承担赔偿责任。**

第二十五条　被保险人请求赔偿时，应向保险人提供下列证明和资料：

（一）保险单正本、索赔申请、财产损失清单、技术鉴定证明、事故报告书、救护费用发票、必要的账簿、单据和有关部门的证明；

（二）投保人、被保险人所能提供的与确认保险事故的性质、原因、损失程度等有关的其他证明和资料。

投保人、被保险人未履行前款约定的单证提供义务，导致保险人无法核实损失情况的，保险人对无法核实的部分不承担赔偿责任。

赔偿处理

第二十六条　保险事故发生时，被保险人对保险标的不具有保险利益的，不得向保险人请求赔偿保险金。

第二十七条 保险标的发生保险责任范围内的损失，保险人有权选择下列方式赔偿：

（一）货币赔偿：保险人以支付保险金的方式赔偿；

（二）实物赔偿：保险人以实物替换受损标的，该实物应具有保险标的出险前同等的类型、结构、状态和性能；

（三）实际修复：保险人自行或委托他人修理修复受损标的。

对保险标的在修复或替换过程中，被保险人进行的任何变更、性能增加或改进所产生的额外费用，保险人不负责赔偿。

第二十八条 保险标的遭受损失后，如果有残余价值，应由双方协商处理。如折归被保险人，由双方协商确定其价值，并在保险赔款中扣除。

第二十九条 保险标的发生保险责任范围内的损失，保险人按以下方式计算赔偿：

（一）保险金额等于或高于保险价值时，按实际损失计算赔偿，最高不超过保险价值；

（二）保险金额低于保险价值时，按保险金额与保险价值的比例乘以实际损失计算赔偿，最高不超过保险金额；

（三）若本保险合同所列标的不止一项时，应分项按照本条约定处理。

第三十条 保险标的的保险金额大于或等于其保险价值时，被保险人为防止或减少保险标的的损失所支付的必要的、合理的费用，在保险标的损失赔偿金额之外另行计算，最高不超过被施救保险标的的保险价值。

保险标的的保险金额小于其保险价值时，上述费用按被施救保险标的的保险金额与其保险价值的比例在保险标的损失赔偿金额之外另行计算，最高不超过被施救保险标的的保险金额。

被施救的财产中，含有本保险合同未承保财产的，按被施救保险标的的保险价值与全部被施救财产价值的比例分摊施救费用。

第三十一条 每次事故保险人的赔偿金额为根据第二十九条、第三十条约定计算的金额扣除每次事故免赔额后的金额，或者为根据第二十九条、第三十条约定计算的金额扣除该金额与免赔率乘积后的金额。

第三十二条 保险事故发生时，如果存在重复保险，保险人按照本保险合同的相应保险金额与其他保险合同及本保险合同相应保险金额总和的比例承担赔偿责任。

其他保险人应承担的赔偿金额，本保险人不负责垫付。若被保险人未如实告知导致保险人多支付赔偿金的，保险人有权向被保险人追回多支付的部分。

第三十三条 保险标的发生部分损失，保险人履行赔偿义务后，本保险合同的保险金额自损失发生之日起按保险人的赔偿金额相应减少，保险人不退还保险金额减少部分的保险费。如投保人请求恢复至原保险金额，应按原约定的保险费率另行支付恢复部分从投保人请求的恢复日期起至保险期间届满之日止按日比例计算的保险费。

第三十四条 发生保险责任范围内的损失，应由有关责任方负责赔偿的，保险人自向被保险人赔偿保险金之日起，在赔偿金额范围内代位行使被保险人对有关责任方请求赔偿的权利，被保险人应当向保险人提供必要的文件和所知道的有关情况。

被保险人已经从有关责任方取得赔偿的，保险人赔偿保险金时，可以相应扣减被保险人已从有关责任方取得的赔偿金额。

保险事故发生后，在保险人未赔偿保险金之前，被保险人放弃对有关责任方请求赔偿权利的，保险人不承担赔偿责任；保险人向被保险人赔偿保险金后，被保险人未经保险人同意放弃对有关责任方请求赔偿权利的，该行为无效；**由于被保险人故意或者因重大过失致使保险人不能行使代位请求赔偿的权利的，保险人可以扣减或者要求返还相应的保险金。**

第三十五条 被保险人向保险人请求赔偿保险金的诉讼时效期间为二年，自其知道或者应当知道保险事故发生之日起计算。

争议处理和法律适用

第三十六条 因履行本保险合同发生的争议，由当事人协商解决。协商不成的，提交保险单载明的仲裁机构仲裁；保险单未载明仲裁机构且争议发生后未达成仲裁协议的，依法向人民法院起诉。

第三十七条 与本保险合同有关的以及履行本保险合同产生的一切争议，适用中华人民共和国法律（不包括港澳台地区法律）。

其他事项

第三十八条 保险标的发生部分损失的，自保险人赔偿之日起三十日内，投保人可以解除合同；除合同另有约定外，保险人也可以解除合同，但应当提前十五日通知投保人。

保险合同依据前款规定解除的，保险人应当将保险标的未受损失部分的保险费，按照合同约定扣除自保险责任开始之日起至合同解除之日止应收的部分后，退还投保人。

第三十九条 保险责任开始前，投保人要求解除保险合同的，应当按本保险合同的约定向保险人支付退保手续费，保险人应当退还剩余部分保险费。

保险责任开始后，投保人要求解除保险合同的，自通知保险人之日起，保险合同解除，保险人按短期费率计收保险责任开始之日起至合同解除之日止期间的保险费，并退还剩余部分保险费。

保险责任开始后，保险人要求解除保险合同的，可提前十五日向投保人发出解约通知书解除本保险合同，保险人按照保险责任开始之日起至合同解除之日止期间与保险期间的日比例计收保险费，并退还剩余部分保险费。

第四十条 保险标的发生全部损失，属于保险责任的，保险人在履行赔偿义务后，本保险合同终止；不属于保险责任的，本保险合同终止，保险人按短期费率计收自保险责任开始之日起至损失发生之日止期间的保险费，并退还剩余部分保险费。

释 义

第四十一条 本保险合同涉及下列术语时，适用下列释义：

（一）火灾

在时间或空间上失去控制的燃烧所造成的灾害。构成本保险的火灾责任必须同时具备以下三个条件：

1. 有燃烧现象，即有热有光有火焰；
2. 偶然、意外发生的燃烧；
3. 燃烧失去控制并有蔓延扩大的趋势。

因此，仅有燃烧现象并不等于构成本保险中的火灾责任。在生产、生活中有目的用火，如为了防疫而焚毁玷污的衣物，点火烧荒等属正常燃烧，不同于火灾责任。

因烘、烤、烫、烙造成焦糊变质等损失，既无燃烧现象，又无蔓延扩大趋势，也不属于火灾责任。

电机、电器、电气设备因使用过度、超电压、碰线、弧花、漏电、自身发热所造成的本身损毁，不属于火灾责任。但如果发生了燃烧并失去控制蔓延扩大，才构成火灾责任，并对电机、电器、电气设备本身的损失负责赔偿。

（二）爆炸

爆炸分物理性爆炸和化学性爆炸。

1. 物理性爆炸：由于液体变为蒸汽或气体膨胀，压力急剧增加并大大超过容器所能承受的极限压力，因而发生爆炸。如锅炉、空气压缩机、压缩气体钢瓶、液化气罐爆炸等。关于锅炉、压力容器爆炸的定义是：锅炉或压力容器在使用中或试压时发生破裂，使压力瞬时降到等于外界大气压力的事故，称为“爆炸事故”。

2. 化学性爆炸：物体在瞬息分解或燃烧时放出大量的热和气体，并以很大的压力向四周扩散的现象。如火药爆炸、可燃性粉尘纤维爆炸、可燃气体爆炸及各种化学物品的爆炸等。

因物体本身的瑕疵，使用损耗或产品质量低劣以及由于容器内部承受“负压”（内压比外压小）造成的损失，不属于爆炸责任。

（三）雷击

击指由雷电造成的灾害。雷电为积雨云中、云间或云地之间产生的放电现象。雷击的破坏形式分直接雷击与感应雷击两种。

1. 直接雷击：由于雷电直接击中保险标的造成损失，属直接雷击责任。

2. 感应雷击：由于雷击产生的静电感应或电磁感应使屋内对地绝缘金属物体产生高电位放出火花引起的火灾，导致电器本身的损毁，或因雷电的高电压感应，致使电器部件的损毁，属感应雷击责任。

（四）暴雨：指每小时降雨量达16毫米以上，或连续12小时降雨量达30毫米以上，或连续24小时降雨量达50毫米以上的降雨。

（五）洪水：指山洪暴发、江河泛滥、潮水上岸及倒灌。但规律性的涨潮、自动灭火设施漏水以及在常年水位以下或地下渗水、水管爆裂不属于洪水责任。

（六）暴风：指风力达8级、风速在17.2米/秒以上的自然风。

（七）龙卷风：指一种范围小而时间短的猛烈旋风，陆地上平均最大风速在79米/秒–103米/秒，极端最大风速在100米/秒以上。

（八）冰雹：指从强烈对流的积雨云中降落到地面的冰块或冰球，直径大于5毫米，核心坚硬的固体降水。

（九）台风、飓风：台风指中心附近最大平均风力12级或以上，即风速在32.6米/秒以上的热带气旋；飓风是一种与台风性质相同、但出现的位置区域不同的热带气旋，台风出现在西北太平洋海域，而飓风出现在印度洋、大西洋海域。

（十）沙尘暴：指强风将地面大量尘沙吹起，使空气很混浊，水平能见度小于1公里的天气现象。

（十一）暴雪：指连续12小时的降雪量大于或等于10毫米的降雪现象。

（十二）冰凌：指春季江河解冻期时冰块飘浮遇阻，堆积成坝，堵塞江道，造成水位急剧上升，以致江水溢出江道，漫延成灾。

陆上有些地区，如山谷风口或酷寒致使雨雪在物体上结成冰块，成下垂形状，越结越厚，重量增加，由于下垂的拉力致使物体毁坏，也属冰凌责任。

（十三）突发性滑坡：斜坡上不稳的岩土体或人为堆积物在重力作用下突然整体向下滑动的现象。

（十四）崩塌：石崖、土崖、岩石受自然风化、雨蚀造成崩溃下塌，以及大量积雪在重力作用下从高处突然崩塌滚落。

（十五）泥石流：由于雨水、冰雪融化等水源激发的、含有大量泥沙石块的特殊洪流。

（十六）地面突然下陷下沉：地壳因为自然变异，地层收缩而发生突然塌陷。对于因海潮、河流、大雨侵蚀或在建筑房屋前没有掌握地层情况，地下有孔穴、矿穴，以致地面突然塌陷，也属地面突然下陷下沉。但未按建筑施工要求导致建筑地基下沉、裂缝、倒塌等，不在此列。

（十七）飞行物体及其他空中运行物体坠落：指空中飞行器、人造卫星、陨石坠落，吊车、行车在运行时发生的物体坠落，人工开凿或爆炸而致石方、石块、土方飞射、塌下，建筑物倒塌、倒落、倾倒，以及其他空中运行物体坠落。

（十八）自然灾害：指雷击、暴雨、洪水、暴风、龙卷风、冰雹、台风、飓风、沙尘暴、暴雪、冰凌、突发性滑坡、崩塌、泥石流、地面突然下陷下沉及其他人力不可抗拒的破坏力强大的自然现象。

（十九）意外事故：指不可预料的以及被保险人无法控制并造成物质损失的突发性事件，包括火灾和爆炸。

（二十）重大过失行为：指行为人不但没有遵守法律规范对其较高要求，甚至连人们都应当注意并能注意的一般标准也未达到的行为。

（二十一）恐怖活动：指任何人以某一组织的名义或参与某一组织使用武力或暴力对任何政府进行恐吓或施加影响而采取的行动。

（二十二）地震：地壳发生的震动。

（二十三）海啸：海啸是指由海底地震，火山爆发或水下滑坡、塌陷所激发的海洋巨波。

（二十四）行政行为或司法行为：指各级政府部门、执法机关或依法履行公共管理、社会管理职能的机构下令破坏、征用、罚没保险标的的行为。

（二十五）简易建筑：指符合下列条件之一的建筑：（1）使用竹木、芦席、篷布、茅草、油毛毡、塑料膜、尼龙布、玻璃钢瓦等材料为顶或墙体的建筑；（2）顶部封闭，但直立面非封闭部分的面积与直立面总面积的比例超过10%的建筑；(3)屋顶与所有墙体之间的最大距离超过一米的建筑。

（二十六）自燃：指可燃物在没有外部热源直接作用的情况下，由于其内部的物理作用（如吸附、辐射等）、化学作用(如氧化、分解、聚合等)或生物作用（如发酵、细菌腐败等）而发热，热量积聚导致升温，当可燃物达到一定温度时，未与明火直接接触而发生燃烧的现象。

（二十七）重置价值：指替换、重建受损保险标的，以使其达到全新状态而发生的费用，但不包括被保险人进行的任何变更、性能增加或改进所产生的额外费用。

（二十八）水箱、水管爆裂：包括冻裂和意外爆裂两种情况。水箱、水管爆裂一般是由水箱、水管本身瑕疵或使用耗损或严寒结冰造成的。

附录

短期费率表

保险期间	一个月	二个月	三个月	四个月	五个月	六个月	七个月	八个月	九个月	十个月	十一个月	十二个月
年费率的百分比	10	20	30	40	50	60	70	80	85	90	95	100

注：不足一个月的部分按一个月计收。

参考文献

［1］博尔奇. 保险经济学［M］. 北京：商务印书馆，1999.

［2］白锋. 大数据时代的寿险精算［J］. 中国保险，2014（8）：42-45.

［3］曹德云. 中国保险资产管理业发展现状和趋势［J］. 上海保险，2019（4）：27-32.

［4］陈秉正. 公司整体化风险管理［M］. 北京：清华大学出版社，2003.

［5］陈朝先. 保险企业论［M］. 成都：四川大学出版社，1994.

［6］陈朝先. 保险学［M］. 成都：西南财经大学出版社，2000.

［7］陈滔. 健康保险［M］. 成都：西南财经大学出版社，2002.

［8］陈云中. 保险学［M］. 台北：五南图书出版有限公司，1993.

［9］代琴. 利他保险合同解除权中的第三人保护：《保险法》第 15 条的修改建议［J］. 保险研究，2015（12）：100-108.

［10］戴国强. 基金管理学［M］. 上海：上海三联书店，1997.

［11］傅平安. 寿险公司偿付能力监管［M］. 北京：中国社会科学出版社，2007.

［12］瑞银华宝. 风险管理实务［M］. 北京：中国金融出版社，2000.

［13］桂裕. 保险法论［M］. 台北：三民书局，1981.

［14］郭复初，黄卓夫. 财务管理学［M］. 成都：西南财经大学出版社，1995.

［15］郭宏彬. 论保险监管的理论根源［J］. 中国政法大学学报，2004（7）：168-172.

［16］HIRSHLEIFER J.，JOHN G. RILEY.. 不确定性与信息分析［M］. 刘广灵，译. 北京：中国社会科学出版社，2000.

［17］蒋海，刘少波. 金融监管理论及其新进展［J］. 经济评论，2003（1）：106-111.

［18］江生忠. 保险会计学［M］. 北京：中国金融出版社，2000.

[19] 江生忠，郭颂平. 保险专业知识与实务（初级）[M]. 北京：经济管理出版社，2000.

[20] 克里斯蒂安·戈利耶. 风险和时间经济学 [M]. 中文版. 北京：中信出版社，沈阳：辽宁教育出版社，2003.

[21] 寇业富. 中国保险市场发展报告2020 [R]. 北京：中国财政经济出版社，2020.

[22] 兰虹. 保险学基础 [M]. 4 版. 成都：西南财经大学出版社，2015.

[23] 兰虹. 财产与责任保险 [M]. 2 版. 成都：西南财经大学出版社，2010.

[24] 林义. 风险管理 [M]. 成都：西南财经大学出版社，1990.

[25] 林义，周伏平. 风险管理与人身保险 [M]. 北京：中国财政经济出版社，2004.

[26] 林增余. 财产保险 [M]. 北京：中国金融出版社，1993.

[27] 刘冬娇. 人身保险 [M]. 北京：中国金融出版社，2001.

[28] 刘茂山. 保险学原理 [M]. 天津：南开大学出版社，1998.

[29] 李扬，陈文辉. 国际保险监管的核心原则 理念，规则及中国实践 [M]. 北京：经济管理出版社，2006.

[30] 李玉华. 商业健康保险与基本医疗保险的衔接路径和对策：基于协作性公共管理的视角 [J]. 南方金融，2019 (10)：45-48.

[31] 李计，罗荣华. 金融科技时代互联网保险发展策略 [J]. 企业经济，2019，38 (4)：63-68.

[32] MAS-COLELL，ANDREU，M. D. WHINSTON，J. R. GREEN.. 微观经济学 [M]. 刘文忻，译. 北京：中国社会科学出版社，2001.

[33] 米歇尔·科罗赫，丹·加莱，罗伯特·马克. 风险管理 [M]. 曾刚，译. 北京：中国财政经济出版社，2005.

[34] 尼尔·A. 多尔蒂. 综合风险管理：控制公司风险的技术与策略 [M]. 陈秉正，译. 北京：经济科学出版社，2005.

[35] 牛凯. 众安在线互联网保险产品创新的风险管控研究 [D]. 石河子：石河子大学，2019.

[36] 潘履孚. 保险学概论 [M]. 中国经济出版社，1995.

[37] 裴光. 中国保险业监管研究 [M]. 北京：中国金融出版社，1999.

[38] 平新乔. 微观经济学（十八讲）[M]. 北京：北京大学出版社，2001.

[39] 普拉卡什·A. 希马皮. 整合公司风险管理 [M]. 王瑾瑜，郑海涛，译. 北京：机械工业出版社，2003.

[40] 覃有土. 保险法概论 [M]. 北京：北京大学出版社，2001.

[41] 全国保险业标准化技术委员会. 保险行业标准：保险术语 [M]. 北京：中国财政经济出版社，2007.

[42] 瑞士再保险公司（sigma）研究报告（2014 年第 1 期）.

[43] 瑞士再保险公司（sigma）研究报告（2014 年第 3 期）.
[44] 瑞士再保险公司（sigma）研究报告（2019 年第 2 期）.
[45] 任骁宁. 新国十条背景下的商业保险与社会保险的融合共赢 [D]. 济南：山东大学，2016.
[46] SCOTT E. HARRINGTON，GREGORY R. NIEHAUS.. 风险管理与保险 [M]. 陈秉正，译. 北京：清华大学出版社，2001.
[47] 上海财经大学保险教研室. 保险学原理 [M]. 上海：百家出版社，1991.
[48] 孙祁祥. 保险学 [M]. 北京：北京大学出版社，2003.
[49] S. R. 戴康. 保险经济学 [M]. 王国军，译. 北京：新时代出版社，1990.
[50] 孙蓉. 中国商业保险资源配置论：机制设计与政策分析 [M]. 成都：西南财经大学出版社，2005.
[51] 孙蓉，彭雪梅，胡秋明等. 中国保险业风险管理战略研究：基于金融混业经营的视角 [M]. 北京：中国金融出版社，2006.
[52] 孙蓉，王凯. 保险法概论 [M]. 4 版. 成都：西南财经大学出版社，2019.
[53] 孙蓉，杨立旺. 农业保险新论 [M]. 成都：西南财经大学出版社，1994.
[54] 唐运祥. 保险经纪理论与实务 [M]. 北京：中国社会科学出版社，2000.
[55] 特瑞斯·普雷切特，琼·丝米特，海伦·多平豪斯，詹姆斯·艾瑟林. 风险管理与保险 [M]. 孙祁祥，译. 北京：中国社会科学出版社，1998.
[56] 托马斯·L. 巴顿，威廉·G. 申克，保罗·L. 沃克. 企业风险管理 [M]. 王剑锋，译. 北京：中国人民大学出版社，2004.
[57] 魏巧琴. 保险公司经营管理 [M]. 5 版. 上海：上海财经大学出版社，2016.
[58] 魏华林. 保险大国：中国保险业崛起的回望与前瞻 [M]. 北京：中国金融出版社，2020.
[59] 王春梅. 人身保险合同犹豫期条款分析：以《保险法修改草案》为视角的分析 [J]. 苏州大学学报（哲学社会科学版），2017，38（6）：72-79.
[60] 文宛旭. 基于车联网平台数据的保险公司 UBI 车险方案设计研究 [D]. 南昌：江西财经大学 2019.
[61] 王海柱，何孝允. 保险管理学 [M]. 成都：西南财经大学出版社，1993.
[62] 王一佳，马泓，陈秉正. 寿险公司风险管理 [M]. 北京：中国金融出版社，2003.
[63] 王育宪，王巍. 保险经济论 [M]. 北京：中国经济出版社，1987.
[64] 魏华林，李继熊. 保险专业知识与实务（中级）[M]. 北京：经济管理出版社，2000.
[65] 魏华林，林宝清. 保险学 [M]. 北京：高等教育出版社，1999.
[66] 威廉·罗雪尔. 历史方法的国民经济学讲义大纲 [M]. 朱绍文，译. 北

京：商务印书馆，1981.

[67] 韦生琼. 人身保险 [M]. 成都：西南财经大学出版社，2005.

[68] 吴定富. 中华人民共和国保险法释义 [M]. 北京：中国财政经济出版社，2009.

[69] 吴小平. 保险原理与实务 [M]. 北京：中国金融出版社，2002.

[70] 吴小平. 非寿险业务准备金评估实务指南 [M]. 北京：中国财政经济出版社，2005.

[71] 小阿瑟·威廉姆斯，理查德·M. 汉斯. 风险管理与保险 [M]. 陈伟，译. 北京：中国商业出版社，1990.

[72] 许谨良. 保险学原理 [M]. 上海：上海财经大学出版社，1997.

[73] 亚当·斯密. 国民财富的性质和原因的研究（上）[M]. 郭大力，王亚南，译. 北京：商务印书馆，1972.

[74] 严复海，党星，颜文虎. 风险管理发展历程和趋势综述 [J]. 管理现代化，2007 (2)：30-33.

[75] 袁成，李茹. 中国人口老龄化对人身保险消费的影响研究 [J]. 中央财经大学学报，2017 (9)：24-33.

[76] 杨馥. 中国保险公司治理监管制度研究 [D]. 成都：西南财经大学，2009.

[77] 杨立旺. 保险公司市场行为及其监管研究：基于中国保险市场行为变异的研究视角 [D]. 成都：西南财经大学，2006.

[78] 叶奕德，吴越等. 中国保险史 [M]. 北京：中国金融出版社，1998.

[79] 尹田. 中国保险市场的法律调控 [M]. 北京：社会科学文献出版社，2000.

[80] 易珊梅. 我国互联网保险研究 [J]. 保险职业学院学报，2014 (10)：25-30.

[81] 园·乾治. 保险总论 [M]. 李进之，译. 北京：中国金融出版社，1983.

[82] 约翰·D. 海. 微观经济学前沿问题 [M]. 王询，译. 北京：中国税务出版社，2000.

[83] 曾庆敏. 精编法学辞典 [M]. 上海辞书出版社，2000.

[84] 张洪涛，郑功成. 保险学 [M]. 北京：中国人民大学出版社，1999.

[85] 张琴，陈柳钦. 论全面风险管理框架体系的构建 [J]. 中国石油大学学报（社会科学版），2009 (4)：15-20.

[86] 邹茵. 保险中介有效监管对策研究 [J]. 重庆交通大学学报（社会科学版），2015 (1)：56-59.

[87] 中国保险行业协会. 中国互联网保险行业发展报告 [M]. 北京：中国财政经济出版社，2017.

[88] 中国保险监督管理委员会官方网站 http：//bxjg. circ. gov. cn/web/

site0/tab5168/.

［89］张旭初. 保险经营学［M］. 武汉：武汉大学出版社，1986.

［90］赵建刚. 金融混业经营趋势下保险业的发展探析［J］. 上海保险，2012（10）：53-55.

［91］赵苑达. 再保险学［M］. 北京：中国金融出版社，2003.

［92］郑功成，孙蓉. 财产保险［M］. 北京：中国金融出版社，1999.

［93］卓志. 风险管理理论研究［M］. 北京：中国金融出版社，2006.

［94］中国保险监督管理委员会. 中国保险市场年报［M］. 北京：中国金融出版社，2009.

［95］中国保险学会，中国保险报. 中国保险业二百年［M］. 北京：当代世界出版社，2005.

［96］中华人民共和国财政部. 企业会计准则［M］. 北京：中国财政经济出版社，2006.

［97］周咏梅. 社会保险基金会计研究［M］. 大连：东北财经大学出版社，2001.

［98］周延礼. 保险监管改革方向及未来五年形势预测［J］. 中国党政干部论坛，2014（8）：59-61.

［99］周延礼. 协同构建保险科技新生态的机遇与挑战［J］. 清华金融评论，2018（11）：95-99.

［100］DIONNE，GEORGES. Handbook of insurance［J］. Springer Books，2013：1134.

［101］EECKHOUDT L.，CHISTIAN GOLLIER，HARRIS SCHLESINGER. Economic and financial decisions under uncertainty［M］. Princeton University Press，2005.

［102］PETER ZWEIFEL，ROLAND EISEN. Insurance economics［M］. springer（Springer Texts in Business and Economics），2012.

［103］POSNER R. A.. Theories of economic regulation［J］. The Bell Journal of Economics and Management Science，1974，5（2）：69-73.